絵になる
京都の建築

山田雅夫
都市設計家・建築家

ハモニカブックス

画・文 山田雅夫

絵になる

京都の建築

絵になる 京都の建築 目次

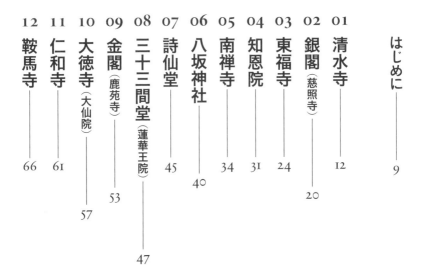

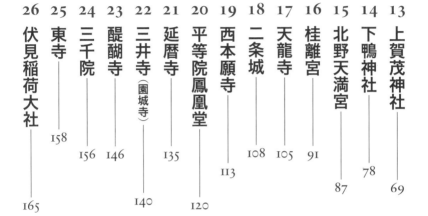

はじめに

京都は、絵にしたい伝統建築の文字通り、宝庫です。あらためていうまでもなく、建築物の国宝や重要文化財建造物の件数では、ほかの地域を引き離し、圧倒的に京都に集まっています。その中から、これはどう考えても外せないと考えた建築を36事例、リストアップしたのが本書です。

建物の主力は平安時代から江戸時代に至る、一般的には古代の後半から、中世、近世の建物ですが、明治維新後の、近代及び現代建築についても選出しています。

紹介の仕方は、時代別に扱うやりかたもありえますが、創建時の建物がそのまま残っている事例よりも、自然災害や戦災などで失われ、再建された事例や移築されたものなども少なくありません。そのため、エリア別に紹介することとしました。

平安京の歴史を受け継ぐエリアとして、比叡山や琵琶湖周辺にも広げて、対象施設を選んでいます。ただし明治以降の建築については、扱う施設数も絞りましたから、公共施設と民間施設のそれぞれについて年代も考慮しつつ紹介しています。ほかにない特徴や様式美としての完成された姿などを見せてくれる伝統建築については、その魅力こそが絵に是非したい源でもあります。個々には、各建築の解説を参照ください。

本書は建築を中心に解説を行っていますが、建物が建立される目的に即して、規模や用途、構法、意匠などが決まっているわけです。仏教寺院についていえば、本堂を考察する上で、そこに祀られています御仏の大きさや、複数ある場合の配置構成がはっきりしていてこそ、建物の構成も明確になります。象徴的な例としては三十三間堂があげられます。１０００体の観音像を収納することが先に決まっていたからこそ、あのような、南北に長い棟の形式と規模が決定されているのです。

このように、建物の建立意図が先にあって、その目的を実現するために、建物の配置や構造、などの仕様が決まるわけですから、目的をある程度、詳しく解説したほうが、建物の仕様の説明になります。ただ、そのための紙面の制約も考慮しなくてはなりません。結果として、今回は、建物そのものの解説を優先し、施主サイドに立った建物建設の目的や用途などについては、簡潔に解説するにとどめています。

文章と絵とは、すべて筆者が作成しています。力点の置き方の違いは、絵にも素直に反映されていますから、線描画とはいえ、表現手法や構図の設定などで、さまざまな描写を行っています。そのあたりもご覧いただければ幸いです。

絵になる 京都の建築

清水寺 01

Kiyomizu-dera

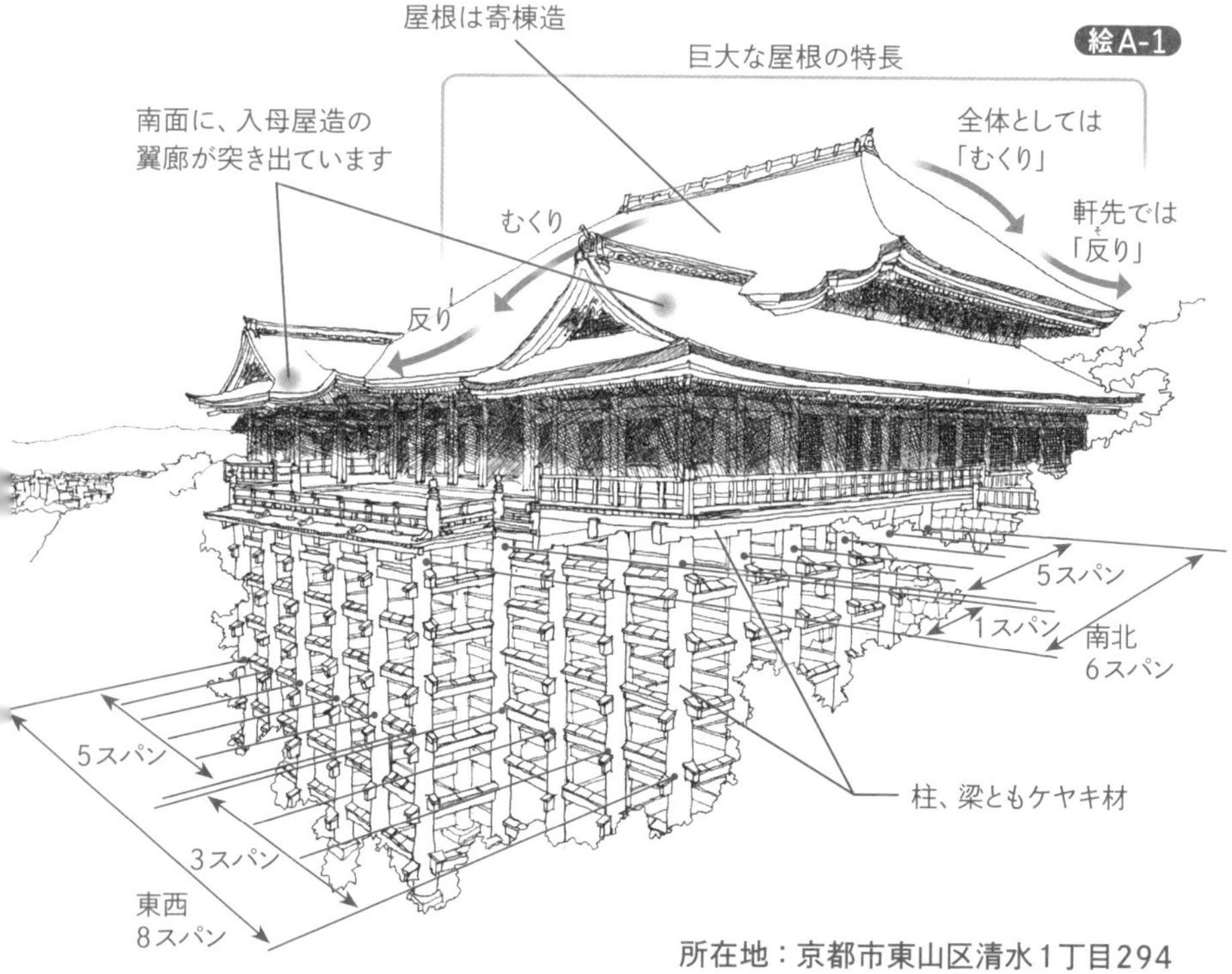

絵A-1
屋根は寄棟造
巨大な屋根の特長
南面に、入母屋造の
翼廊が突き出ています
全体としては
「むくり」
軒先では
「反《そ》り」
むくり
反り
5スパン
1スパン
南北
6スパン
柱、梁ともケヤキ材
5スパン
3スパン
東西
8スパン

所在地：京都市東山区清水1丁目294
創建：宝亀9年(778年)

「清水の舞台」でよく知られている清水寺は、京都を代表する名所といえるでしょう。年間の来訪者数は少なくとも５００万人以上とされ、京都では第一位の人気です。見どころが豊富なだけでなく、四季折々の雄大な風景が人々を魅了します。また、清水寺の寺名の由来である音羽の滝は、縁結びや長寿の御利益もあるといわれています。

　京都を訪れる観光客の５人に１人は清水寺を訪れると言われます。京都には年間、全体で５５００万人以上が訪れているようですから、それを踏まえると、清水寺の年間来訪者数は１０００万人規模になります。これも推定の域を出ませんが、少なくとも年間５００万人以上が清水寺に来訪していることは確かなようです。

絵A-2

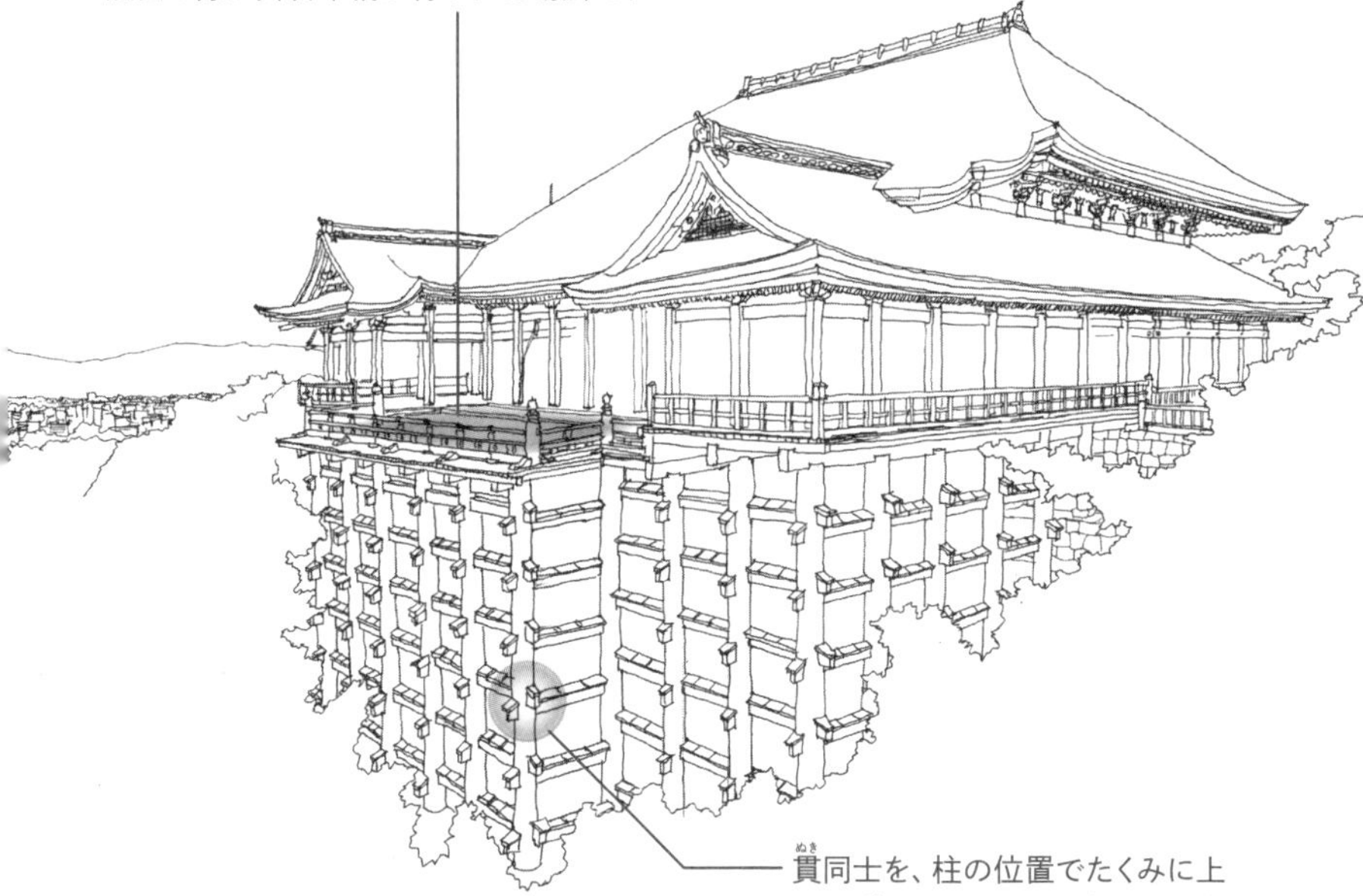
「清水の舞台」は床面積が約190平方m、410枚余りのヒノキ板が張られています。本来、法会の際に舞台奉納が行われた場所です
貫《ぬき》同士を、柱の位置でたくみに上下にずらしながら組み合わせる構造です。「継ぎ手」と呼ばれます

その清水寺の魅力の源泉は、本堂が建っている崖地から南側に広がる舞台からの眺めでしょう。まず、国宝である本堂とその舞台にまつわる話から入ります。

絵A-1は、本堂全景を見渡せる「奥の院」の舞台から眺めた風景です。この景観の写真も、とりわけ目にすることが多いですね。江戸時代に再建された本堂で、南側の崖を利用した舞台がひときわ存在感を発揮しています。この建物の構造は、「懸《かけ》造《づくり》」と呼ばれています。

懸造の事例そのものは珍しくはありません。清水寺境内の、本堂からみて右側の石段をはさんだ「奥の院」の舞台も、懸造です。あるいはよく知られた例として、奈良、東大寺大

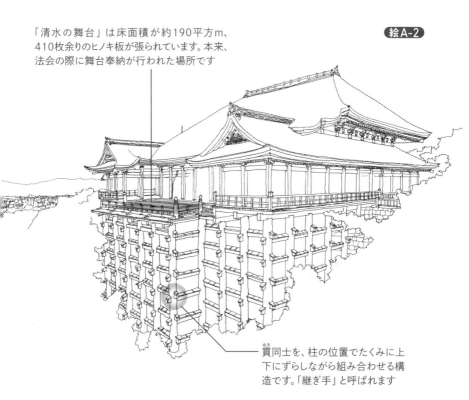

仏殿の東に位置する「東大寺二月堂」も傾斜地に建ち、懸造で西側に向いています。また、「室生寺の金堂」も懸造で斜面をうまく活かしています。

懸造の事例はこのように浮かびますが、清水寺の本堂は懸造の規模が並外れて巨大なのです。そして、舞台は錦雲渓《きんうんけい》という急な崖にせり出しています。この舞台には屋根がないため、雨水から構造体を守るため、板屋根が設けられています。**絵A**に示すように、東西方向に8スパン、南北方向には6スパンの、立体格子形状の大架構です。接合部には楔《くさび》が打ち込まれていますから、今風にいえば、強固なラーメン構造です。接合部の構造は「継ぎ手」とよばれます（**絵A－2**参照）。

露天の舞台から眺める桜の開花時期の風景のすばらしいこと。遠くには京都市街も広がり、雄大な絵巻物を鑑賞している気分になります。あるいは、紅葉の季節は、モミジで山全体が赤く染まる姿も圧巻です。

絵Aでは、清水寺本堂に独特の木構造をわかりやすくみせるため、主要部とそうでない部分とのメリハリをつけて描写しています。なお、冬季は別として、通常、樹木が懸造の大部分を覆い隠していますが、構造部分を見やすくする狙いからこの絵に限って、樹林の高さをいくぶん下げて描画しています。

本堂の巨大な屋根についても、補足しておきます。屋根素材は「檜皮《ひわだ》葺《ぶき》」という、檜《ひのき》の皮を敷き詰める工法です。耐久性を重視するなら瓦葺きがふさわしいのですが、懸造という構造ゆえ、屋根荷重を軽減するほうが耐久性は高まります。檜皮葺は適した仕様なのです。屋根のゆるやかなむくりのある曲線が、外観を穏やかな表情にしています。正確にいいますと、全体としては「むくり」の屋根ですが、軒先に向かうところでは「反り」が加わり、繊細な表情をもつ屋根です。じっくり観察ください。

なお、本堂の大屋根の南側の軒部分には大きな横樋がかかっていますが、この絵では省いて描いています。

懸造が本堂で必須となった背景を、南北軸による断面でみてみましょう。**絵B－1**は、本堂の基準となる床レベルからみて、高さが18ｍ近くあり、南側の崖地では崖の高さが約13ｍで

絵B-1

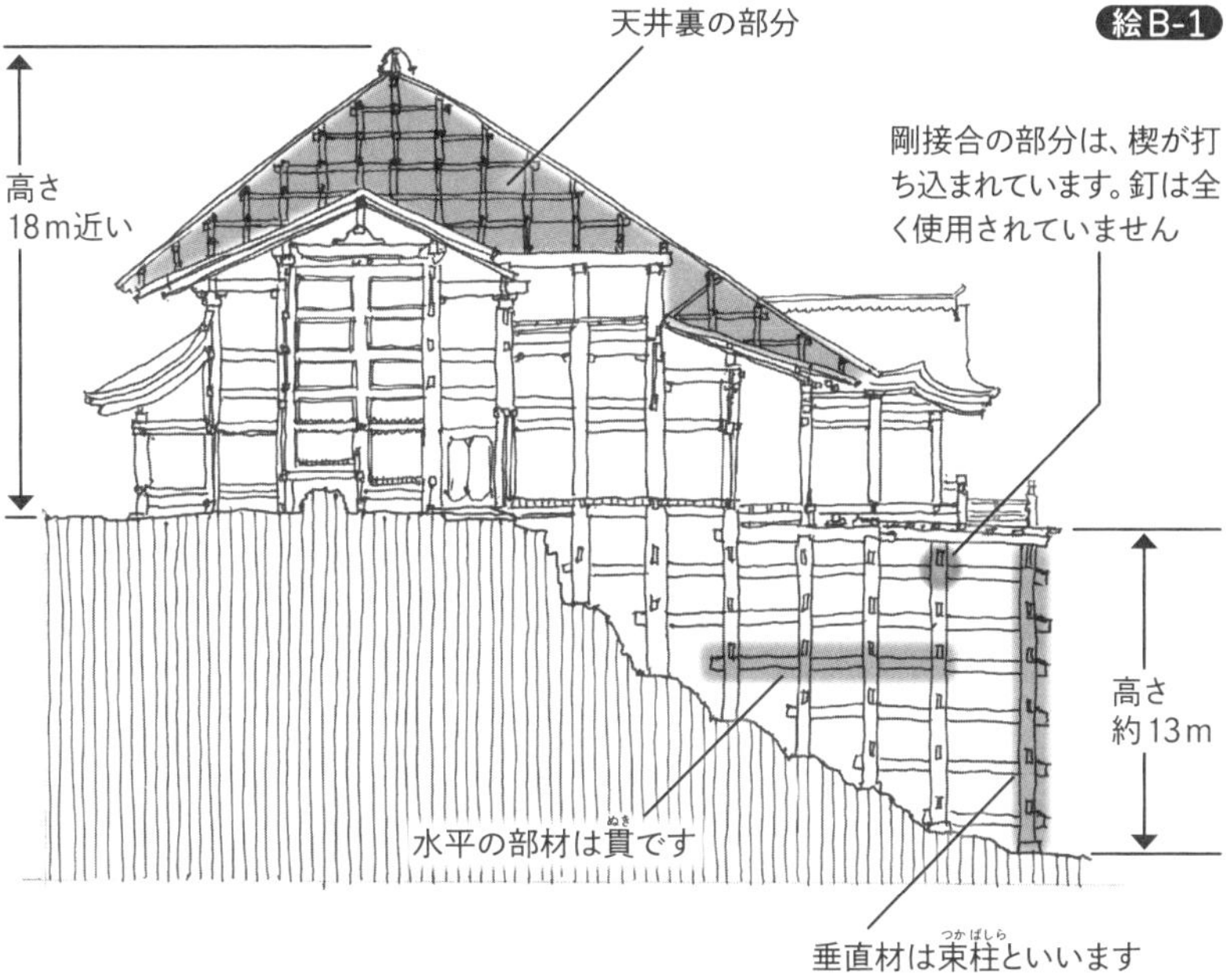

天井裏の部分
剛接合の部分は、楔が打ち込まれています。釘は全く使用されていません
高さ18m近い
高さ約13m
水平の部材は貫《ぬき》です
垂直材は束柱《つかばしら》といいます

絵B-2

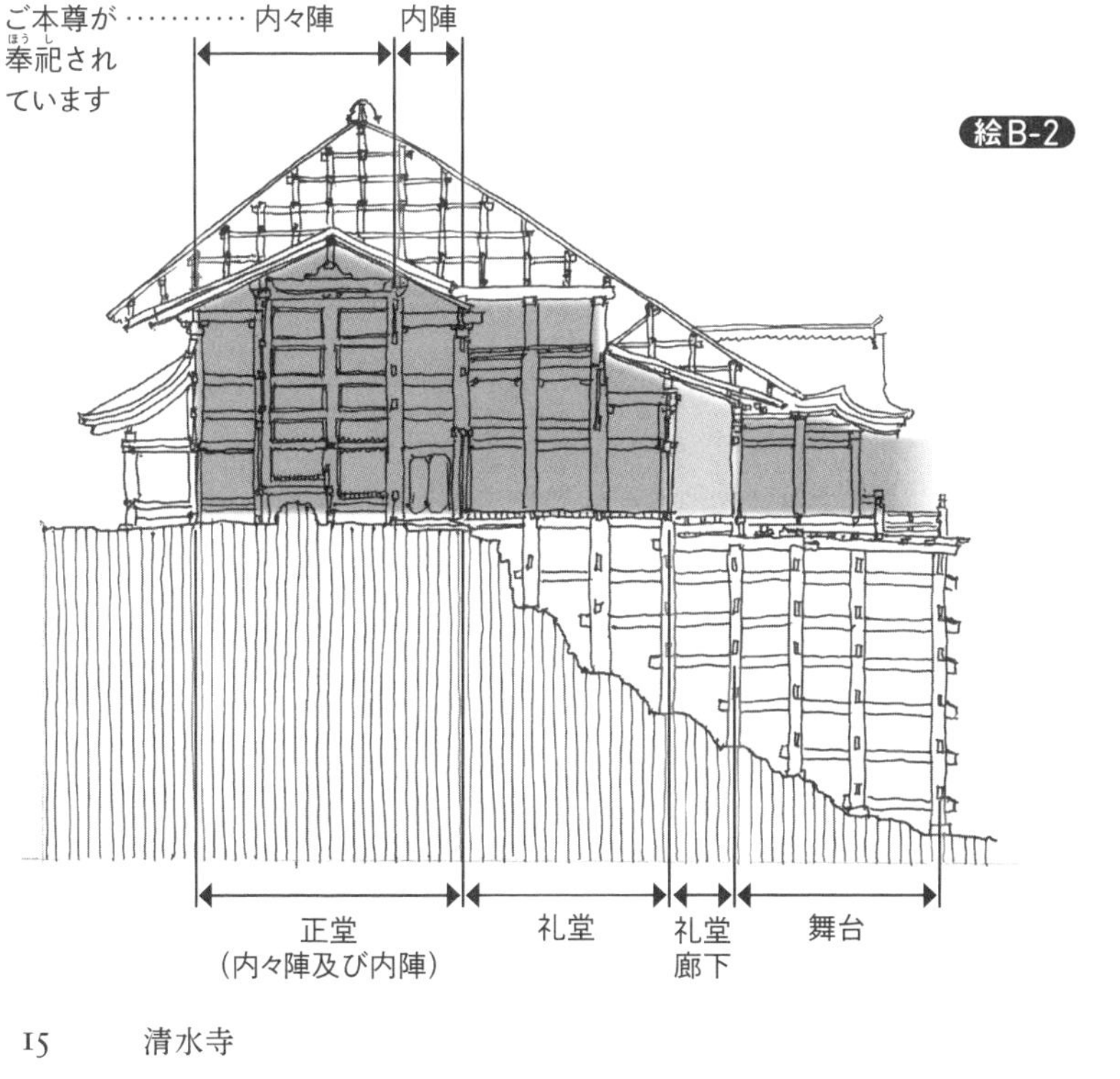

ご本尊が奉祀《ほうし》されています …………内々陣
内陣
正堂（内々陣及び内陣）
礼堂
礼堂廊下
舞台

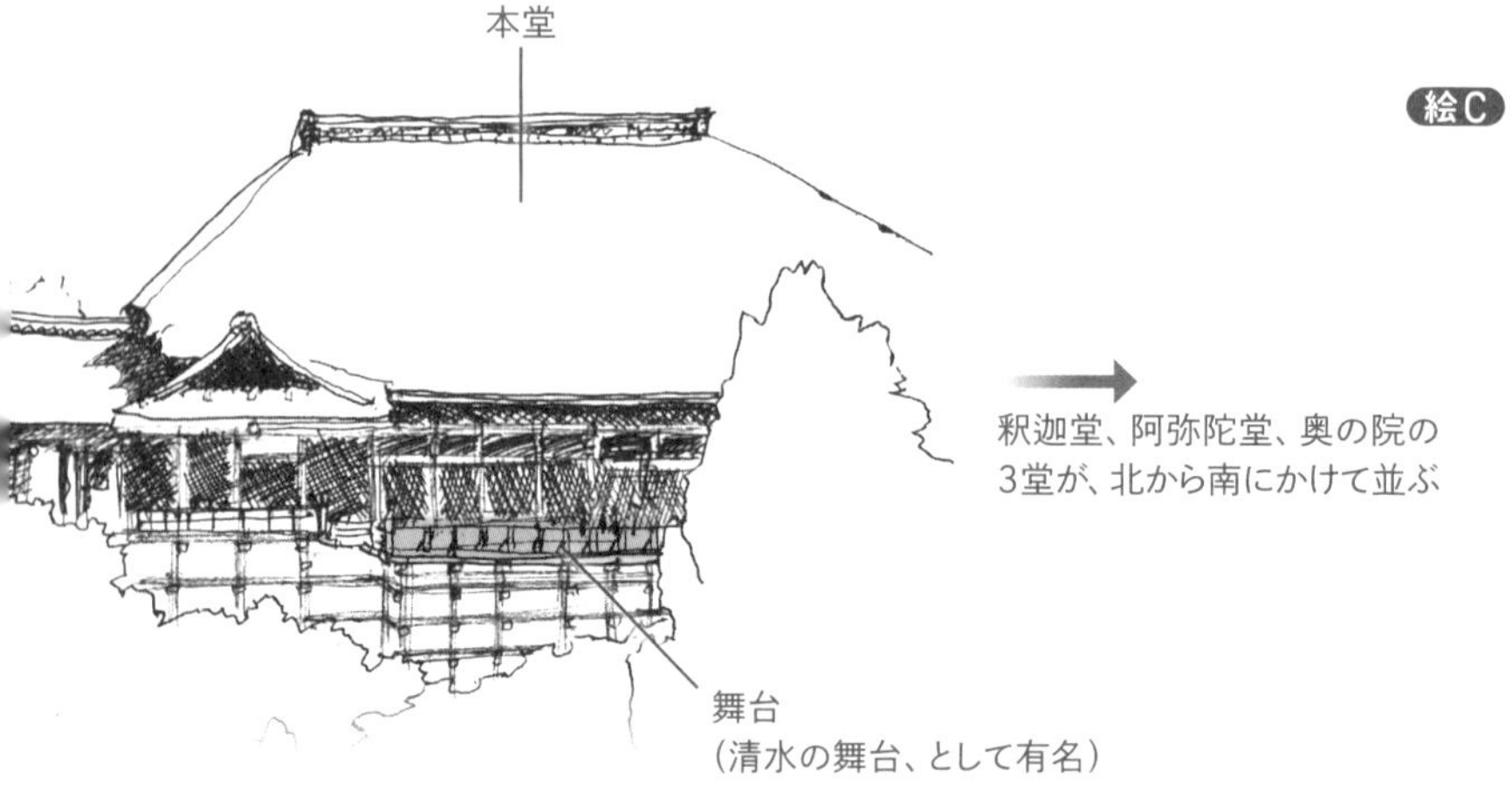
絵C
本堂
釈迦堂、阿弥陀堂、奥の院の
3堂が、北から南にかけて並ぶ
舞台
(清水の舞台、として有名)

あることがわかります。最も下の地面から、本堂の頂部までの高さは約31mに達します。通常のビルならば、8〜9階建てに相当します。木造でこれだけの規模の構造物なのです。複雑であることがわかります。順路としては、帰路の途中にあたりますが、柱と貫からなる立体格子を見上げる場所があります。本堂の舞台からみて真下にあたります。

　清水寺の参詣者の順路は、階段や坂の組み合わせによりアップダウンもあり、さまざまな位置と方向から、この立体格子の懸造が創り出す表情を鑑賞できます。

　絵B-2は、本堂のうちの正堂《しょうどう》、礼堂、舞台がどのような配分になっているかを示しています。もともとの地盤に建っている部分は、ちょうど正堂の位置に当たります。当初は崖地のうち、頂部の平坦な場所だけが使われていたに違いありません。しだいに参拝者が増えてくるとともに、礼堂も必要になってきます。懸造が登場し、舞台を設ける必要も生じ、増床に見合った懸造も、ほかには類をみない規模に発展したと考えられます。

　ただし清水寺の本堂に来ている訪問客の多くが、ご本尊の「十一面千手観音菩薩」をお参りするのを忘れて、「清水の舞台」から、外の風景にくぎ付けになっているのを見ると、複雑な気持ちにはなります。

　この本堂は非常に規模の大きな建物ゆえ、ある程度、離れてみたとき

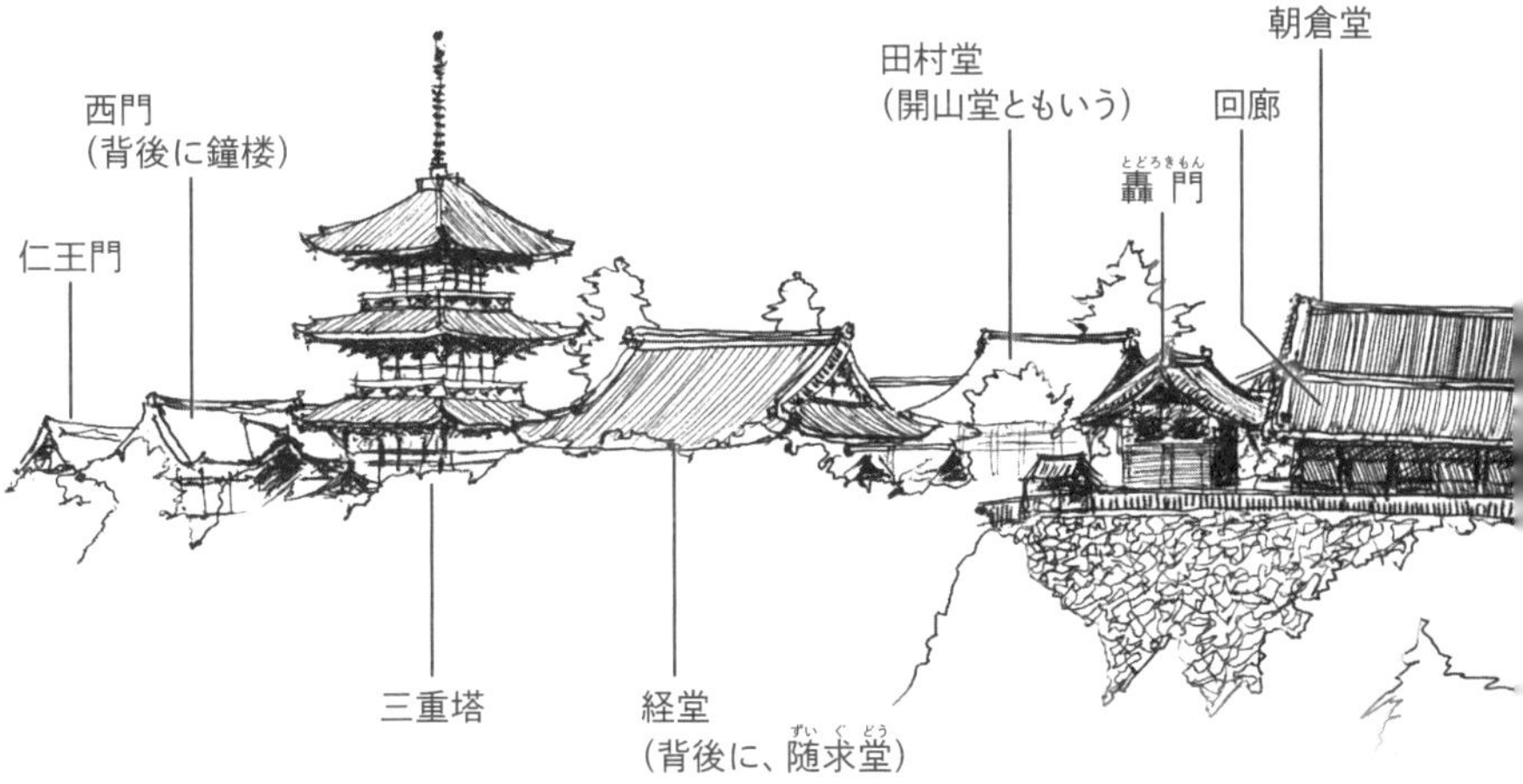
朝倉堂
田村堂
(開山堂ともいう)
回廊
轟門《とどろきもん》
西門
(背後に鐘楼)
仁王門
三重塔
経堂
(背後に、随求堂《ずいぐどう》)

に全体像が把握できます。その意味では、幸い、順路では下っていく石段の先にあります「奥の院」にも舞台があり、そこから本堂をじっくり観察できます。起伏の激しい地形をうまく活用した建物配置ですね。

国宝の本堂の建築的な特徴を中心に説明を行いましたが、約13万平方メートルの、音羽山の中腹には、30以上の伽藍などが並びます。順路からすると、後半のルートに位置するのですが、「子安の塔」からみると、諸堂の並ぶ様子が手に取るようにわかります。

絵Cをご覧ください。いま説明した本堂は、半分程度が見えていますが、山麓の稜線に沿って、主要な堂宇が並びます。清水の三重塔は、高さが31mほどあり、日本最大級です。遠くからも見え、まさに清水寺のランドマークです。

清水寺の開創は、今から約１２００年前に遡ります。非常に長い歴史を有する寺院ですが、何度も火災にあい、そのつど、篤い信仰により再建されました。今日みる伽藍の主要部は１６３３年に再建されたものです。その時から数えても、現在まで４００年近く経過しています。歴史の重みを実感します。

清水寺に通じる石畳の参道から、境内の最初に見える光景が**絵D**です。仁王門は正門にあたります。室町時代の特長を示す楼門で、門の両脇に安置されている仁王像は像高が３６５cmあり、京都で最大級です。また、

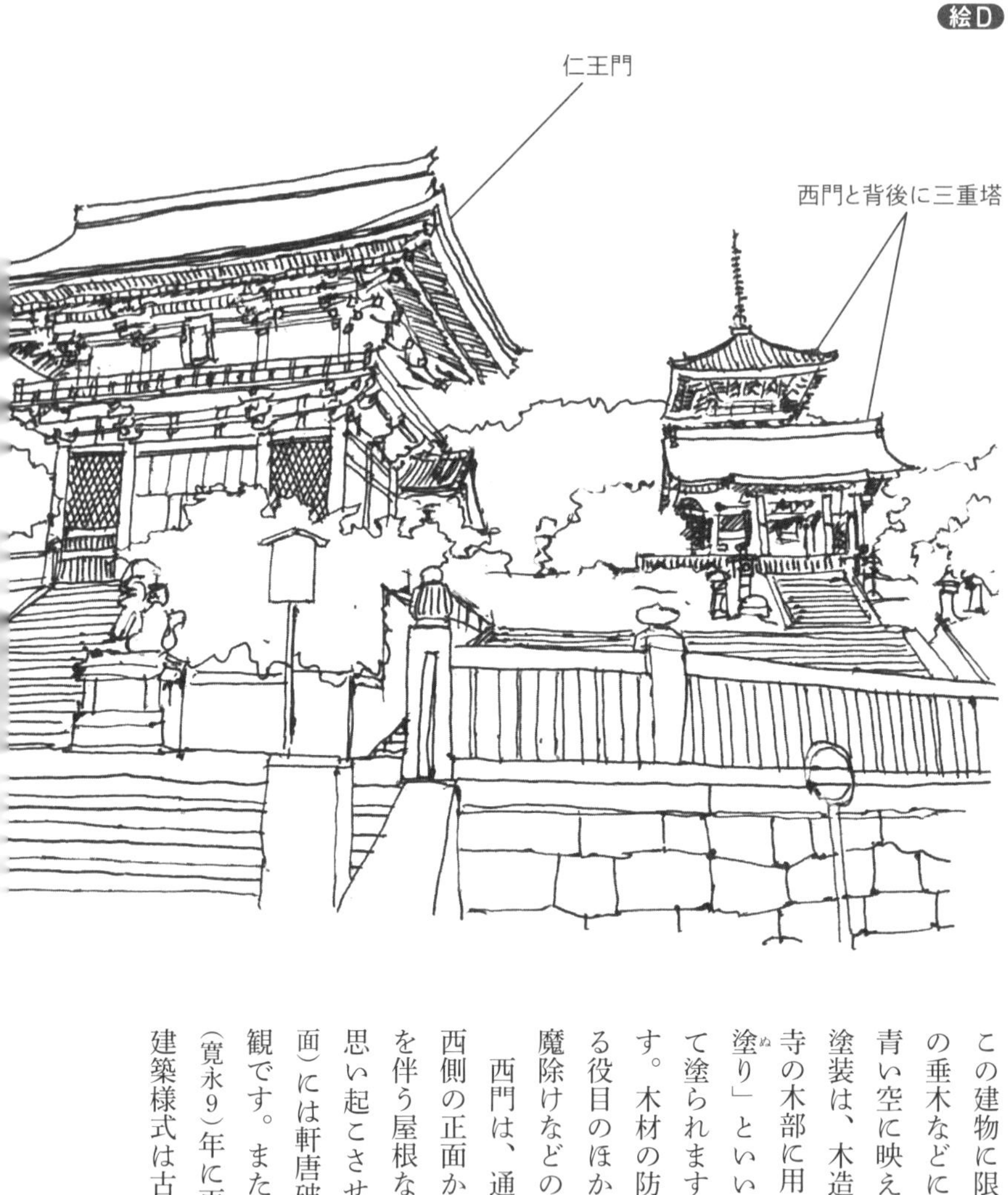

この建物に限りませんが、柱や軒裏の垂木などに塗られた赤い彩色が、青い空に映えて美しいですね。この塗装は、木造の伝統的な建造物で社寺の木部に用いられてきました。「丹《に》塗《ぬ》り」といいます。複雑な工程を経て塗られますが、原材料は酸化鉛です。木材の防腐や虫害から建物を守る役目のほか建物を塗ることによる魔除けなどの意味もあります。

西門は、通り抜けはできません。西側の正面からみると、大きな向拝を伴う屋根などから、神社の拝殿を思い起こさせます。ただ、背面（東面）には軒唐破風が架かる、珍しい外観です。また、三重塔は、１６３２（寛永９）年に再建されたものですが、建築様式は古様式です。

そのほかの諸堂も、いずれも重要文化財の指定をうけ、どれも見ごたえがあります。鐘楼についていえば、１６０７（慶長12）年に再建された、総丹塗りの、鮮やかな装飾がひときわ目立つ建築です。
　貫の間に設けられている蟇股には菊の花が彫られており、四隅の柱の先にある木鼻は実にカラフルです。建物としてはこじんまりしていますが、細部意匠を鑑賞するだけでも、時間のたつのを忘れそうです。このような調子なので、それぞれの建物の全体構成と同時に、細部にも気を配ってほしいですね。

　なお、本書は「建築」をご紹介するのが主で、寺社の由来についてはあまり解説できませんが、清水寺については最低限の起源を書いておきましょう。

　奈良で修行を積んだ、賢心《けんしん》（延鎮《えんしん》上人《じょうにん》）という僧が、北へ清泉を求めにいくように、夢でお告げを受け、京都の音羽山で、湧水を見つけたのが、起こりです。

　その場所で、老仙人に出会い、霊木をさずかり、千手観音像を彫ってこの霊地を守るように告げられたのです。現在の「音羽の瀧」です。また、それから二年後、賢心は武人の、鹿狩りに来た坂上田村麻呂と出会い、観音霊地での殺生を戒め、観世音菩薩の功徳を説きました。深く感銘を受けた坂上田村麻呂は、後日、観世音菩薩を御本尊とした寺院を建立し、清水寺と命名しました。

　このような、非常に古い歴史を背負うこの寺院ですが、一方で、昨今の時代風潮を知るイベントの一つにも関係しています。

　毎年、漢字の日（12月12日）に、漢字一字で一年を振り返り世相を表す「今年の漢字」が発表されますが、発表時には、清水寺貫主が、巨大な和紙にその一字を、奥の院の舞台で揮《き》毫《ごう》され、関心を集めます。清水寺の懐の深さを垣間見る思いがします。

銀閣（慈照寺）　02

Ginkaku, Jishouji

柿葺《こけらぶ》き
絵A
上層は禅宗様式
（潮音閣《ちょうおんかく》）
下層は書院造
（心空殿）
錦鏡池《きんきょうち》

所在地：京都市左京区銀閣寺町2
創建：延徳2年（1490年）

銀閣は、正式名称が慈照寺観音殿。室町幕府8代将軍、足利義政が造営した山荘です。銀閣という名称は、ずっとあとの江戸時代に入ってから、北山の金閣との対比から、そう呼ばれるようになりました。慈照寺には、もうひとつ、重要な意味をもつ建物があります。小規模な建物ですが「東求堂《とうぐどう》」といい、4部屋のうちの一つが同仁斎《どうじんさい》で、いわば書院造りの原点ともいわれます。観音殿と東求堂のどちらも国宝です。錦鏡池《きんちょうち》を介して落ち着いた佇まいをみせる銀閣が、写真などでもっともとりあげられる外観です。**絵A**もそうですが、銀閣にとっては東面にあたり、建物の正面でもあります。

金閣は確かに建物の内外に金箔が

絵B
金閣寺の舎利殿と同様、露盤が置かれ鳳凰が飾られています
花頭窓が3つ並びアクセントとなっています（金閣では2つです）
この広縁はゆったりしています

絵C
東求堂
方丈
庫裏・大玄関
銀閣はこの左に位置します
南面が正面です

貼ってありますが、銀閣には銀は使われていません。なのに、銀閣と呼ばれるようになった理由について、いろいろな仮説が出されていますが、どれが確かかは不明です。ただし、言えることとして、義政が、祖父である義満の建てた金閣を強く意識して、銀閣を建てたことは間違いありません。差別化を義政は熟考したに違いありません。同時に、両者ともお手本としては西芳寺の瑠璃殿であった（この建物は現存しません）といわれています。金閣と銀閣によく似た点が多いのもうなずけます。2階に、花頭窓が並んでおり、**絵B**に示すように、金閣のおよそきらびやかな外壁とは正反対の、渋い外観にとってアクセントとなっています。

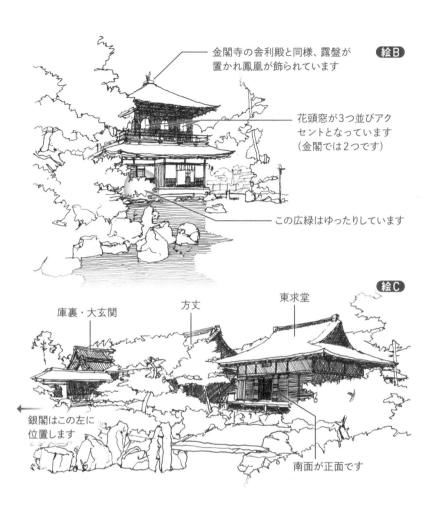

東求堂の平面及び書院の立面 **絵D**

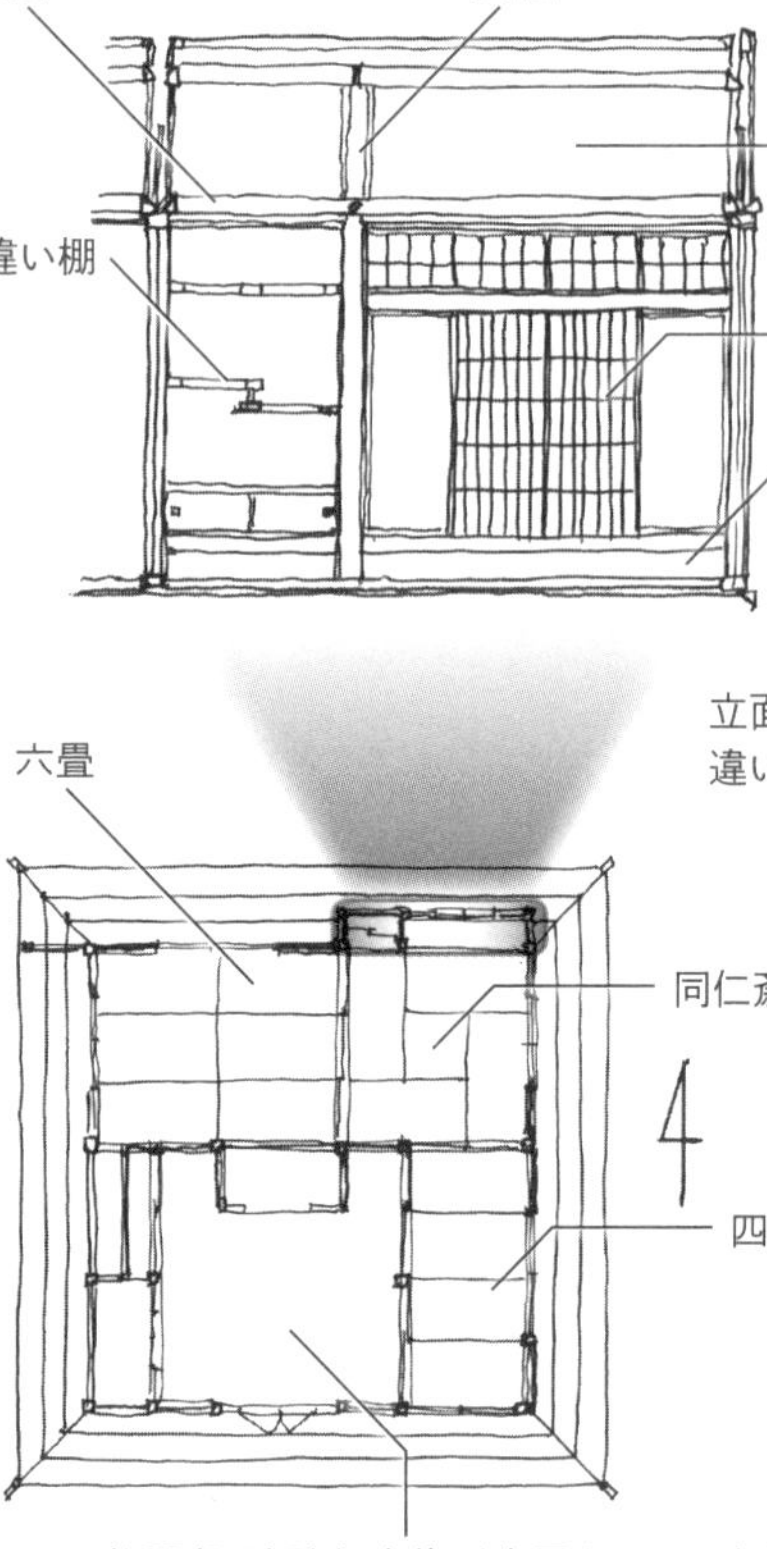
長押
角柱
土壁
違い棚
明障子
付書院
立面を示すと
違い棚と付書院があります
六畳
同仁斎(四畳半)
四畳
仏間(阿弥陀如来像が安置されています)

絵Bで、その右隣、現在、何も建っていませんが、東求堂は当初、そのあたりに建っていたようです。全体では10棟以上の建物があったものの、大半が焼失し、残ったのが銀閣と東求堂の2棟だけなのです。銀閣はもとから同じ位置にありますが、東求堂は、移築ないし曳家によって現在の姿になったものと推定されます。**絵C**が現在の東求堂の佇まいです。

東求堂が完成したのは１４８６（文明18）年です。**絵D**に平面を示しています。ほぼ縦横３間半の正方形で、注目すべきは同仁斎とよばれる四畳半の部屋です。北側に付書院《つけしょいん》と違棚《ちがいだな》がありますね。絵の上に、立面を示してみました。あわせて、襖《ふすま》障子や明《あかり》障子などの建具と、畳敷からなる室内空間が「書院造」なのです。で

絵E

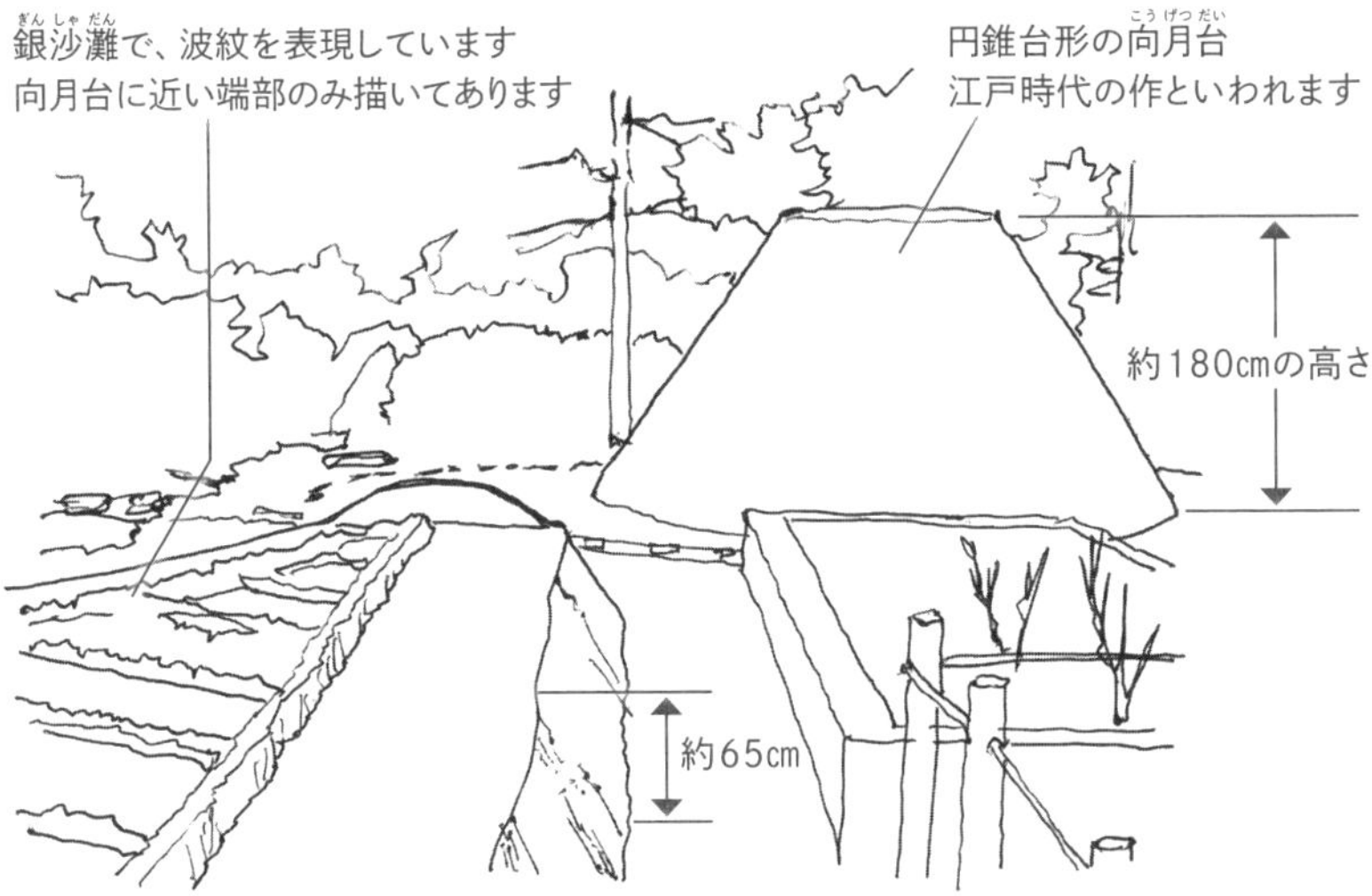
銀沙灘《ぎんしゃだん》で、波紋を表現しています
向月台に近い端部のみ描いてあります
円錐台形の向月台《こうげつだい》
江戸時代の作といわれます
約180㎝の高さ
約65㎝

すから、東求堂は、書院造の最も早い例の一つです。寺社建築や城郭建築とは別の、住宅建築の系譜からみて、非常に大きな意味をもつことがわかります。

なお**絵E**に示したのは向月台《こうげつだい》と銀《ぎん》沙灘《しゃだん》です。銀閣には、ある種のはかなさが漂いますが、このユニークな庭園を理解するには、光量の少ない時間帯が適しているのではないでしょうか。月明りのもとで鑑賞するとベストなのかもしれません。というのは天候に恵まれた日に銀閣寺を訪れたことが何回かありますが、この白砂のつくりだす強烈な光が目に飛び込んできました。銀閣には、まさに月の光がマッチします。義政が目指した美の理想郷を彷彿とさせます。

東福寺 03

Tofukuji temple

所在地：京都市東山区本町十五丁目778
創建：嘉禎2年（1236年）

建物高さは22mにもなります。南禅寺の三門も、見上げるような高さで実に勇壮ですが、東福寺の三門と高さでは双璧を成します。なお、禅宗寺院ではないですが、知恩院の三門も壮観ですね。その三門の高さは約24mとされ、最大規模です。

絵A

入母屋造、本瓦葺

唐様では軒下の、柱と柱のちょうど中間にも組物が入ります。これを「詰《つめ》組《ぐみ》」といいます

この庇部分があるため、楼門とは異なり、2階に床が張られていることを示します。二重門です。

五間三戸、言い換えれば柱と柱の間が5個あり、そのうちの（中央を挟む）3個が入口となっていることを示します

東福寺は臨済宗東福寺派の大本山で、京都五山の一つに数えられます。禅宗寺院の歴史的背景に詳しく入るのは避けますが、「五山」は鎌倉末期に、中国の南宋の五山制が導入されたことがきっかけです。幕府は、京都と鎌倉の禅院の中から、歴史的由緒や伽藍の大きさなどを勘案して、それぞれ五山を定めました。

鎌倉時代から建武中興、室町幕府成立という歴史の流れの中で、五山の対象寺院及び位次については複雑な変遷がありました。1386(至徳3)年の改正がおおむね五山の最終形とされます。

その京都五山では(鎌倉五山は省きます)、別格が南禅寺、第一＝天龍寺、第二＝相国寺、第三＝建仁寺、第四＝東福寺、第五＝万寿寺、です。

東福寺は京都五山の第四位に位置付けれられていますね。寺域に着目すると、ほかの寺院を凌駕する、最大級の規模を誇ります。

寺域内の施設などを概観しましょう。紅葉時には連日、大勢の人でにぎわう「通天橋《つうてんきょう》」、高さ22mの国宝「三門」、堂々たる禅堂(選仏場《せんぶつじょう》)、再建された時期は新しいですが壮大な規模を誇る法堂《はっとう》(仏殿)、など見どころが多いです。

境内の北東部には常楽庵(開山堂)も付随する多くの建物を含めて重要文化財に指定されています。また通天橋の南東に位置する方丈の周囲に、重森三玲《みれい》による現代的な枯山水の庭園があり、建物ではありませんが、見ごたえがあります。

建物に戻りますが、禅寺とりわけ臨済宗寺院には「○○面《づら》」という愛称がついています。

東福寺は「伽藍面《がらんづら》」。壮大な伽藍を言いえています。考えてみると、東福寺の寺の名前も、奈良の東大寺と興福寺からそれぞれ一字ずつ引用した名前なのですから、大寺院を創建するという意図がくみ取れます。

とりわけ東福寺の三門は現存する禅宗寺院の三門のなかでは、わが国最古で最大といわれています。意匠的にも力強さがみなぎる建築ですから、三門を中心に紹介しましょう。**絵A**は現在の三門を正面から見た姿です。

1425(応永32)年に再建された建築ですが、禅宗の寺院にもかかわらず、主要部は大仏様(あるいは天竺様ともいいます)の構法で建てられて

絵B

屋根の四隅を四角い柱が支えています。ほかの柱がどれも丸柱なので目立ちます。これは、1585（天正13）年に起きた地震の影響で三門が傾き、補強用に豊臣秀吉が指示した構造部材といわれています

斗栱はそれぞれ、一枚の三角板がつき出すような姿で、大仏様です（正面のそれぞれ4か所ずつ表示していますが、ほかの面の斗栱も同様です）

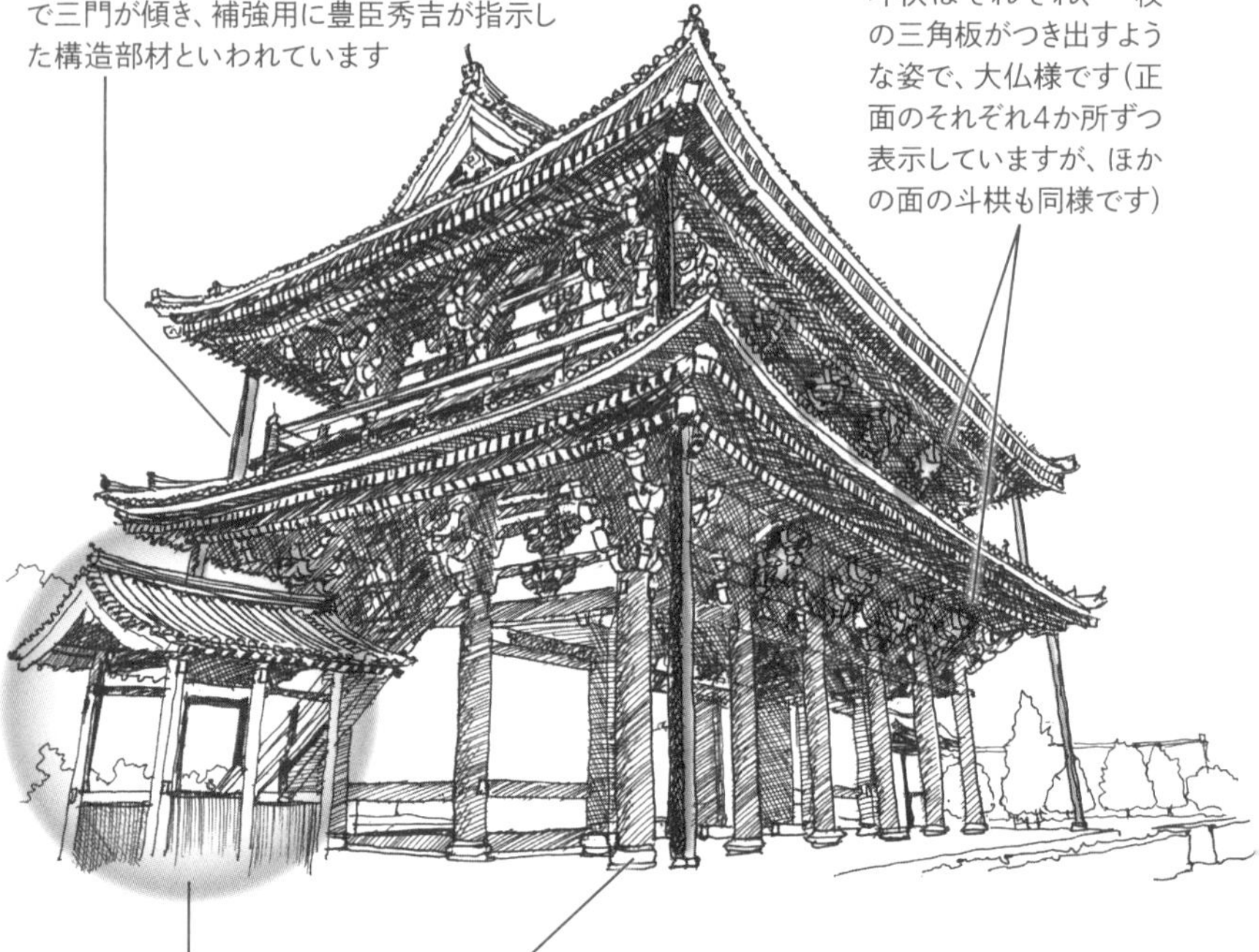

2階へ上がるための階段などを覆う平屋の小屋で、山廊《さんろう》。東西にそれぞれ設置されています

伝統的な木造建築において、和様では柱が建つ位置には、あらかじめ礎石を据《す》えます。禅宗様では、礎石の上に、礎盤という石を置き、その上に柱が載ります。礎盤は、ちょうどそろばんの玉のような、丸い形状です。東福寺三門では柱の足元には、礎盤と礎石が据えられていますから、禅宗様です

います。

不思議なことと思えますが、三門の創建は１２３９年で、大仏様で建てられたと思われますから、再建時にも創建時の手法を用いたと考えられます。

少し話がそれますが、わが国の伝統的な木造建築の様式を示す表現として「和様」「大仏様」「禅宗様（あるいは唐様）」「折衷様」などがあります。それ以外にも新和様などの用語もありますが、複雑になるので、その４つの様式を挙げておきます。

おおまかにいえば、平安時代までの建物では「和様」の意匠が使われていました。鎌倉時代になり、大仏様と禅宗様が登場しますが、大仏様は、奈良の東大寺の伽藍の建物などに限定的に用いられたまま普及・浸

透せず、禅宗様のほうがその後、広く普及します。また、折衷様は、文字通り、複数の様式が混在する形式です。

こうした意匠（及び工法）の違いをみつける楽しみも寺社建築にはありますが、建物の創建時のままの建物であれば、時代背景からその様式を当てることはむずかしくありません。現実には、多くの場合、再建された建物を見ることになります。

創建時から長い年月を経て再建される場合には、当初の建築様式で建てる場合もあれば、再建時の主流の建築様式で建てる場合もあるわけです。さまざまな理由から、両者が混在するかたちで再建されることもあったでしょう。このような事情から、単純に建物を「○○様」とは言えないことが多いのです。

話を東福寺の三門に戻しましょう。禅寺ではありますが、その建築手法は大仏様が中心で、和様も入り、禅宗様も加わっています。いわば折衷様であるともいえます（絵B参照）。

三門の断面構成をみてみます。絵というより図面に近いものですが、外観や内観と違い、断面は部屋の上下の位置関係や骨組みの結合関係などを把握するのにふさわしいものです。少し硬い内容の図ですが、ご覧ください。

絵C-1は梁行断面を示します。方角でいえば南北方向に切断した面です。ほぼ左右対称形ゆえ、南北方向への揺れに対しては安定性が高いことがわかります。主たる柱に着目し

京都MEMO

川沿いの遊歩道

白川に架かる橋の一つで、知恩院古門の近くに行者橋あるいは一本橋ともよばれる、なんとも可憐な橋があります。幅はわずか60cmほどで、長さは約12m。４径間で材質は御影石。私は何度もこの近くでスケッチしていますが、魅せられる理由は、橋の欄干や川沿いの手摺もないため、実にのびやかな光景だからです。白川の水深が浅いことや、都市内河川にふさわしく整備されているためですが、アメリカ南部のサンアントニオの、リバーウォークという川沿いの遊歩道がやはり手摺がなく、見事な親水環境を連想させます。

絵C-1

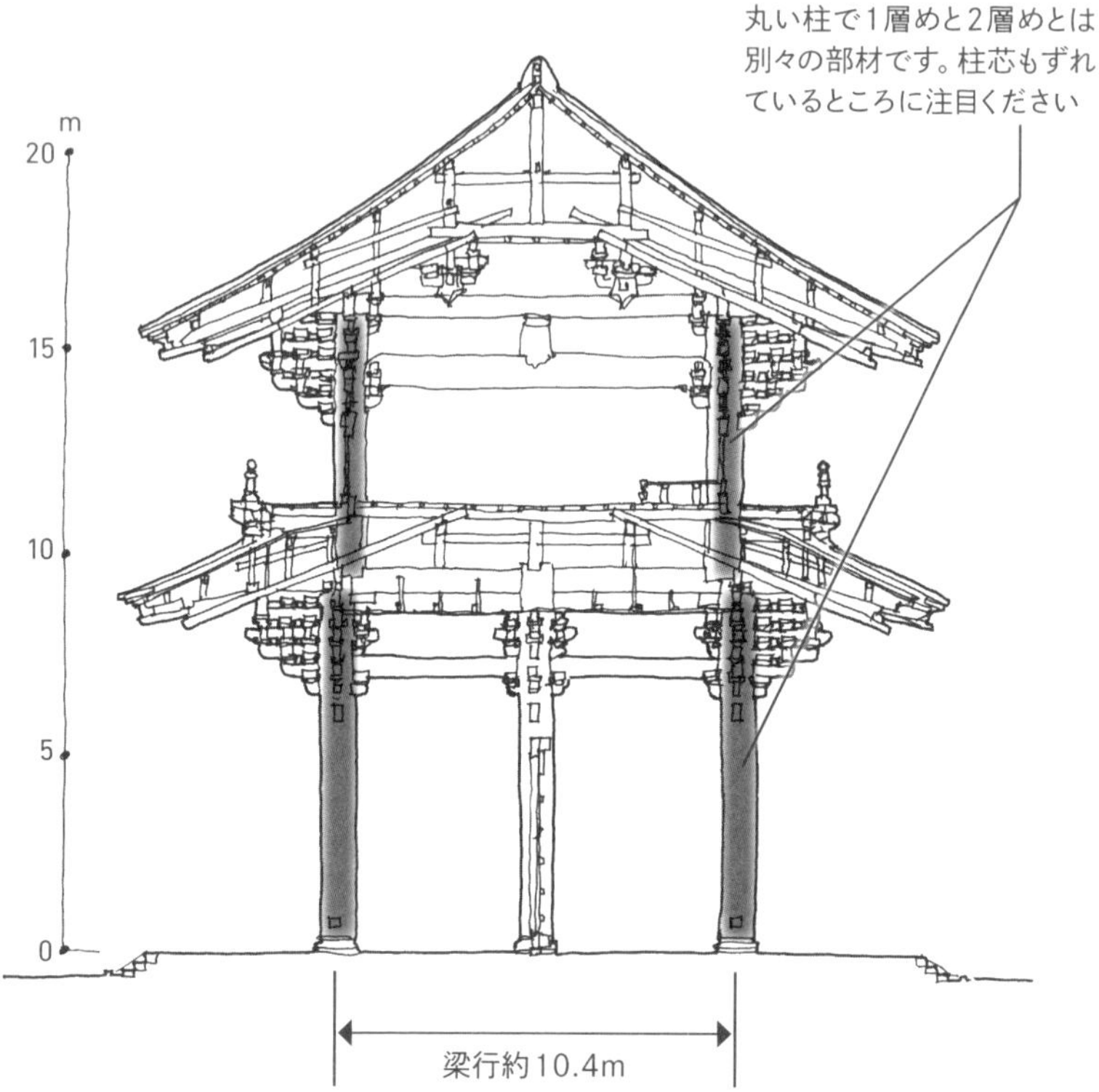

丸い柱で1層めと2層めとは
別々の部材です。柱芯もずれ
ているところに注目ください
m
20
15
10
5
0
梁行約10.4m

ますと、**赤**で示した柱ですが、1階部分と2階部分とで、それぞれの柱の中心軸がそろっていないことに気がつきます。

通常、通し柱といって、1本のまっすぐな柱を1、2階に通したほうが、柱にかかる力をすみやかに地面に伝えることができ、合理的です。しかし、1階、2階とも別々の柱が据られています。

この建物の規模が大きいことも理由の一つなのですが、1本の柱で1、2階を通そうとすると、長さが15m以上の良質な木材が求められます。しかも、1本ではありません。6本が2列並びますから最低でも12本必要になります。高価な木材の調達が難しかったのが理由の1つと考えられます。

絵C-2

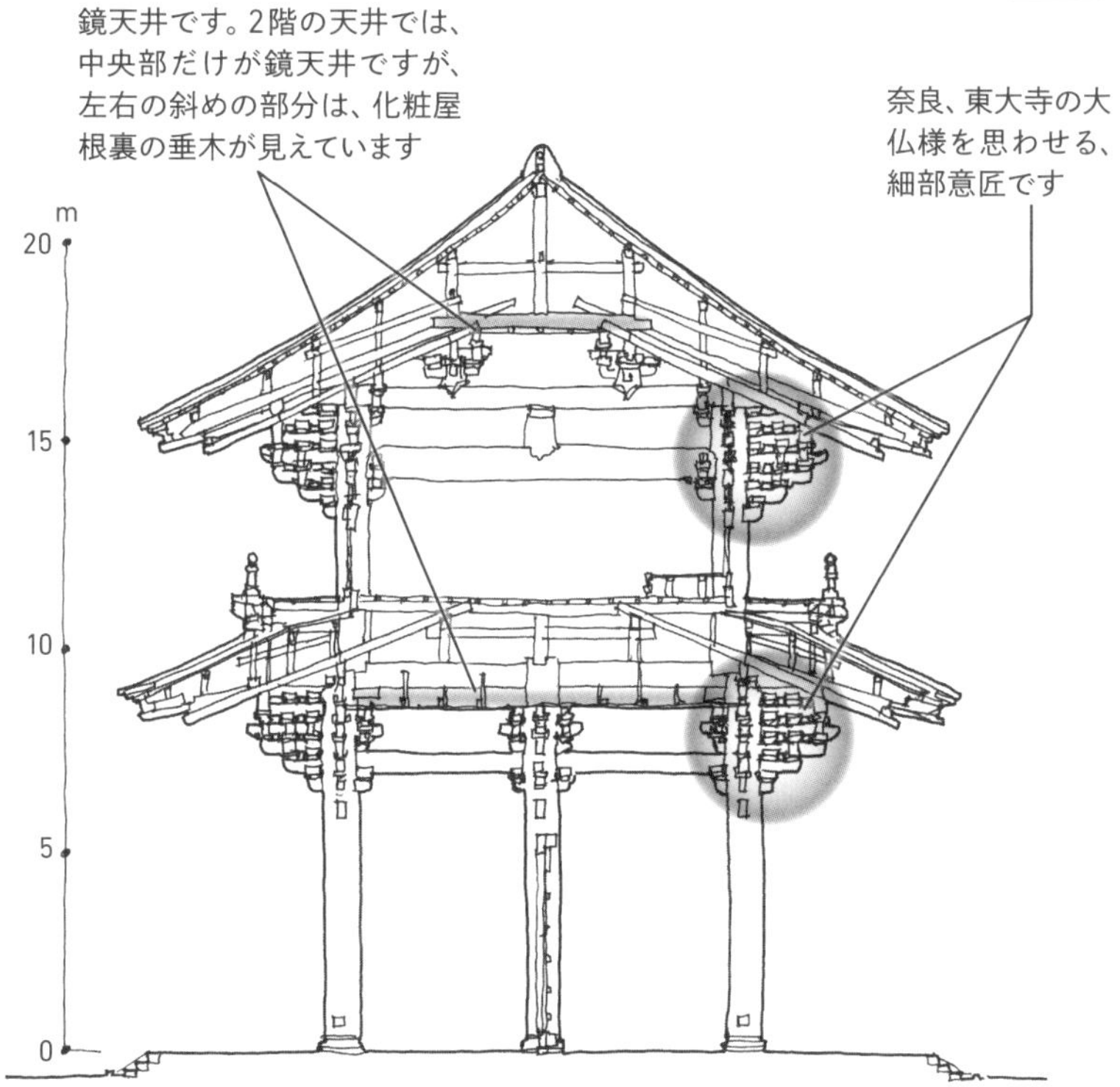
鏡天井です。2階の天井では、中央部だけが鏡天井ですが、左右の斜めの部分は、化粧屋根裏の垂木が見えています
奈良、東大寺の大仏様を思わせる、細部意匠です
m
20
15
10
5
0

1階と2階とで、上からの荷重を受けるときに、柱の位置がそろっていない事例は、ほかの施設で説明している五重塔の断面を思い起こしてほしいのです。五重塔の四天柱が、上層にいくごとに、位置が内側にずれながら据えられていく点と共通です。

外観の特長にもなっていますが、組物は、大仏様挿肘木が使われています（絵C－2参照）。ただし、ほかでも説明していますように、細部意匠では、柱の礎石部分など禅宗様もあれば、軒裏の垂木が扇垂木ではなく、和様の特長である平行垂木であるなど、適材適所の手法です。全体としてみると、和様、大仏様、禅宗様が一体化した建物といえるでしょう。

なお、三門について、閑話休題です。

絵C-3

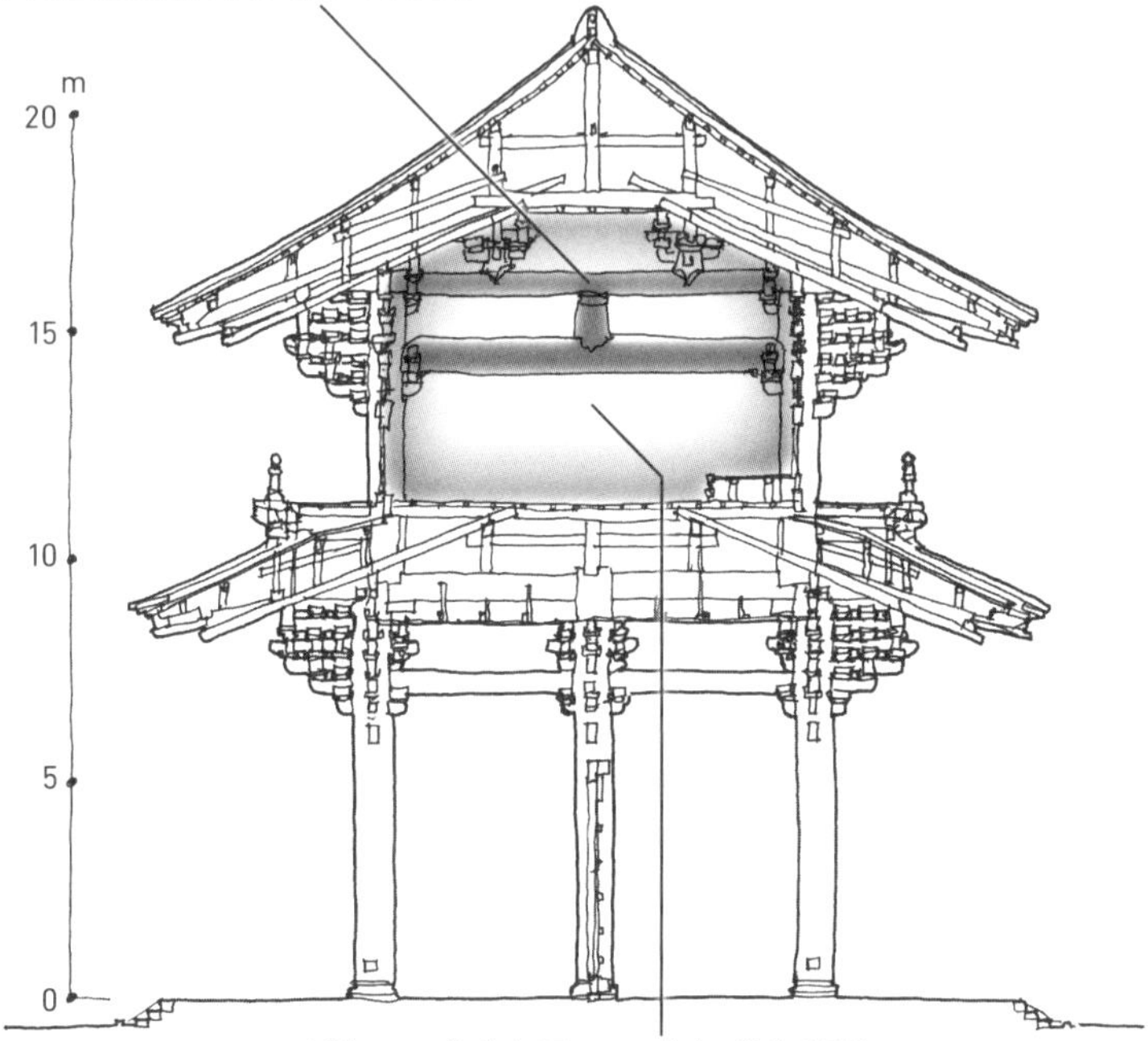
二《に》重《じゅう》虹《こう》梁《りょう》と大《たい》瓶《へい》束《づか》の組み合わせで、鏡天井を受けています。また、部材には極彩色の文様が描かれており、鏡天井には迦《が》陵《りょう》頻《びん》伽《が》の絵が貼ってあります
m
20
15
10
5
0
2階には、仏像を祀っています。単なる門とは大違いで、仏殿、法堂とともに東福寺の中核的な役割を担っている建築です

三門の楼上に大きな額がかかっています。読みづらいのですが、「みょう(漢字だが、通常は用いられていない字)雲閣」と書かれており、最初の文字は見たことのない漢字です。書かれている内容は、「妙な雲がたなびく楼閣・・」のような意図と類推されます。「玄＋少」の字が使われています。妙の「女＋少」のかわりに「女」→「玄」にしたあたりは、禅寺らしさを感じさせます。

個々の建物とは別に、禅宗七堂伽藍の配置が、実によく理想形として残っており、全体配置の点からも、貴重な実例といえます。

三門の2階の空間構成は、意匠を兼ねた構造部材やそこに描かれた絵などが、独特の表情を持って迫ります(**絵C－3参照**)。

04 知恩院

Chion-in

所在地：京都市東山区
新橋通大和大路東入三丁目林下町400
創建：承安5年（1175年）

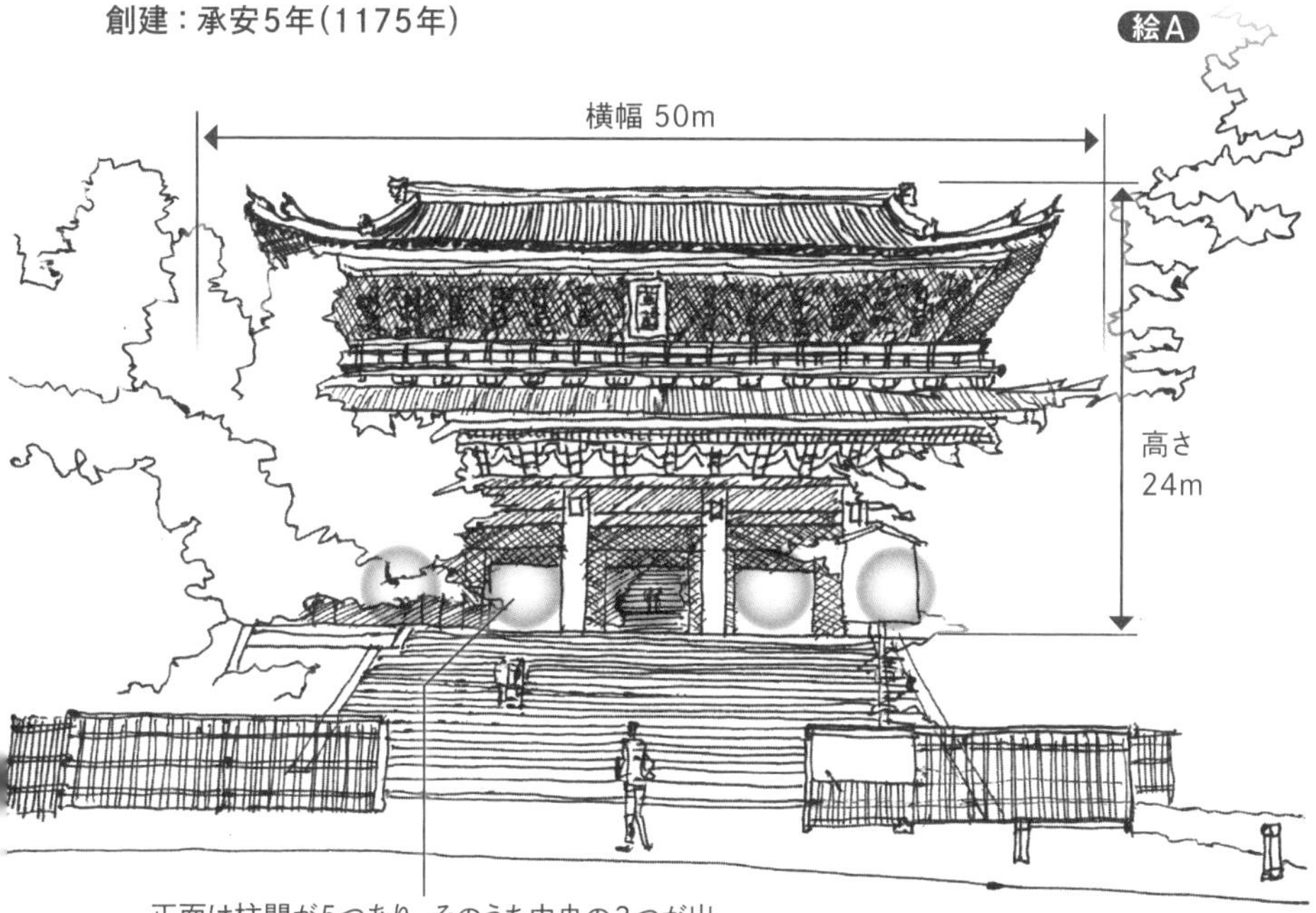

正面は柱間が5つあり、そのうち中央の3つが出入り口となっています。（「5間3戸」と言います）

浄土宗の総本山が知恩院で、開祖は法然です。現在の寺域は7万3千坪で、きわめて広大です。その境内には100棟以上の建物があります。参拝者が最初に入るのが**絵A**に示す「三門」です。

この三門、見上げるような巨大な建築物です。様式は禅宗様（唐様）で、国内に現存する三門の中では日本最大級です。本瓦葺きで入母屋造ですが、2層目の高欄からは、京都市内がとてもよく眺められます。知恩院の山門の高さは24mですが、参考までに、2番目に高い三門は、同じ京都の南禅寺の三門で22mです。

三門をくぐり、男坂の、壁のように立ちはだかる石段を上がると平坦な境内に出ます。数多い建物の中でも、法然の御影を祀る「御影堂《みえいどう》」は

絵B

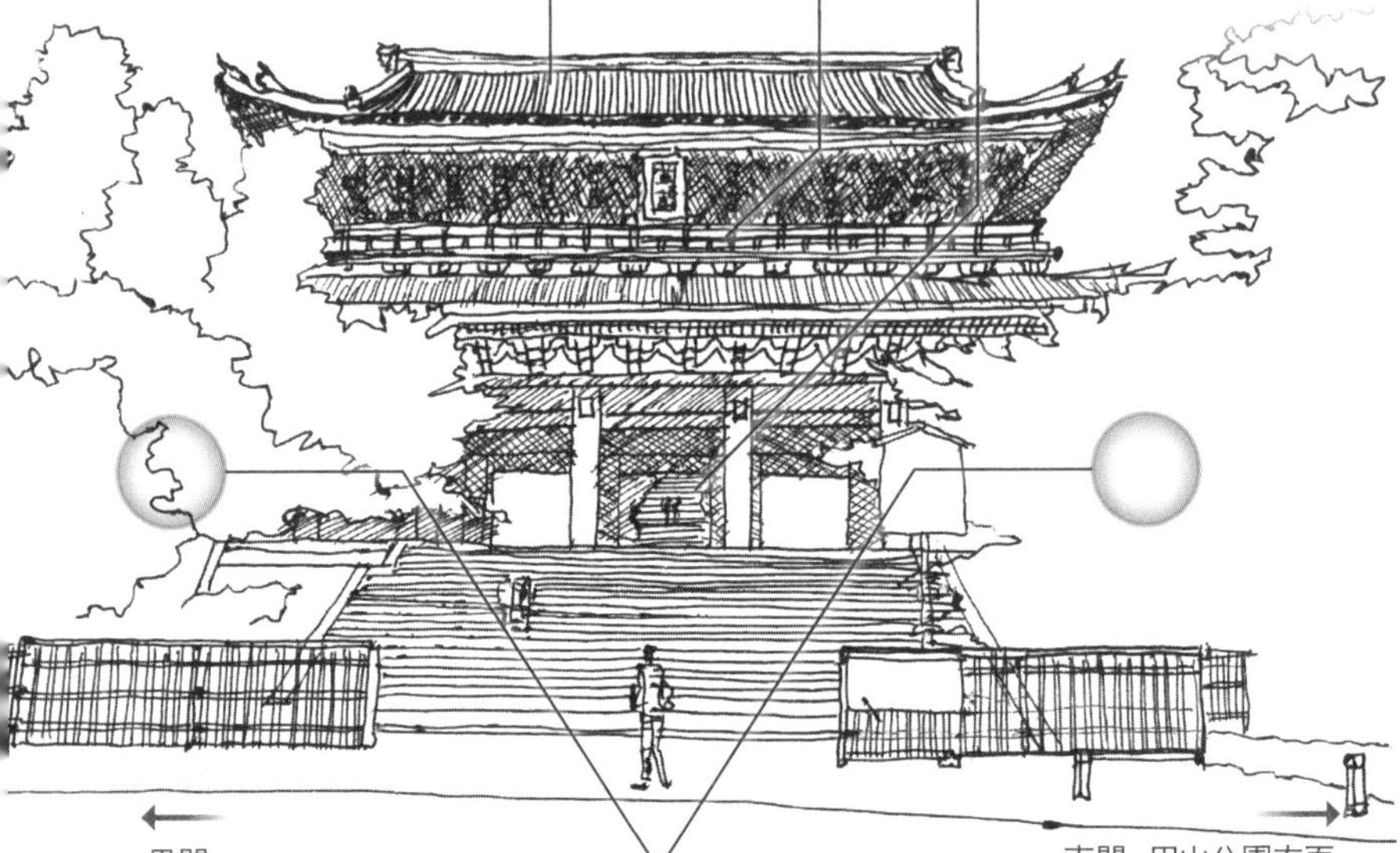
上層には岩山に座す
宝冠釈迦如来坐像が
安置されています
屋根は入母屋造で、本瓦葺き
男坂(坂とはいえ、ほぼ石段)
黒門へ
南門、円山公園方面
樹木に隠れていますが、山廊と
呼ばれる小屋が両脇にあり、上
層へはその階段を利用します。

絵Dに示すように大建築です。高台にある大鐘堂の釣り鐘は、実に重さが70tにもなります。江戸時代に入り、徳川幕府の厚い庇護を受けたこともあり、巨大建築の大伽藍になり、今日に至っています。

知恩院の三門は、説明抜きでその迫力に圧倒されます。入母屋造で本瓦葺きの重量感が伝わってきます。重層ですが、2階への階段は左右にそれぞれある、切妻造の山廊からアクセスします。5間の柱間のうち、普段は中の3間が開けてあり、通れますが、もちろん扉がついています。三門を通った先には男坂とよばれる道の石段がはるか先まで伸びています。この石段を登り切ったあたりから、振り返ると、その高低差に驚き

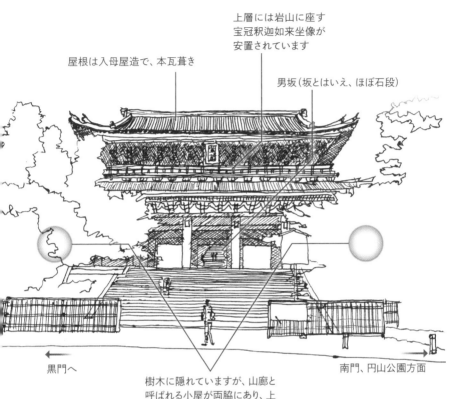

絵C

絵D

屋根は一重入母屋造、本瓦葺です
開口45m
奥行き
35m
正面の向拝《ごはい》は5間

ます（絵C参照）。寺域の光景ではありますが、むしろ本格的な城郭の石段を思わせる、堅牢な造りです。

　徳川幕府は知恩院の本格的な整備、拡充に多大の寄進を行いました。代表例は、二代将軍秀忠が国宝「三門」を寄進し、三代将軍家光は国宝「御影堂」を寄進しています。重要文化財「大方丈」「小方丈」は書院造建築ですが、両方とも家光の寄進により建立されています。また、徳川将軍家の御成《おなり》には、知恩院の書院が居所となりました。

　そもそも家康は三河のころから浄土宗に帰依していますし、1603（慶長8）年、知恩院を永代菩提所と定めています。

南禅寺 | 05

Nanzenji Temple

所在地：京都市左京区南禅寺福地町86
創建：正応4年(1291年)

絵A-1

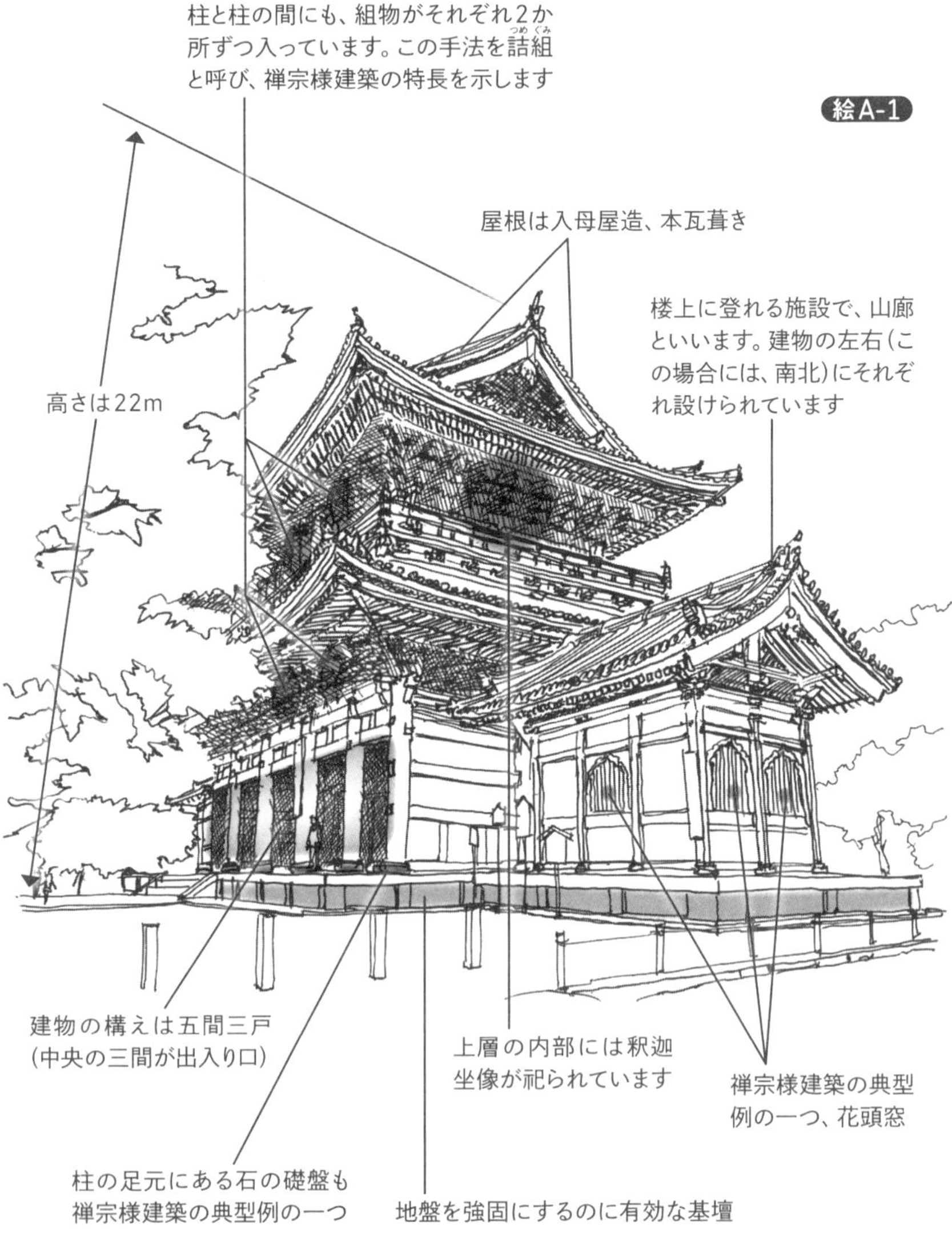

柱と柱の間にも、組物がそれぞれ2か所ずつ入っています。この手法を詰《つめ》組《ぐみ》と呼び、禅宗様建築の特長を示します
屋根は入母屋造、本瓦葺き
楼上に登れる施設で、山廊といいます。建物の左右(この場合には、南北)にそれぞれ設けられています
高さは22m
建物の構えは五間三戸(中央の三間が出入り口)
上層の内部には釈迦坐像が祀られています
禅宗様建築の典型例の一つ、花頭窓
柱の足元にある石の礎盤も禅宗様建築の典型例の一つ
地盤を強固にするのに有効な基壇

臨済宗南禅寺派の大本山、南禅寺は、京都五山の別格寺院です。歌舞伎の狂言「三門五三桐《さんもんごさんのきり》」で、石川五右衛門という安土桃山時代の大盗賊が、南禅寺三門の楼上から言う名台詞はよく知られています。

「絶景かな、絶景かな」

　境内に植えられている約2000本のカエデが紅葉に包まれる時期には、多くの観光客が訪れます。また、方丈《ほうじょう》に小堀遠州作といわれる枯山水庭園も見ごたえがありますし、明治に入ってから建設された赤レンガ造の水路閣《すいろかく》も、近年は外観も、壁が苔むして、落ち着いた雰囲気を醸し出しており、写真スポットとしてもよく知られるようになりました。

　あるいは、南禅院や、南禅院の塔《たっ》頭《ちゅう》寺院の一つである金地院《こんちいん》の「鶴亀の庭」も、同じ小堀遠州の作ですが、見ておく価値があります。このように、見どころ満載ですね。

　南禅寺は亀山法皇が禅僧・無関普《むかんふ》門《もん》を迎えて、1291（正応4）年に開創されました。天皇家を檀家とする最初の禅寺となったのです。

　室町時代の将軍、足利義満は、京都五山（禅宗寺院のトップ5寺）の中でも最高位にあたる「五山之上」に南禅寺を列しました。いわゆる「別格」で、禅宗寺院の最高寺格の寺院なのです。このように非常に風格のある禅宗寺院です。

　ここは、なにかにつけ話題になる三門を中心に説明しましょう。

　創建当時の伽藍《がらん》は、3回に及ぶ火災でことごとく焼失しましたから、私たちがみる現在の方丈（国宝）や三門（重要文化財）は桃山期以降に再建されたものです。

　三門については、大名の藤堂高虎《とうどうたかとら》が、大阪夏の陣で倒れた家来を供養する目的で1628（寛永5）年に再建しました。

　絵Aは、三門を南西から見上げています。押さえておくべき基本的な点を、絵に引き出し線を入れて説明してみました。三門の正面に立って見上げると、柱も立派で、その堂々たる威容に圧倒されます。

　この三門は禅宗様の建物なのですが、現存の禅宗様建築のいわばお手本ともいわれるのは、京都ではなく鎌倉にある、国宝の円覚寺舎利殿《しゃりでん》です。

　細部意匠で特徴的な要素が、小規模の建物にぎっしり詰まっています。

それをご覧になると、早く理解できます。なお、舎利殿はもともと円覚寺の建物ではありません。太平寺仏殿という、14世紀末の建物（ということは、鎌倉時代ではないのです）を移築したものです。

我が国の建物の屋根は概して軒先までが長いですね。禅宗様の建築を、外観で比較的、見分けやすい方法の一つが、屋根の軒裏《のきうら》に見える垂木の

絵A-2

2層めの軒は、
扇垂木です
1層めの軒は、平行垂木です

絵B

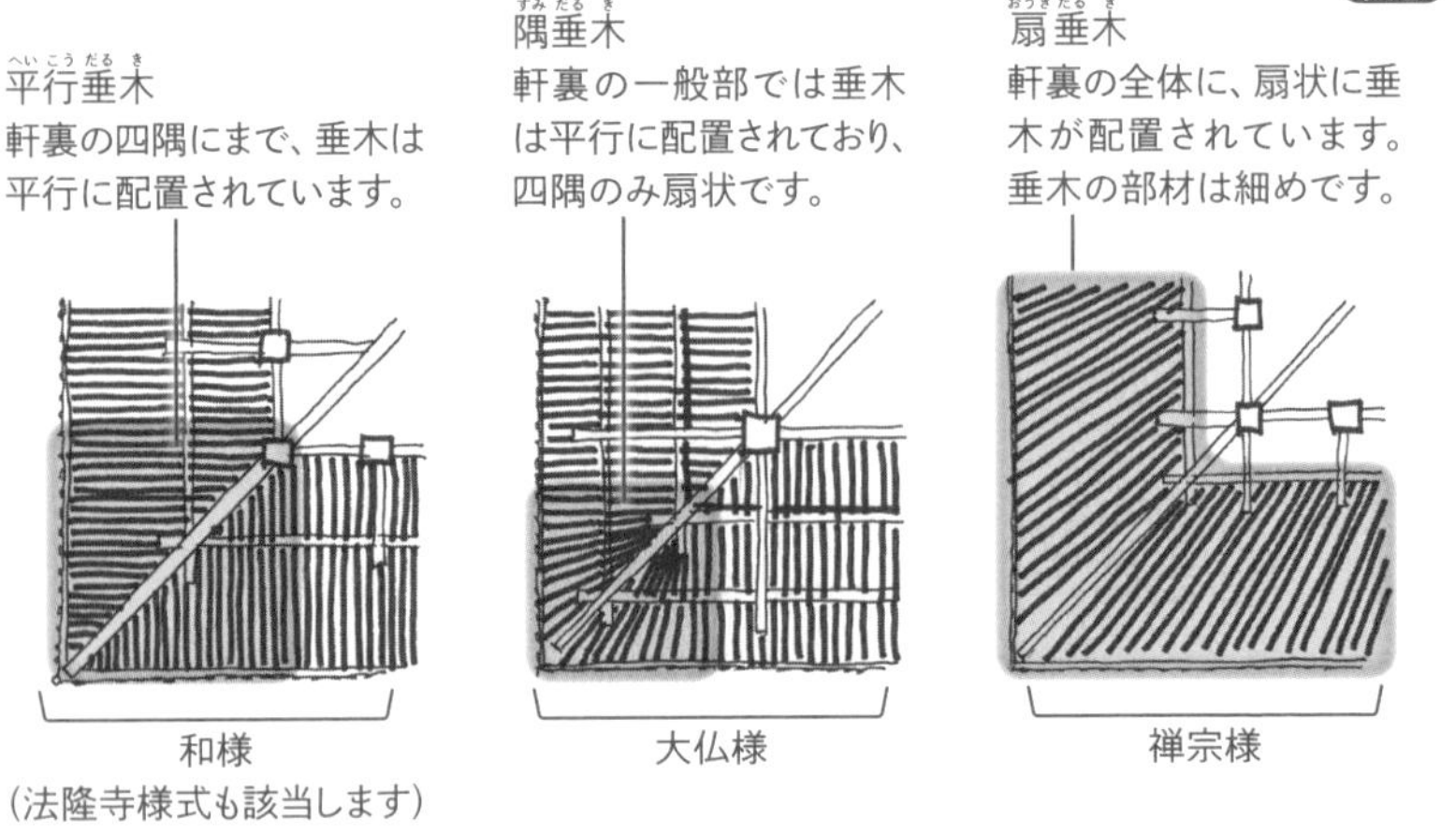

平行垂木《へいこうだるき》
軒裏の四隅にまで、垂木は
平行に配置されています。
隅垂木《すみだるき》
軒裏の一般部では垂木
は平行に配置されており、
四隅のみ扇状です。
扇垂木《おうぎだるき》
軒裏の全体に、扇状に垂
木が配置されています。
垂木の部材は細めです。
和様
（法隆寺様式も該当します）
大仏様
禅宗様

配列です。**絵B**に、軒裏のうち、隅の部分を中心に描写していますが、大きく3つのタイプがあります。禅宗様に従えば、垂木が全体として建物の中心から放射状に広がったような垂木配列です。

それを覚えて三門に立ちますと、**絵A－2**に示すように、確かに2層めの軒裏は扇垂木とわかります。禅宗様であることの手がかりとして、これは使えます。ただし、南禅寺の三門についていえば、1層めと2層めとでは、軒裏の垂木の配列は共通ではありません。垂木の配列は、隅部やその近傍を除けば、並行垂木で問題ないのです。隅部では、支える荷重を柱へ伝えるのに平行垂木では合理的とは思えません。とくに1層よりも2層めの屋根(とくに隅の部分)のほうが、風や地震などの外力による揺れは大きいと考えられますから、2層めに扇垂木を配置してある南禅寺の三門は、理にかなっています。

1層めについては、一般的に裳階《もこし》のある建物では平行配置であることをふまえるならば、1層めと2層めとで異なった垂木配置であることは納得できます。

この三門の楼上からの眺めについて、理解しましょう。**絵C**、**絵D**、**絵E－1**、**絵E－2**をご覧ください。

京都市は、その優れた伝統的な都市景観の保全と形成に向けて、各種の地区指定を、市街地のほぼすべてに行ってきました(景観地区や建造物修景地区等の指定をはじめ、地域特性を反映したきめ細かいデザイン基準に基づく市街地景観の保存・誘導や良好な形成などの取組みを指します)。なによりも、京都市民の意識の高さが、市のこうした取り組みへの理解と支持に結びついています。

三門の楼上から眺めると、西側には、高木の樹冠が重なることで生み出された、いわば緑の海の上を、遮ることのない視線が遠方まで広がります。その先には、京都の中心部の市街地が、建物で遮られることもなく、見渡せます。また、秋には、樹木は目も覚めるような鮮やかな紅葉に染まります。

まさに「絶景かな」です。**絵C**などに特にはっきりとわかります。

「水路閣」についても触れておきましょう(**絵F**)。境内の南東には、煉瓦造の構造物が通っています。琵琶湖から引いた水を流す「琵琶湖疎水《そすい》」

絵C
楼上から西方面（京都の中心市街地）を眺める

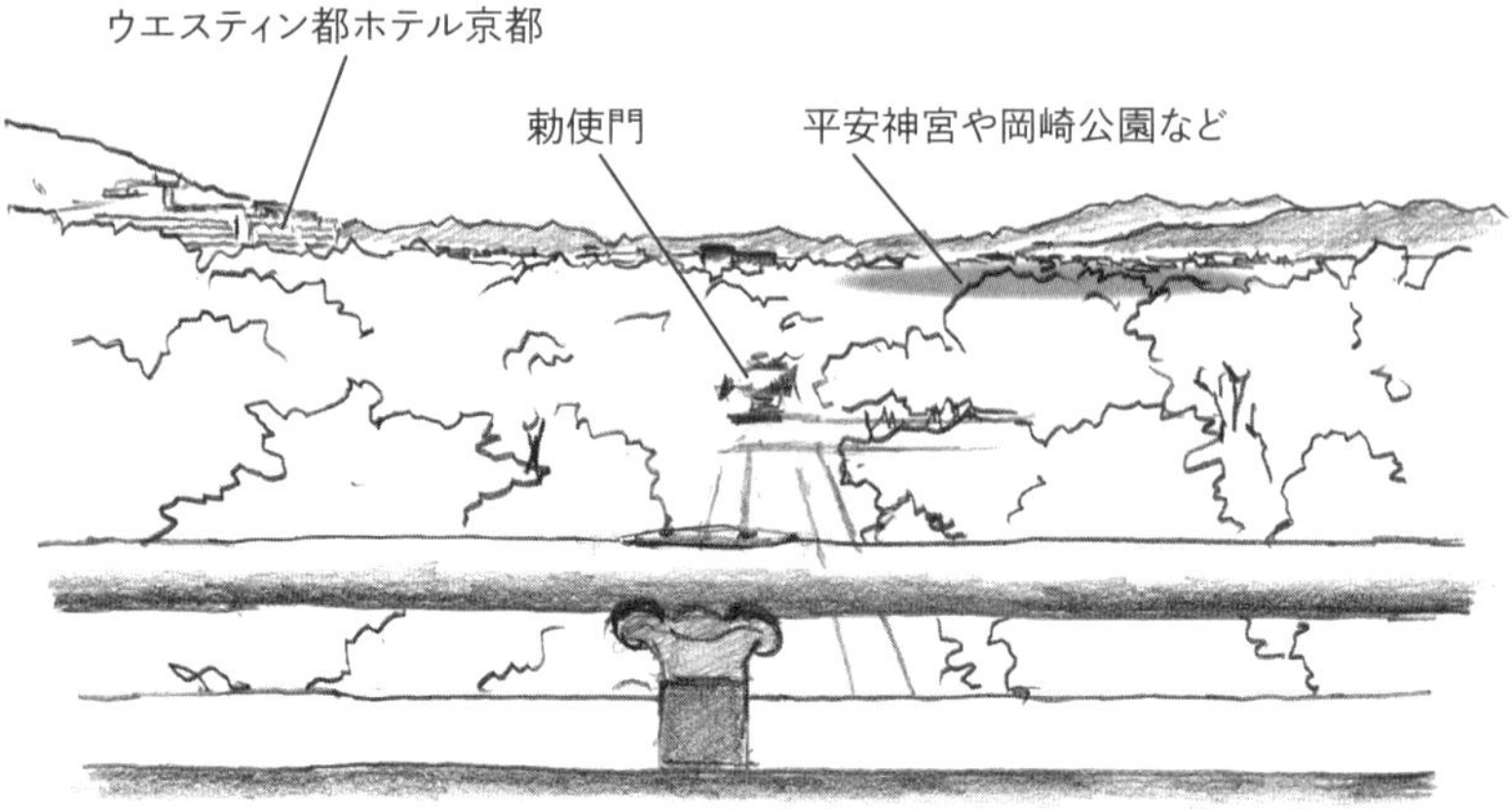
ウエスティン都ホテル京都
勅使門
平安神宮や岡崎公園など

絵D
北から北西方面を眺める

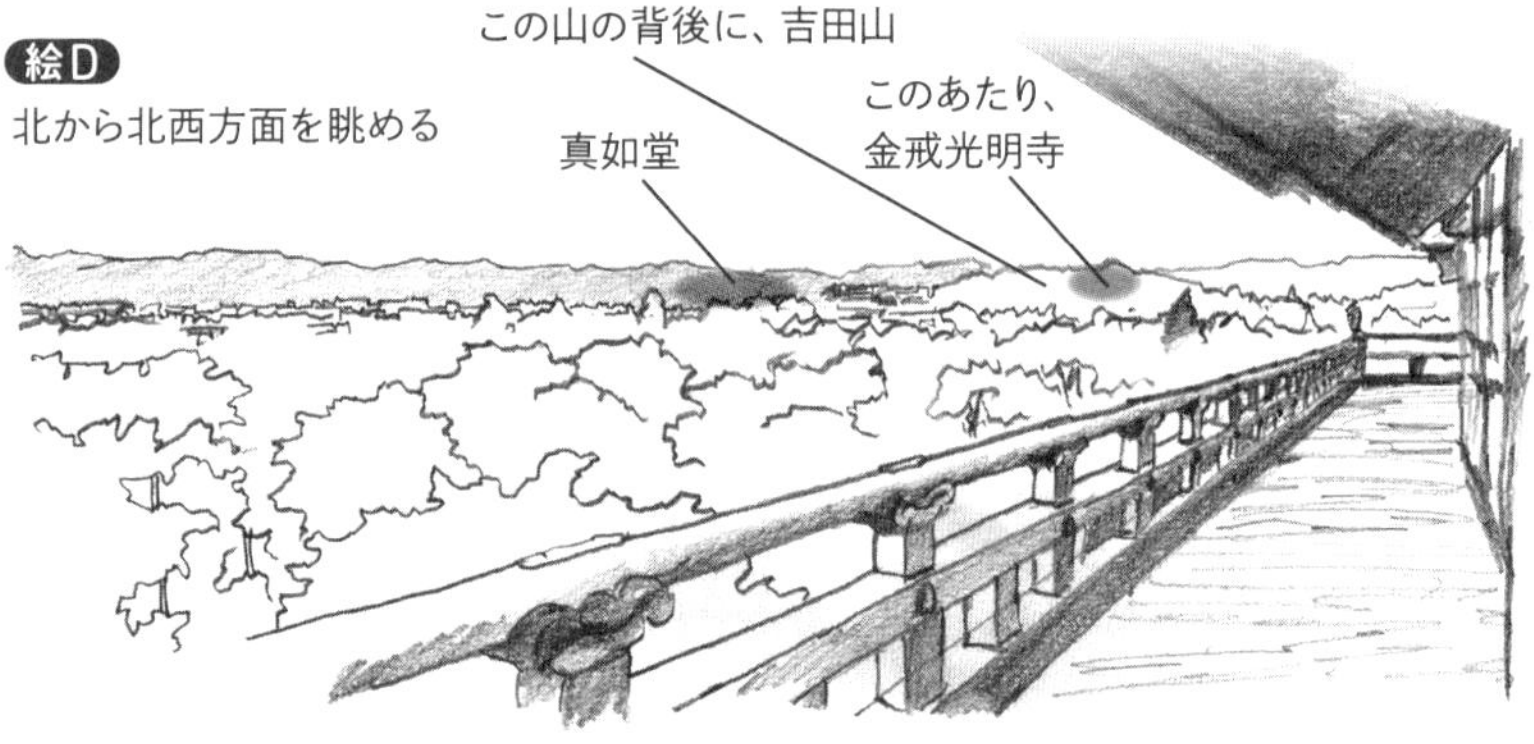
この山の背後に、吉田山
このあたり、
金戒光明寺
真如堂

の装置の一部です。幅が約４ｍ、長さは約93ｍで、連続するアーチ橋ですが、とても重量感があります。疏水全体では、第一疏水、第二疏水、疏水分線などからなり、全体では延べ約30・７㎞にも及びます。

京都府知事の北垣国道《きたがきくにみち》、建設工事の主任技師の田邉朔郎《たなべさくろう》、測量技術の専門家である島田道生《しまだどうせい》の３人は、この事業の実現に大きく貢献しました。

琵琶湖疏水の完成は１８９０（明治23）年ですから、すでに１３０年以上が経過していますが、まだ現役の施設です。すばらしいですね。この橋の上部まで上がることができますが、上がってみると、勢いよく水が流れるのを実感できます。

絵E-1
南方面を眺める

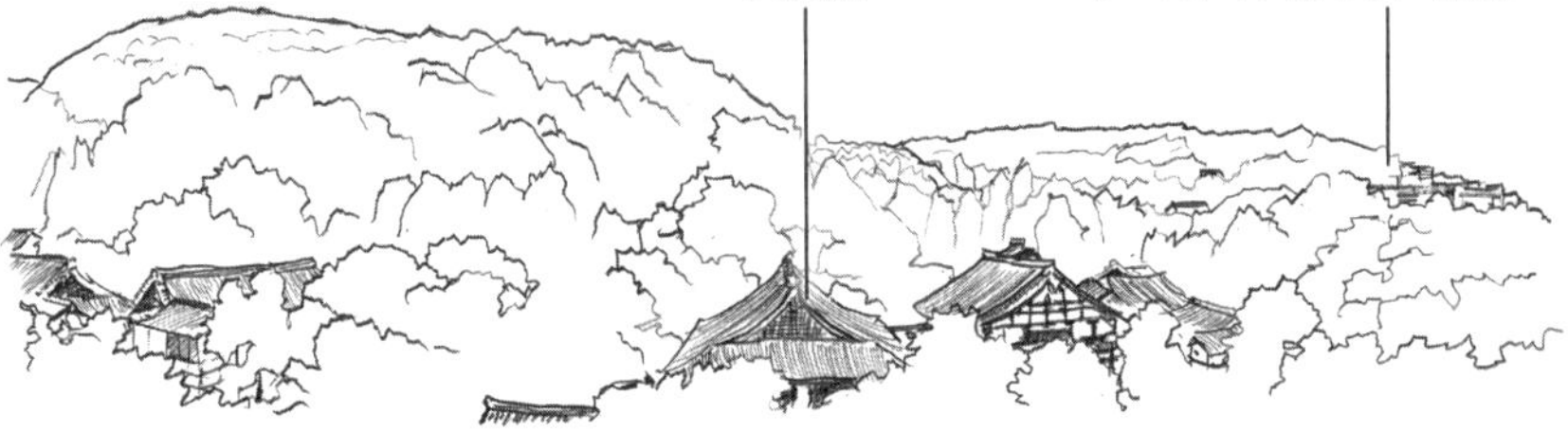
天授庵
ウエスティン都ホテル京都

絵E-2
東方面を眺める

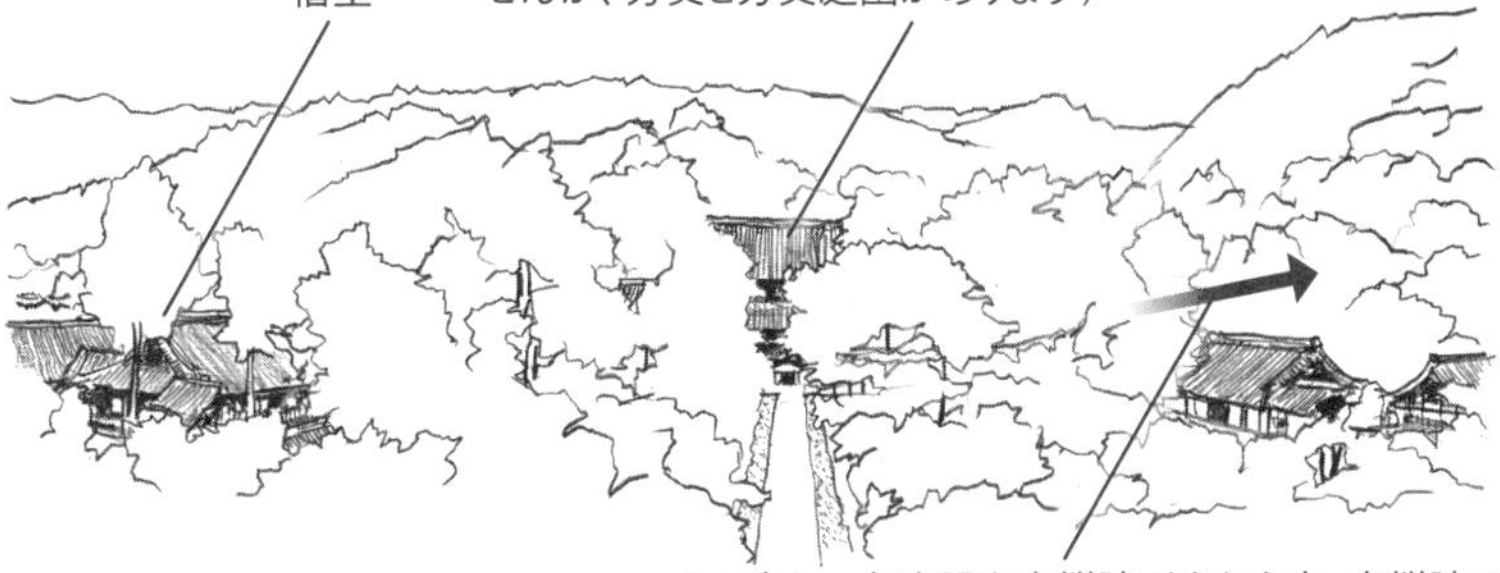
僧堂
法堂（この後ろに、樹木などで見えませんが、方丈と方丈庭園があります）
この先に、水路閣や南禅院があります。南禅院は、南禅寺発祥のいわば聖地ともいえる存在です

絵F

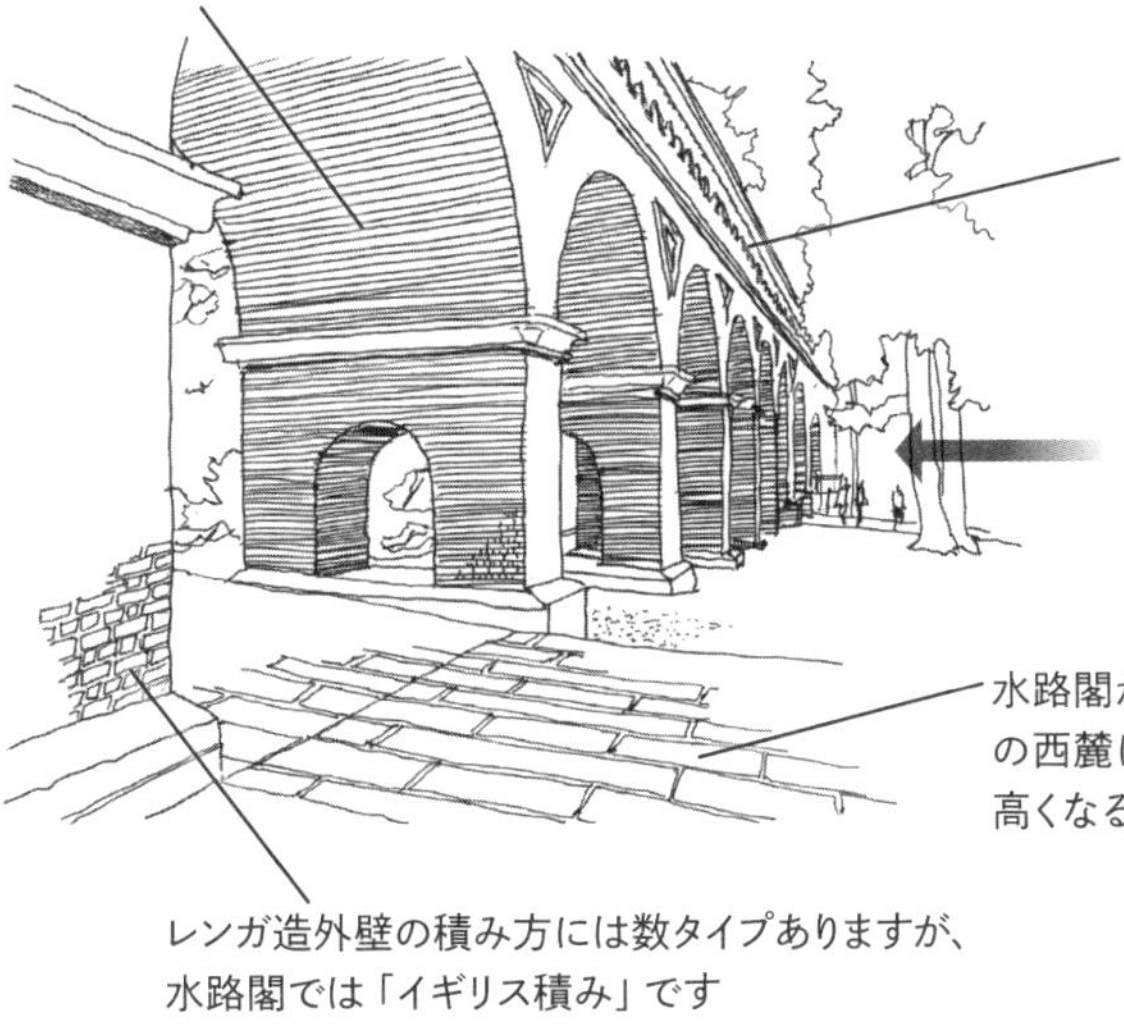
レンガ造のアーチ橋です
琵琶湖疎水の水路は、アーチ橋の上部を通っています
矢印の方向に進んだ先にあるのが南禅院です
水路閣が通る地面は、東山の西麓にあって、東に急に高くなる手前にあたります
レンガ造外壁の積み方には数タイプありますが、水路閣では「イギリス積み」です

所在地：京都市東山区祇園町北側625
創建：斉明天皇2年（656年）

八坂神社 06

Yasaka Shrine

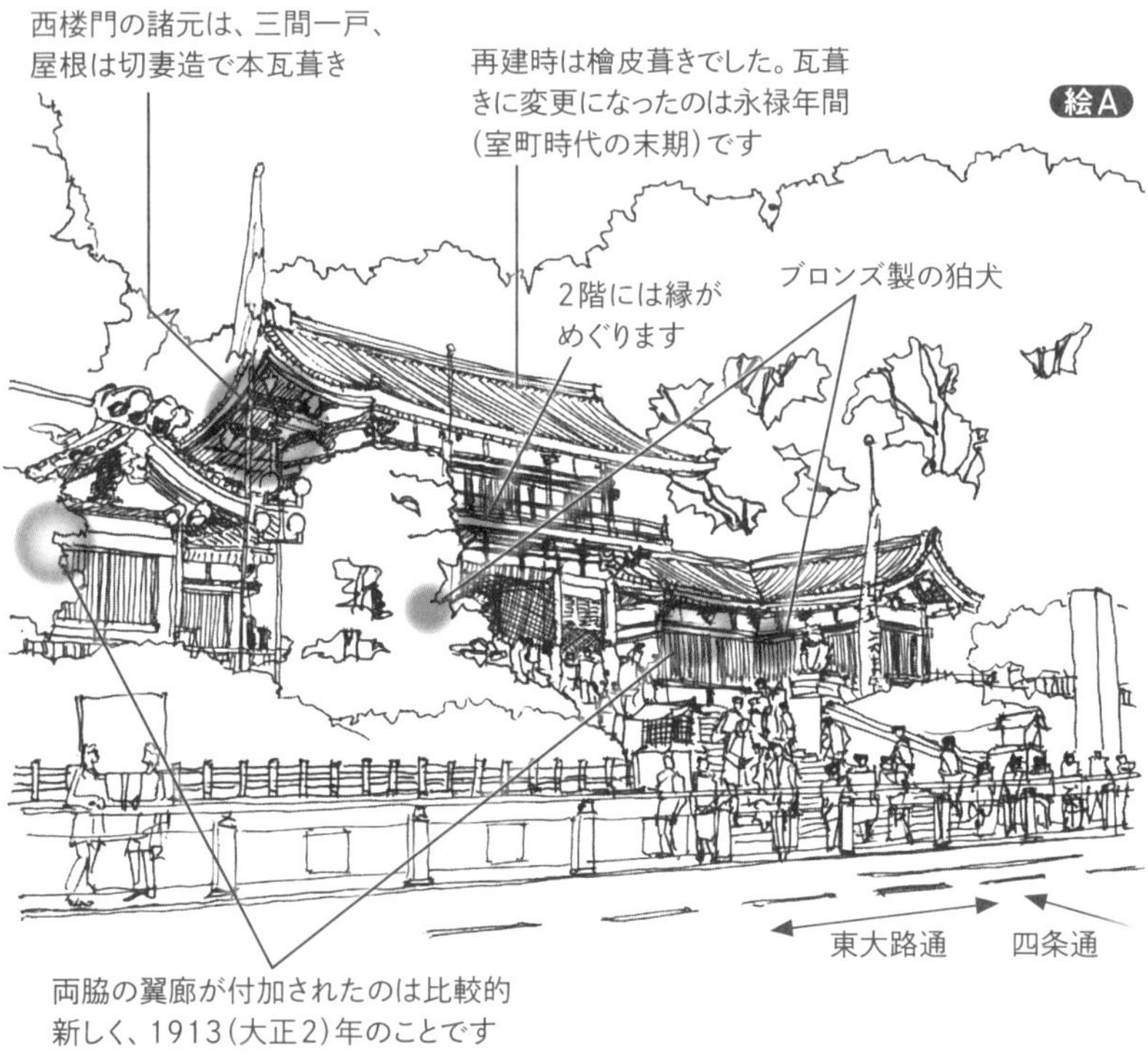

絵A
西楼門の諸元は、三間一戸、屋根は切妻造で本瓦葺き
再建時は檜皮葺きでした。瓦葺きに変更になったのは永禄年間（室町時代の末期）です
2階には縁がめぐります
ブロンズ製の狛犬
東大路通
四条通
両脇の翼廊が付加されたのは比較的新しく、1913（大正2）年のことです

八坂神社では、本堂と礼堂《らいどう》が並ぶ形式の本殿《ほんでん》に着目したいですね。国宝でもあるその本殿を中心に紹介しますが、その前に、八坂神社の特徴や、主要な門について説明しましょう。

八坂神社の創建は古く、平安京が誕生する前の、656年とも言われています。古名は祇園社であり、八坂神社となったのは、明治になり、神仏分離政策が推し進められ仏教色が除かれてからです。商売繁盛や厄除けの御利益があるとされます。

いまでは、八坂神社の祭礼である祇園祭の神社として、よく知られています。四条通が東大路通に突き当たった場所は、観光客でごった返しています。そこに位置する楼門はあざやかな朱色で「西楼門《にしろうもん》」といい、

屋根の一部が庇となっています
向拝《こうはい》と呼びます
絵B

ランドマーク的存在です（絵A）。

ところで、現在の西楼門は1497（明応6）年に再建されたものです。1913（大正2）年に四条通が拡幅された関係で、この西楼門は数メートルずつ、東方向と北方向へ移動しました。長い歴史をもつ寺社においては、建物自体は同じであっても、解体による移築や曳家など、さまざまな変化を乗り越えて、今日を迎えているのです。西楼門を、八坂神社の正門と思いがちですが、違います。境内の南側にある「南楼門《みなみろうもん》」が正門です。

本堂ですが、**絵B**をご覧ください。神社本殿なのですが、寺院の本堂かと間違いそうな外観です。屋根の素材は檜皮葺きです。檜皮やこけらなどを用いるのは神社で、瓦は寺院です。一方で、屋根形状については、入母屋造りですね。これは寺院によく用いられる形式です。神社では切妻形式が主体ですから、この本殿は寺院に近いのです。もともと、神仏が結びついた、日本固有の神の信仰がもとになっています。いわゆる神仏習合《しゅうごう》あるいは神仏混淆《こんこう》です。

さらに、八坂神社の本殿では、正面からみて左右及び裏側に庇がついています。八坂神社本殿が神仏習合の神社建築の代表例ともいわれています。その特徴をみてみましょう。

その特徴は、一言でいえば、本殿の大規模化といえるプロセスです。本殿の創建は貞観年間（859～876年）といわれています。そのときには観慶寺の境内社として、本殿と簡単な礼堂の組み合わせでした。

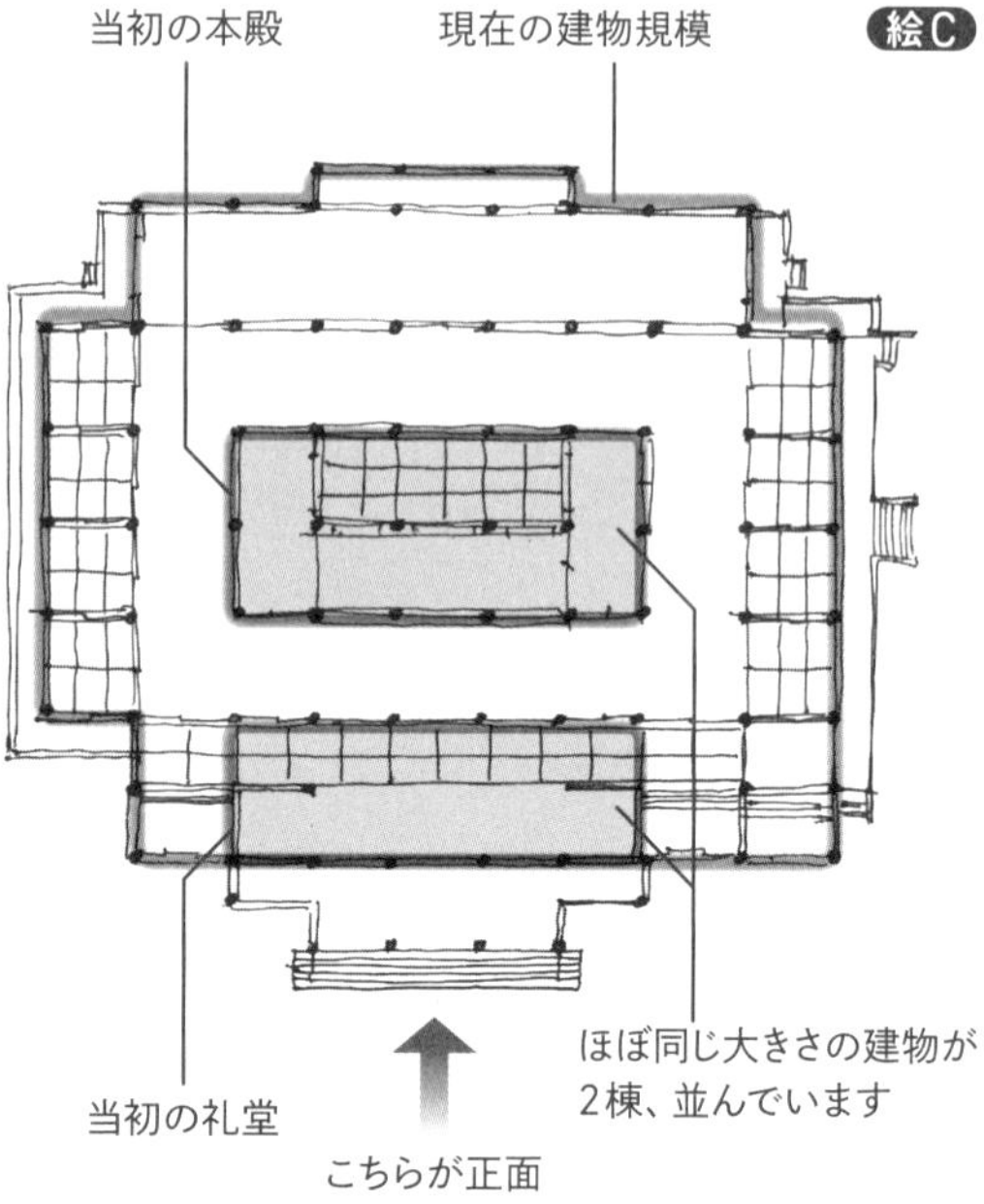
絵C
当初の本殿
現在の建物規模
ほぼ同じ大きさの建物が
2棟、並んでいます
当初の礼堂
こちらが正面

規模は桁行5間、梁間2間の本殿と、同様規模の礼堂だったと想定されます。**絵C**は、上を北とした平面図ですが、初期の建物2棟を包み込むようにして大規模化したものが、今日の本殿であることを示しています。どのように大規模化したかは、**絵D**の断面がわかりやすいでしょう。図の右側が建物の正面側です。それまでの2つの建物を飲み込むように、大きな屋根がかけられています。結果的に、天井裏には大きなスペースが生まれていますね。

絵Cにおいて、初期に同じような建物規模の2棟が並ぶ様子が「双堂《ならびどう》」と呼ばれることもあります。寺院建築と神社建築とで、類似の概念が用いられていますが、規模が同じような建物の並置を指す場合もあれば、異なる機能の建物が2つ並んだ場合を指す場合もあり、いくぶん混乱がみられます。八坂神社のように、明治になるまでの長い年月の間、寺院と神社とが習合した状況でしたから、両者が互いに複雑に影響しあいながら、1棟の建物へと拡張し、大規模化したと考えられます。その過程で、正面以外の3面に庇が加わり、独特の外観を形成しました。

　八坂神社本殿のように、同じような規模の独立した建物の並置から、両者を包括するように、1棟として大規模化する事例は、さほど多くはありませんが、参考までに、これも良く知られている建物で、同じような経緯をたどった建物があり、ここに紹介します。神社建築ではありま

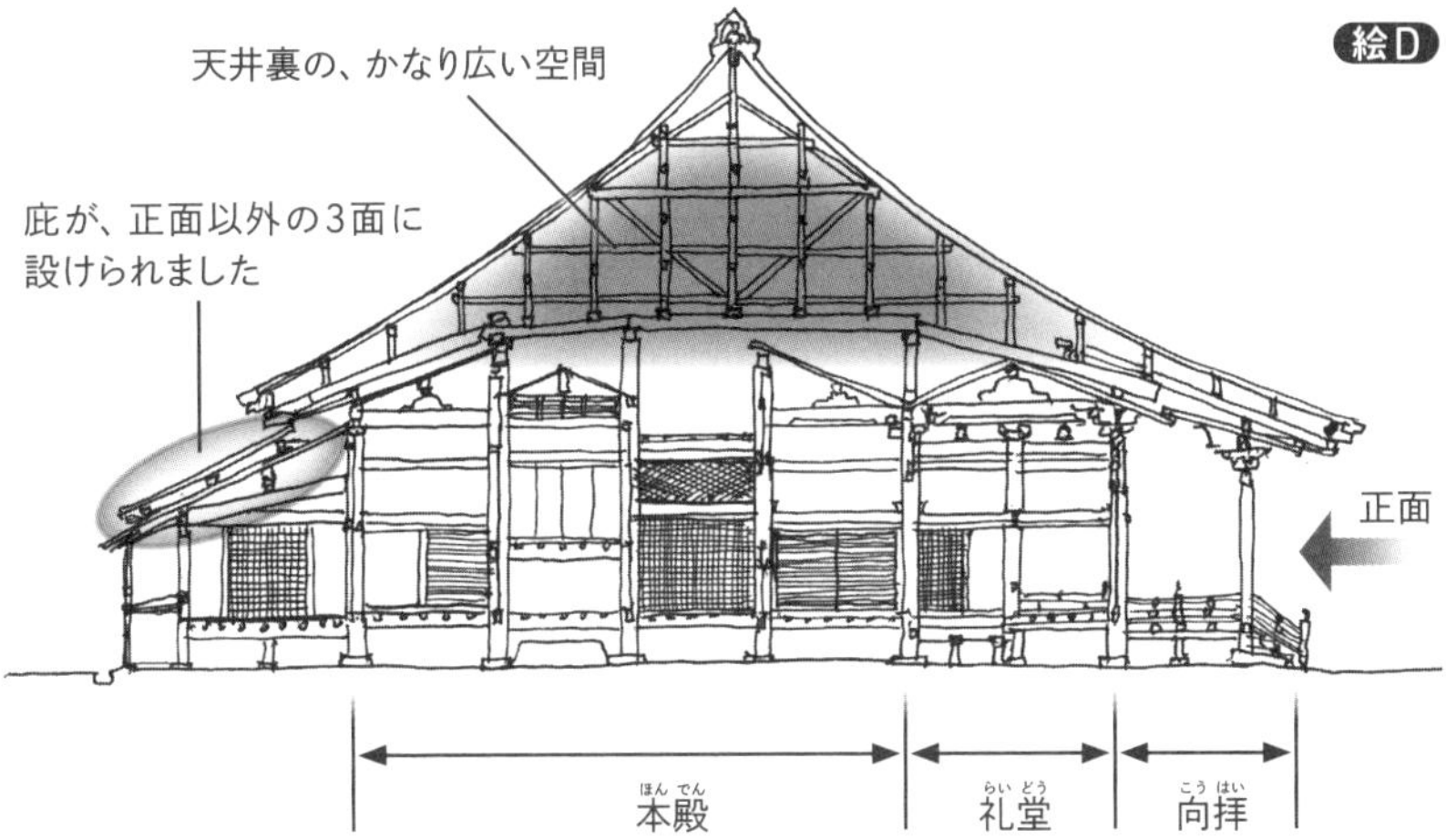
絵D
天井裏の、かなり広い空間
庇が、正面以外の3面に
設けられました
正面
本殿《ほんでん》
礼堂《らいどう》
向拝《こうはい》

せんが、奈良、東大寺の法華堂（三月堂とも呼ばれます）です。東大寺に現存する建物の中で、数少ない奈良時代の建築として国宝です。

　八坂神社の本殿の場合には、ふつうに参拝すべく参道を進めば、向拝のある正面に立てます。建物の側面は、見えていたとしてもあまり意識しないと思われます。それに反して、東大寺の法華堂は、参拝のために進むと、建物の南側、ということは、建物からすると側面にあたる外観が目に飛び込んできます。**絵E**がそうです。

　私も10代の終わりに、はじめてこの法華堂をみたとき、屋根の組み合わせがなんとも不思議で、不可解な、それでいてとても印象的で、記憶に強く残りました。それ以来、何度も訪れていますが、異なる建築様式の建物が見事に融合した姿に感動します。**絵E**で、左側の本尊などが置かれている正堂《しょうどう》が8世紀なかばの建造、右側の礼堂は鎌倉時代の建立とされていますから、建設時期は同時ではありませんが、当初はそれぞれが独立した建物でした。両者の屋根の形式も異なります。

　建物内部の構成をご覧になると、もともと2つの建物だったことがわかってきます。**絵F**で、右側が正面です。後方に本尊などの須弥壇《しゅみだん》が設けられており、右側は礼堂です。その両方を結ぶ大きな屋根がかけられることで、両者は室内空間として連続していますね。法華堂には、八坂神社の本殿にみられるような庇は設けられていませんから、大規模化の

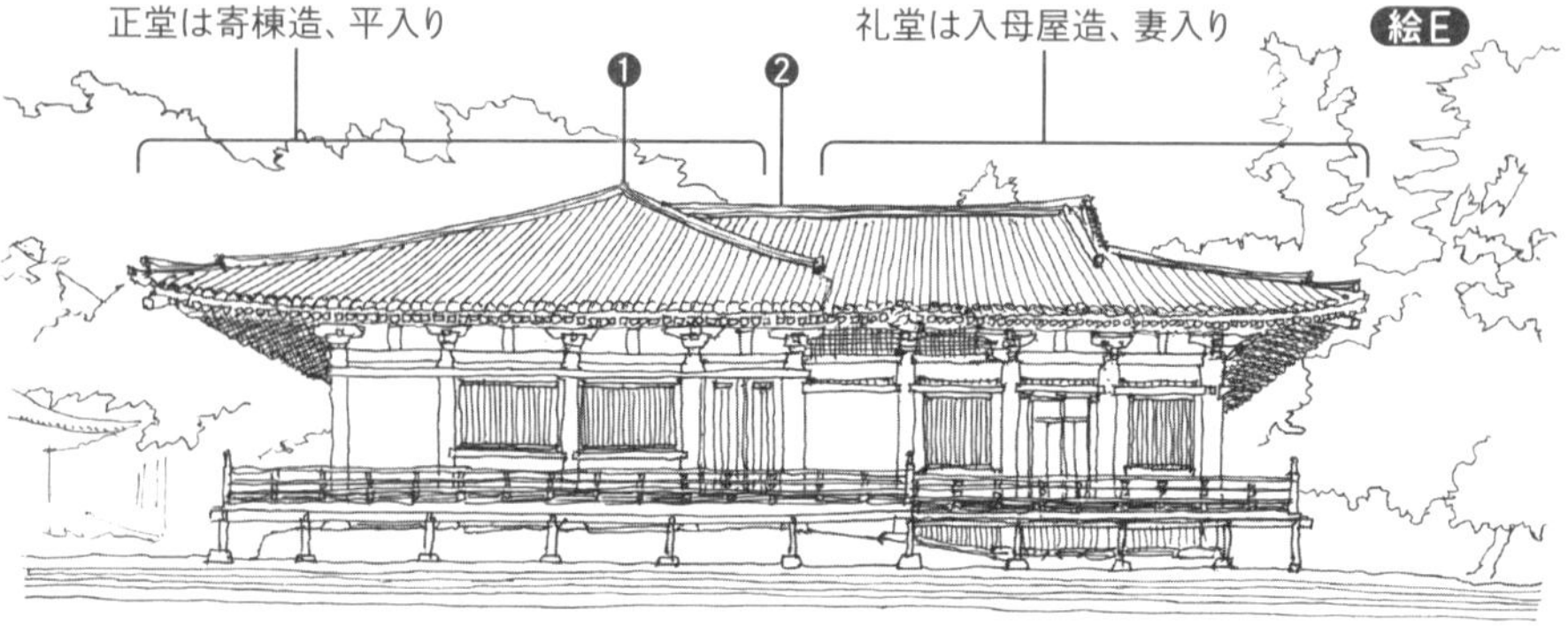
絵E
正堂は寄棟造、平入り
礼堂は入母屋造、妻入り
❶
❷

実際に見た姿を絵にしているため、棟の位置で❶が❷より高く描いています。屋根勾配と屋根の長さからそのように見えている訳ですが、絶対高さは❷のほうが高いです

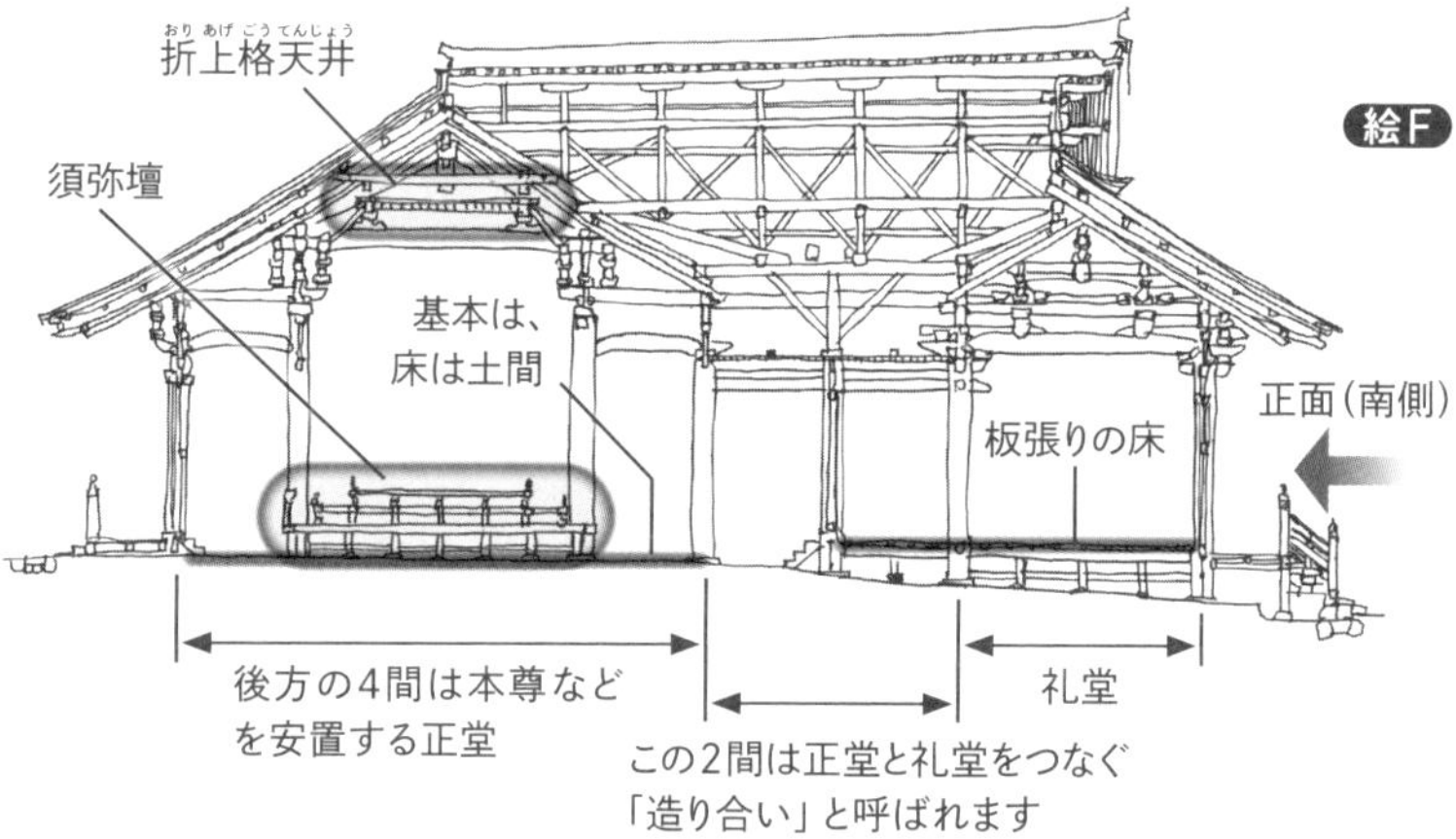
絵F
折上格天井《おりあげごうてんじょう》
須弥壇
基本は、
床は土間
正面（南側）
板張りの床
後方の4間は本尊など
を安置する正堂
礼堂
この2間は正堂と礼堂をつなぐ
「造り合い」と呼ばれます

しかた次第で、異なった表情にもなります。

話を八坂神社に戻しましょう。八坂神社の本殿については、神様を祀る場所である本殿と、人が拝む場所である拝殿とが、もともとは別々の建物でした。それが同じ建物内に収まっている、ほかの神社にはみられない建築様式として「祇園造（八坂《やさか》造《づくり》）」ともよばれます。時代的にはすでに平安時代にはそれが認められる点から、中世の信仰にまつわる儀礼と建築との関係を如実に示す代表例として、国宝に指定されているのです。なお、境内には、「舞殿」や美の神を祀る「美御前社《うつくしごぜんしゃ》」（いずれも重要文化財）や16の摂社などもあり、建築様式に注目したいですね。

07 詩仙堂

Shisendo

所在地：京都市左京区一乗寺門口町27
創建：寛永18年(1641年)

江戸時代初期の漢詩人で造園家でもあった石川丈山《いしかわじょうざん》(1583—1672)が、左京区一乗寺に建てた山荘の跡が詩仙堂です。現在は、曹洞宗大本山永平寺の末寺です。

石川丈山は徳川家康の家臣で、大阪夏の陣で手柄をたてたものの、命令に従わなかったことをとがめられ、退官しました。林羅山のアドバイスを受け、儒学者への道を進み始めます。その後、文人として大成しました。変人と呼ばれたのは、儒学者、漢詩人、茶人、書家、造園家と呼ばれましたが、そのどれもが一流だったことです。

彼は晩年の約30年間をこの山荘で過ごしました。彼の生き方、哲学そのものがこの建物に体現されていきます。ほかの事例とはいろいろな面で異なっていますが、建物と庭園との一体性がすばらしいので、ここに選びました。

絵は、詩仙堂の室内からみた、典型的な庭園風景を示しています。詩仙堂の看板ともいえる風景ですね。座る位置によっては、4本の柱が2本に重なってみえ、ほとんど、庭園が額装された一枚の絵のような景観になります。

春、夏、冬、どの季節も美しい光景を現出しますが、とくに秋の紅葉時には、手前の白砂、サツキの刈込の先に、緑、黄色、赤、白などの、色とりどりの紅葉が重なります。

あわせて、「ししおどし」という仕掛けが静寂な庭にすがすがしさを呼び戻します。竹の先がコツンと石をたたく音ですが、このししおどしの考案者も丈山です。もともと、この装置は、イノシシやシカを追い払うために生み出されたといわれていますが、丈山は、それを情緒豊かな装置として、活かしました。

なお、詩仙堂という名前の由来ですが、堂内に「詩仙の間」があります。中国の漢から宋にかけての詩人三十六人の肖像画が、四方の壁にかかっています。描いたのは狩野探幽（1602－1674年）です。この部屋がお堂の中心的な役割をもつことから、詩仙堂と呼ばれるようになりました。

京都MEMO

鴨川の納涼床

夏の風物詩として有名な鴨川の納涼床は、夏をはさんで最大5ヵ月間、張り出した床の上で食事を楽しめます。お店がそれぞれ、独自に床を並べているわけではなく、鴨川という一級河川（国有地）の河川敷に一時的ではあっても構造物を張り出すわけです。河川を管理する事務所に店舗がまとめて許可をもらう仕組みです。河川に席をもたせて客をもてなす仕組みは、江戸時代から始まりましたが、実にさまざまな変遷を経て、現在は鴨川の右岸（西側）のみ、仮設による高床式の納涼床が認められています。京都らしい文化として絵になる光景ですね。

08 三十三間堂

Sanjusangen-do

所在地：京都市東山区三十三間堂廻町657
創建：長寛2年（1165年）

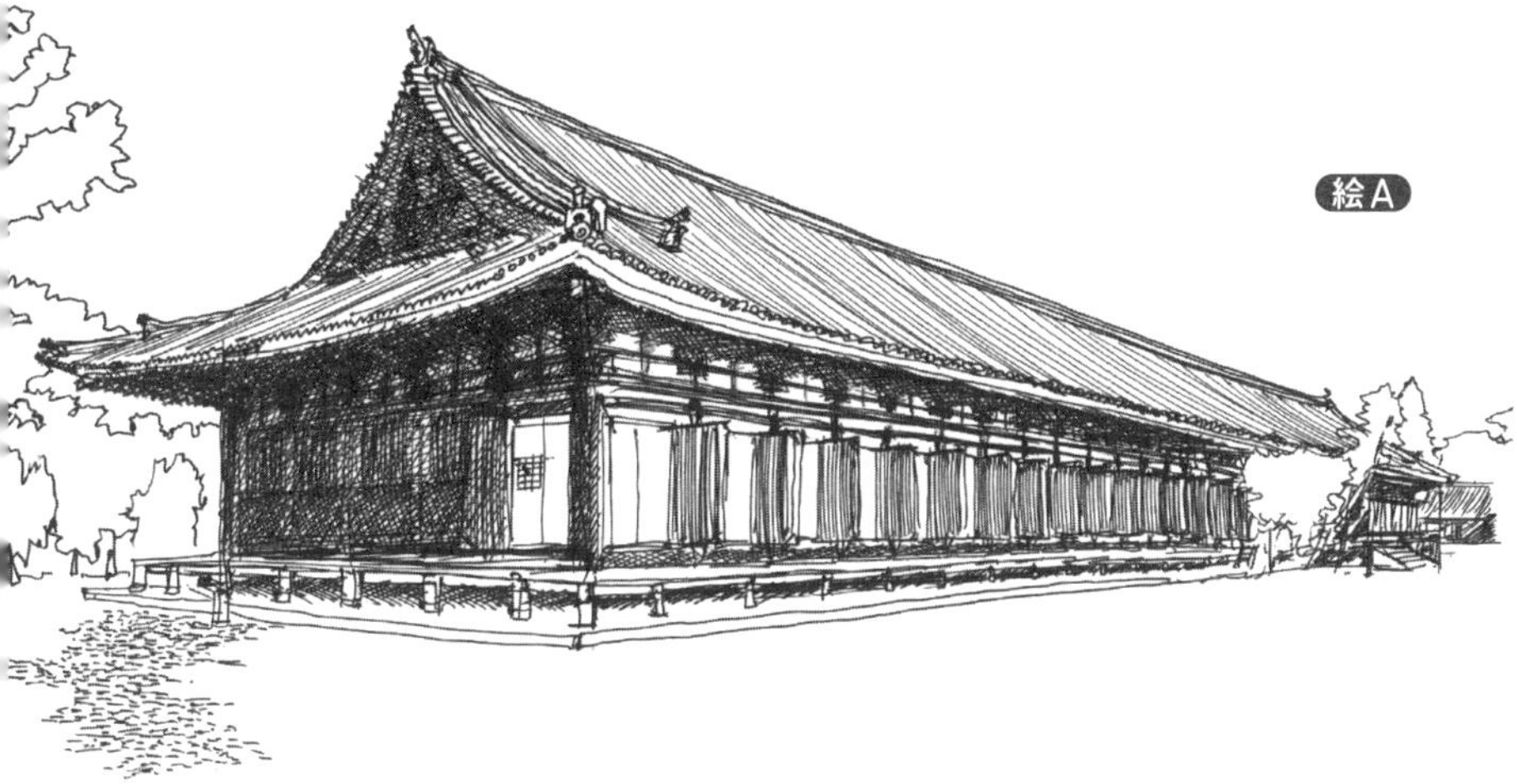
絵A

三十三間堂の創建は１１６５年ですが、１２４９（建長１）年に市中からの火災で焼失し、現在の建物は１２６６（文永３）年の再建です。正式名称は蓮華王院本堂《れんげおういんほんどう》といいます。

この建物（本堂）のユニークな点は、なにしろ建物が長大であることです。南北方向が桁行《けたゆき》ですが、１１８・２ｍもあります。ちなみに奥行き（梁間《はりま》）は16・４ｍで、こちらも、妻側からみると迫力があります。日本一長い木造伝統建築といわれるのも納得です。**絵Ａ**は、東南の角から、北方面を眺めた、お堂の全景です。

そのお堂の中はどうなっているか。中央には千手観音坐像が、その両側には合計で１０００体の千手観音立《せんじゅかんのんりつ》像《ぞう》が、階段状になった壇上に整然と並んでいます。本堂だけでなく千手

絵B-1

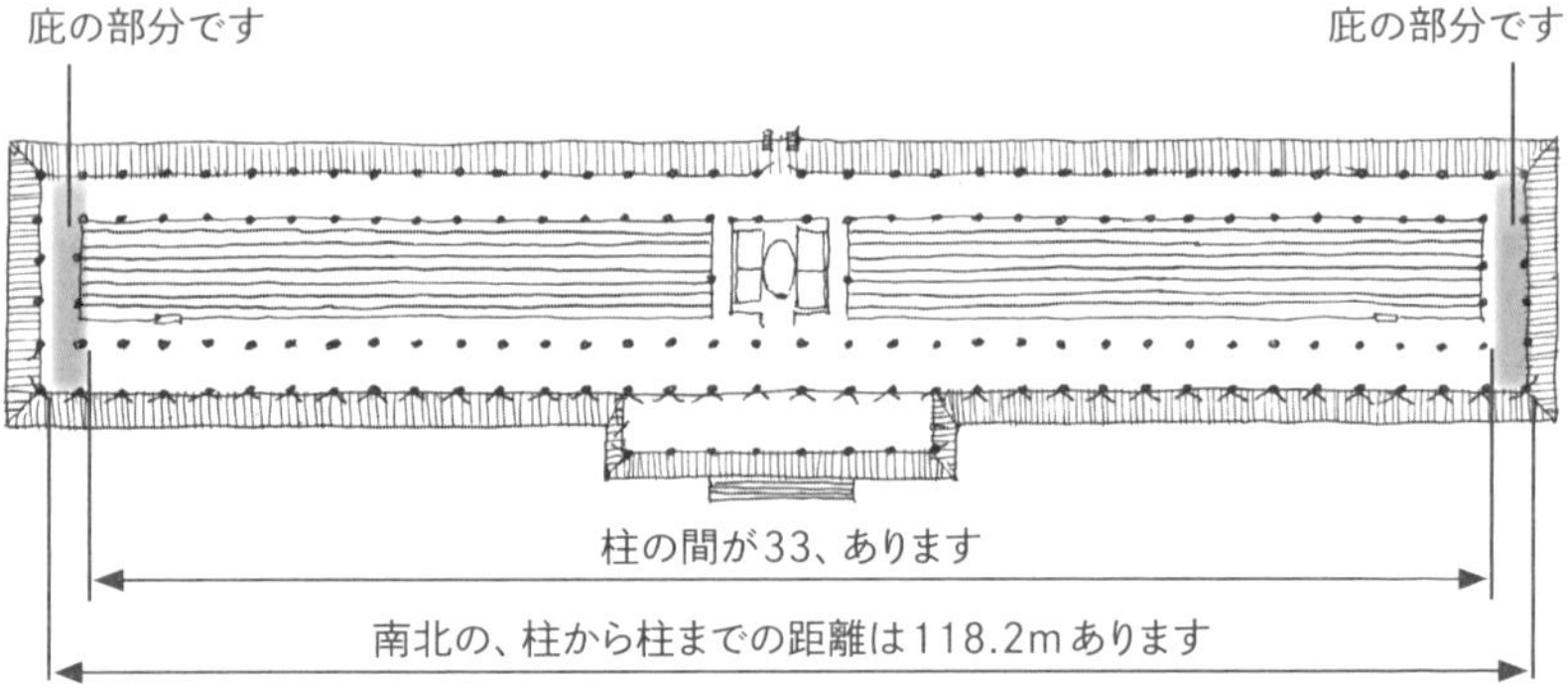
庇の部分です
庇の部分です
柱の間が33、あります
南北の、柱から柱までの距離は118.2mあります

絵B-2

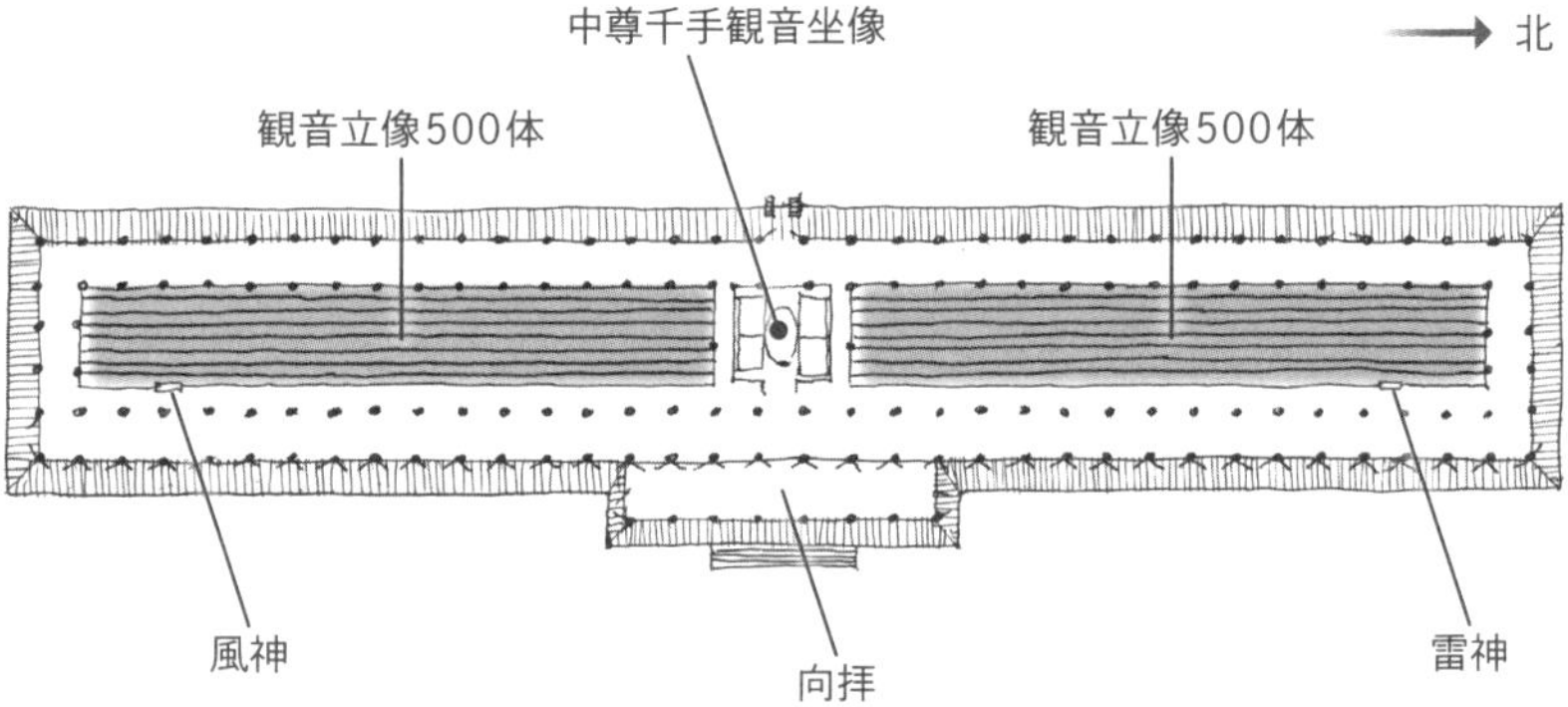
北
中尊千手観音坐像
観音立像500体
観音立像500体
風神
向拝
雷神

観音立像の双方が国宝に指定されています。これを平面図で示すと絵B-1と絵B-2のようになります。この図では右方向が北です。

構造的にみても、同じような架構が南北方向に繰り返されていますから、実に「単純な構成」にみえますが、実際に建物をご覧になると、決して単純=簡単、ではありません。その空間的な存在感や遠近感は、他では得られないほどの迫力をもって、観る人を圧倒します。単純=力強さ、なのです。

このお堂の柱列を数えますと、南北方向に36本立っています。そこで、隣りあう柱と柱の間(これを「間《ま》」といいます)を数えると36から1を引いた、35間あることがわかります。

建物の長さとしては桁行方向に35

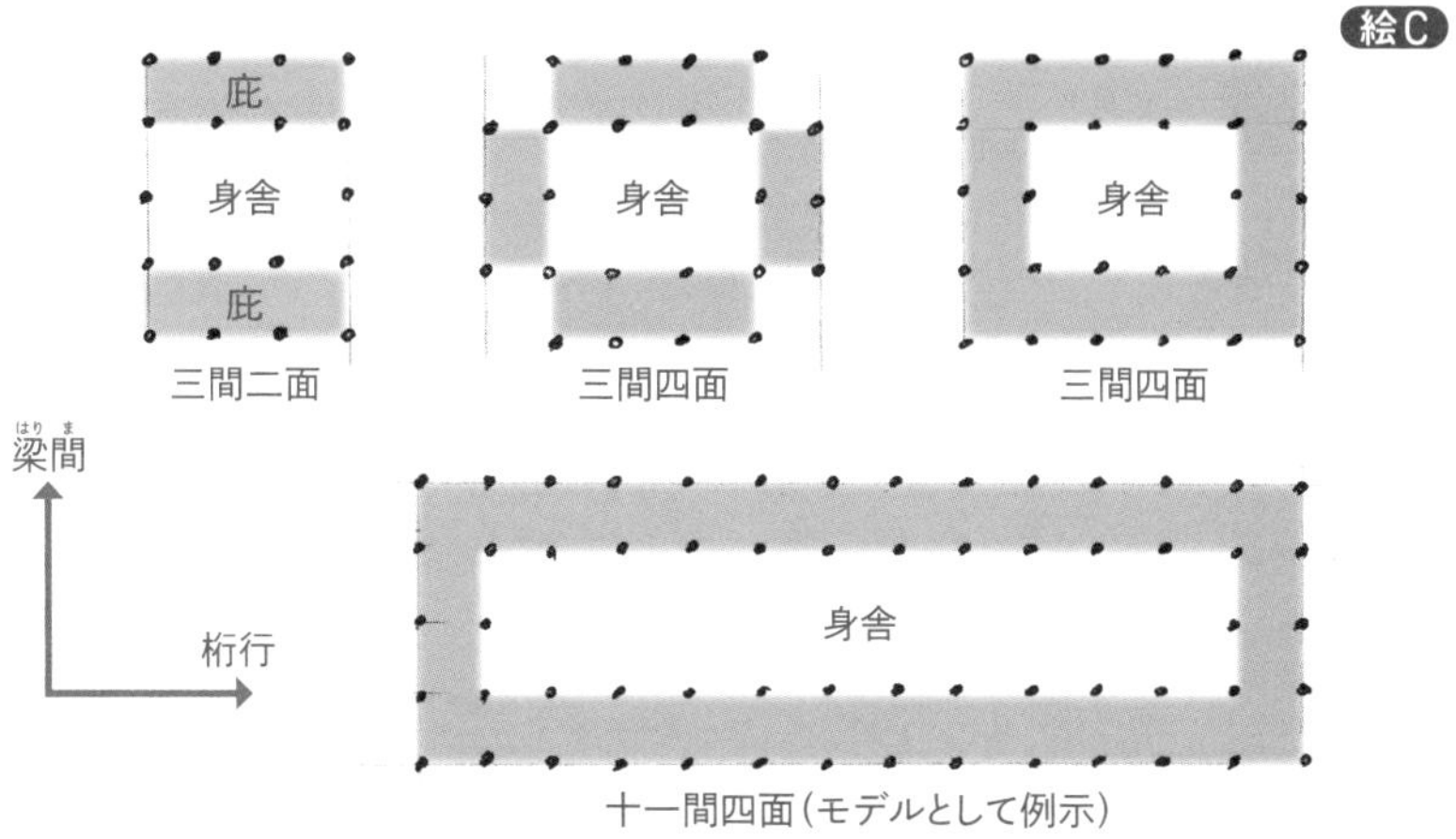
絵C
庇
身舎
庇
三間二面
身舎
三間四面
身舎
三間四面
梁《はり》間《ま》
桁行
身舎
十一間四面（モデルとして例示）

間ありますが、観音坐像や観音立像が安置されている「身舎あるいは母屋」（いずれも、「もや」と読みます）の大きさは33間《ま》なのです。観音にゆかりのある数字が三十三であることもあり、三十三間堂と呼ばれるようになったのです。

この建物は、「間」の意味づけが「三十三間堂」という通称にまでなっていますが、この建物に限らず、伝統的な建物の規模を示すさいに、よく使われる記述なので、補足説明しておきましょう。

間面《けんめん》記法《きほう》と呼ばれる記述方法です。本来の建物内部を「身舎《もや》」とよび、その周りにつく庇《ひさし》との合体とみなし、身舎の桁行の柱間の数と、庇の数をもって、建物規模を表すやりかたです。

絵Cで、その呼び名を示します。たとえば三間二面の例は、身舎の前後に庇が一間ずつ着いた構成です。木造の建築では、正面からみて、庇の中央に柱が来ることを避ける傾向があります。そのため、桁行の柱の本数は三間二面の例では柱列は４列ですから、柱間は奇数である３、になっています。建物が大きくなっていくに従い、奇数であることを保持しますから、五間、あるいは七間のようになります。ちなみに、三十三間堂の向拝の柱間は七間です。

この記述の特徴は庇の有無だけを数字で示していることです。身舎に庇が前後にあれば二面と記述しますし、東西南北にあれば四面とします。三十三間堂のように長大な建築物であっても、身舎の周囲に（東西南北に）

絵D

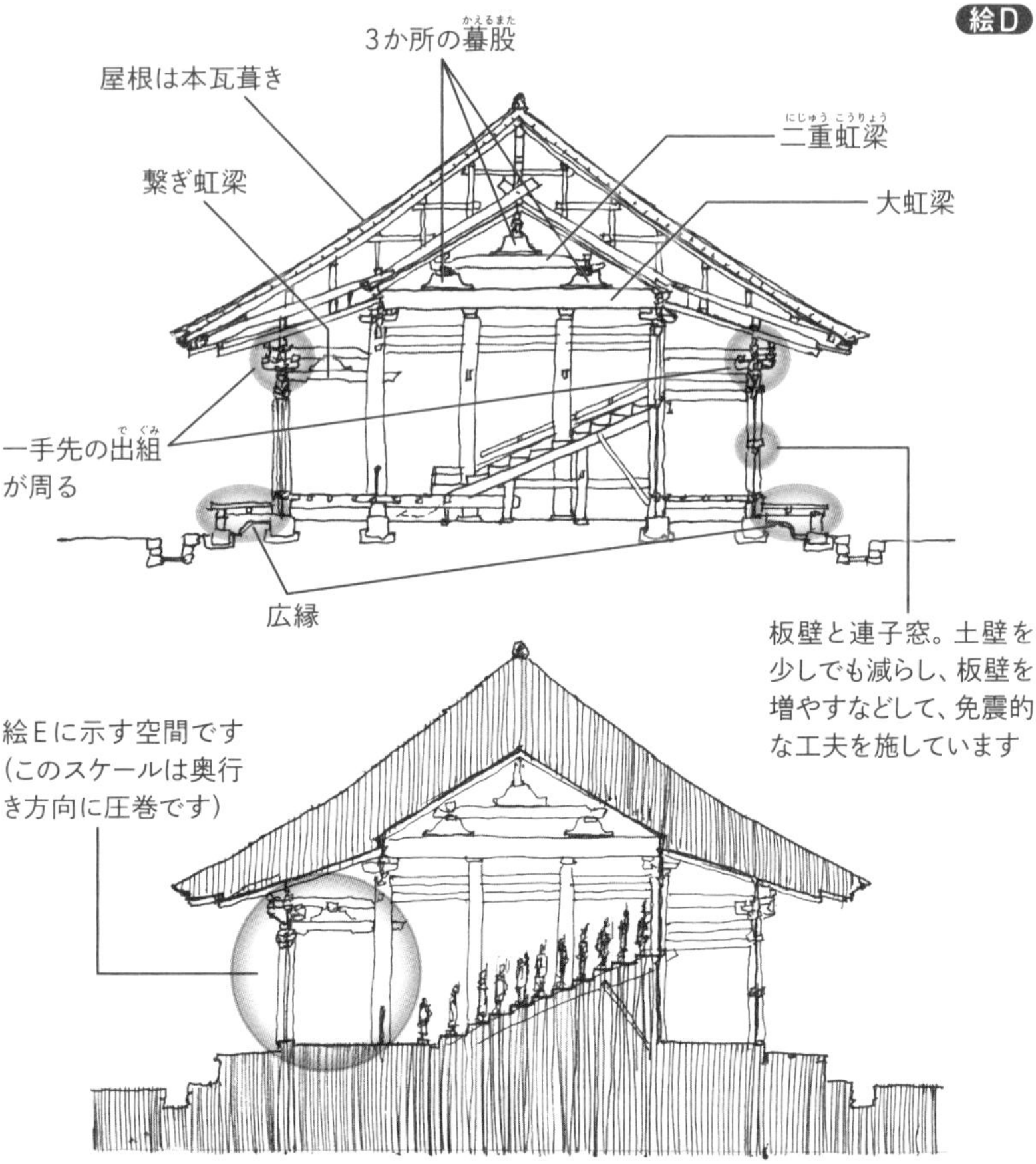
3か所の蟇股《かえるまた》
屋根は本瓦葺き
二重《にじゅう》虹梁《こうりょう》
繋ぎ虹梁
大虹梁
一手先の出組《でぐみ》
が周る
広縁
板壁と連子窓。土壁を
少しでも減らし、板壁を
増やすなどして、免震的
な工夫を施しています
絵Eに示す空間です
（このスケールは奥行
き方向に圧巻です）

庇があるわけですから、やはり四面なのです。ですから、三十三間堂は、間面記法でいえば、「三十三間四面」の規模です。四面をとれば、通称の「三十三間堂」となります。

　建物規模を示すのに、奥行き方向の規模を示す表示がないことに不思議に思われるかもしれません。これは、伝統的な木造建築において、身舎の奥行き方向の規模の現実的な上限があるためです。経済寸法からくるのですが、一間、あるいは二間あたりが奥行き方向（いいかえれば梁行の方向）の通常の大きさの上限であるため、あえて記述しないでも支障がないのです。三十三間堂のような大規模な建築では、**絵D**に梁間方向の断面を示しましたが、身舎の大きさは三間あります。

絵E

絵D、上の絵では、梁間方向の、お堂の典型的な断面を示しています。二重虹梁蟇股という、梁のかけかたによって屋根を支えています。総じて装飾が少なく、古色蒼然という印象ですが、創建当初は相当カラフルだったことが知られています。平等院鳳凰堂などの室内装飾にも共通しますが、極彩色に彩られた極楽浄土の世界を、当時の人々は強く希求していたことが偲ばれます。なお、屋根部分の架構は、二重虹梁蟇股の方式で、南北方向に続いています。ただし、本尊の置かれている中央部だけは、折上組入《おりあげくみいれ》天井になっています。

絵D、下の絵には、天井裏など、目に触れない部分をグレーで表示した、いわば空間構成のわかりやすい断面も作成してみました。階段状にみえている個所が、千体の千手観音像が並ぶ壇です。ここでの主役は千手観音坐像や千体千手観音像です。「千手」の意味は、数字の千というよりも、無量あるいは無数です。無限といいかえてもよいでしょう。それを空間的にもふさわしい構成につくりあげた先人の力量を感じないわけにはいきません。

前頁の**絵E**に、その室内のスケールを示します。類例のない、圧巻の表情です。

境内の南、塩小路通り側の築地塀は、太閤塀とも呼ばれています。豊臣秀吉が寄進したもので「重文」です。これもご覧になるとよいでしょう。

ところで「間」には複数の意味があります。三十三間堂の「間《ま》」は身舎の桁行方向の隣り合う柱の個所数（間数《まかず》といいます）を示します。これとは別に、距離として間《けん》を使うことがあります。その場合には間と呼びます。たとえば住宅で和室の大きさとして3・69ｍあったとしてそれを2間といいます。このとき、1間は約1・89ｍで、寸法の単位なのです。

京都MEMO

観音立像

お堂の中央には千手観音坐像が、その左右に合計で1000体の千手観音立像が、階段状になった壇上に並んでいます（正式には「十一面千手千眼観世音菩薩」と呼ばれます）。1000体の千手観音立像が整然と並ぶさまは壮観の一言です。

ところで、この等身大の観音像ですがその表情や天衣（天人・天女の着る衣服）は一つとして同じものはないのです。時間が許せば、1000体すべての観音のお姿を見てみたい気もします。ただし、仮に15秒ずつ一体ごとに拝見するとしましょう。1000体では単純計算でも1万5000秒必要です。1万5000秒は、250分ですね。時間に換算すると、休憩も入れて4、5時間ほど必要になります。それでも本尊や風神、雷神などはこの時間には含まれません。でも、それだけ観音像と向き合い、しっかり鑑賞することができるのです。きっと、ご利益も大きいのではないでしょうか。

本堂だけでなく千手観音立像の双方が国宝に指定されています。

09 金閣（慈照寺）

Kinkaku, Rokuonji

所在地：京都市北区金閣寺町1
創建：応永4年（1397年）

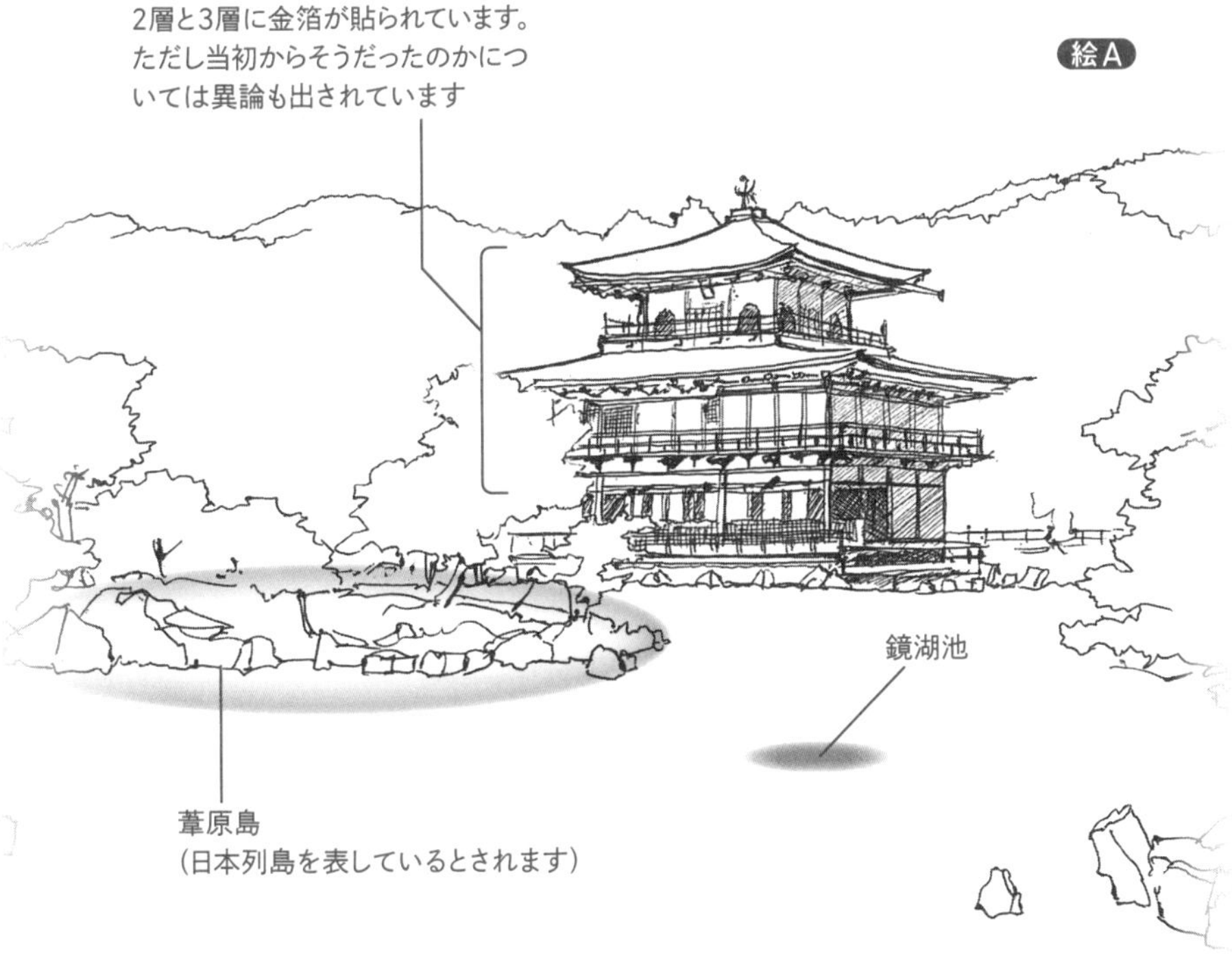

2層と3層に金箔が貼られています。ただし当初からそうだったのかについては異論も出されています
絵A
鏡湖池
葦原島
（日本列島を表しているとされます）

金閣は銀閣と並び、京都でも最も知られた建築の1つでしょう。どちらも室町幕府、足利将軍の山荘です。とくに金閣は3代将軍の足利義満の造営による禅寺で、金箔が2層目と3層目に貼られており、豪華絢爛をカタチにしたような存在です。

絵Aで正面にみえる建築が、しばしば写真で紹介される構図の金閣です。正式には鹿苑寺舎利殿《ろくおんじしゃりでん》ですが、江戸時代に広まった通称の「金閣」が有名なため、金閣寺とも称されます。なお、「舎利殿」とは釈迦の遺骨である仏舎利を奉安するお堂のことです。内部に舎利塔が置かれます。

絵Aで、手前に広がる池は「鏡湖池《きょうこち》」といい、鹿苑寺庭園の中心的存在です。その中に島があり、葦原島《あしわらじま》とよばれ、日本列島を表しています。

絵B

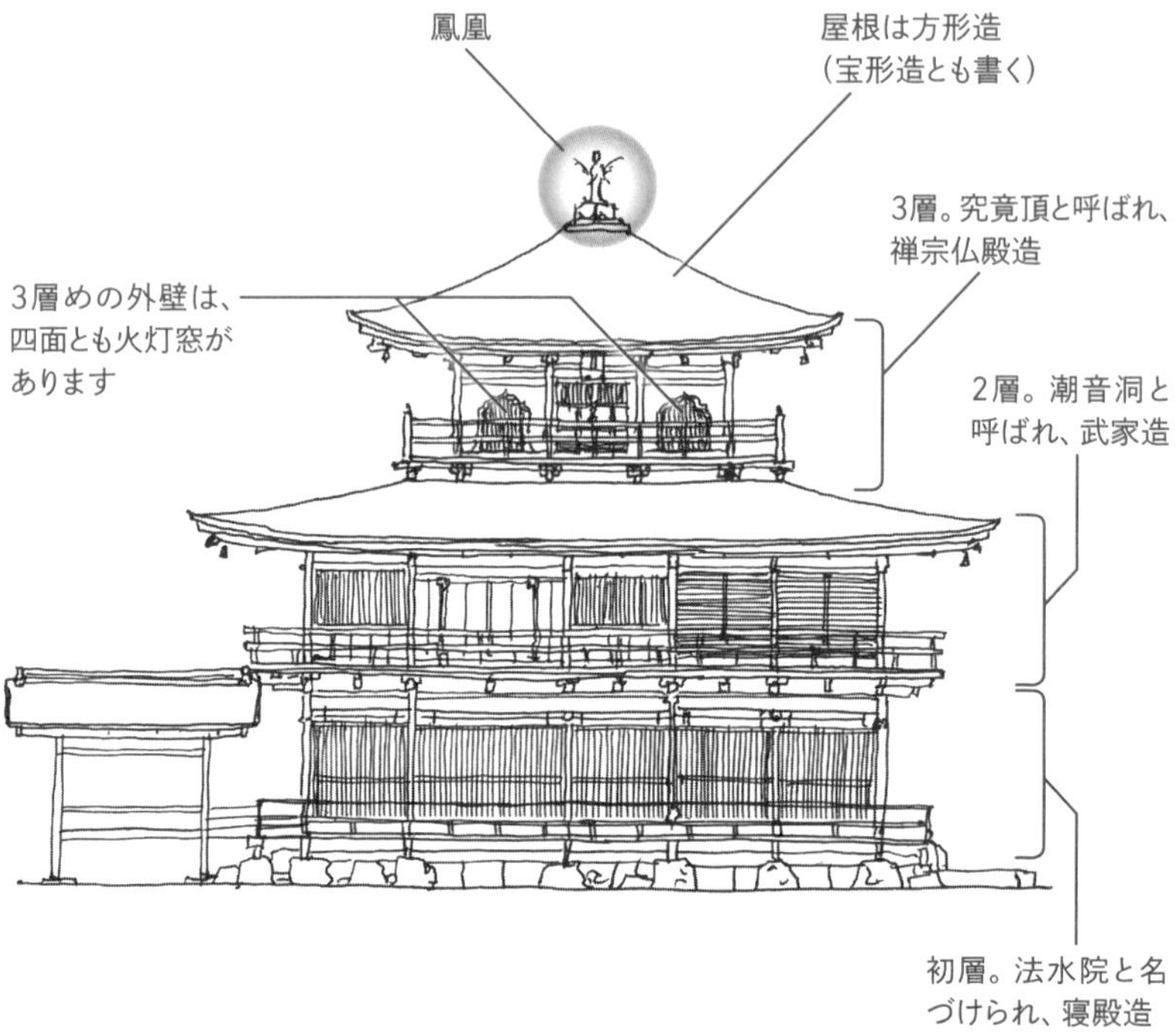
鳳凰
屋根は方形造
（宝形造とも書く）
3層。究竟頂と呼ばれ、
禅宗仏殿造
3層めの外壁は、
四面とも火灯窓が
あります
2層。潮音洞と
呼ばれ、武家造
初層。法水院と名
づけられ、寝殿造

建物と庭園が作り出す世界は、極楽浄土を表したと考えられています。境内には、このほかにも、龍門の滝や夕佳亭《せっかてい》など、見どころはたくさんあります。

金閣の起工は１３９７（応永４）年で、それから約５５０年間、この山荘は残ってきました。残念なことに１９５０（昭和25）年に焼失し、55年に再建された建物を私たちは観ています。使用された金箔は約20kgにもなりますが、再建されたとき、金箔は薄すぎたようです。剥がれやすかったため、厚みのある金箔を使い、貼り直した経緯があります。

●それぞれの楼閣

３層からなる楼閣は各層が異なる建築様式でつくられています（絵B）。

初層は法水院《ほうすいいん》と名づけられ、寝殿造、2層は潮音洞《ちょうおんどう》と呼ばれ、観音が安置されています。仏堂の構成ですが、全体としては武家造です。3層は究《く》竟頂《きょうちょう》と呼ばれ、阿弥陀三尊などが祀られています。火灯窓に代表される禅宗仏殿造、です。金箔は独特の光沢を放ちますから、たとえば軒裏《のきうら》の垂木などの凹凸部分は、本来ならば陰影によるリズミックな立体感が得られる部位ですが、逆に薄まってみえます。なんとも不思議な印象です。

実は、金箔は建物の外壁だけに使われているわけではありません。3層（最上階）には、室内の天井と壁は金箔貼りで、床は黒漆で塗られています。

●枯木が生み出す軒先の造形

金閣の2層と3層の屋根が生み出す造形は、とりわけ軒の張り出しが、とても優雅で安定しています。これは、軒裏の垂木の勾配が水平に近いためです。これを可能にしているのが、「枯木《はねぎ》」による、屋根荷重の支持という解決方法です。

古代の建築では、軒裏の地垂木と飛檐垂木が、屋根荷重を直接支えていました。そのため、垂木の部材形状も太く、飛檐垂木を長く延ばすことは困難でした。しかし、平安末期から鎌倉時代にかけて、野屋根と化粧軒とを分離するようになると、その間に枯木という部材を新しく導入することが可能になってきました。**絵C**は、金閣の最上階の屋根部分の断面を示しています。枯木が屋根荷重をすべて受けていますから、化粧軒を構成する垂木は、部材の大きさも意匠的に決めることができるようになったのです。

枯木の活用の仕方は、やじろべえの原理を用いています。また、枯木は外部からは見えませんから、部材も丸太材を使えますし、設置間隔などもあまり気をつかわないでよいのです。屋根といえば、宝形の屋根の頂部には黄金の鳳凰が載っています。1950年の火災のさいに、偶然、修理のために、取り外してあったため、黄金の鳳凰は火災から免れました。

●足利義満の時代

参考までに、金閣が創建されたころの姿を説明します。当時、金閣の西側に、1階と2階のそれぞれのレベルで渡り廊下を介して、会所の建

絵C

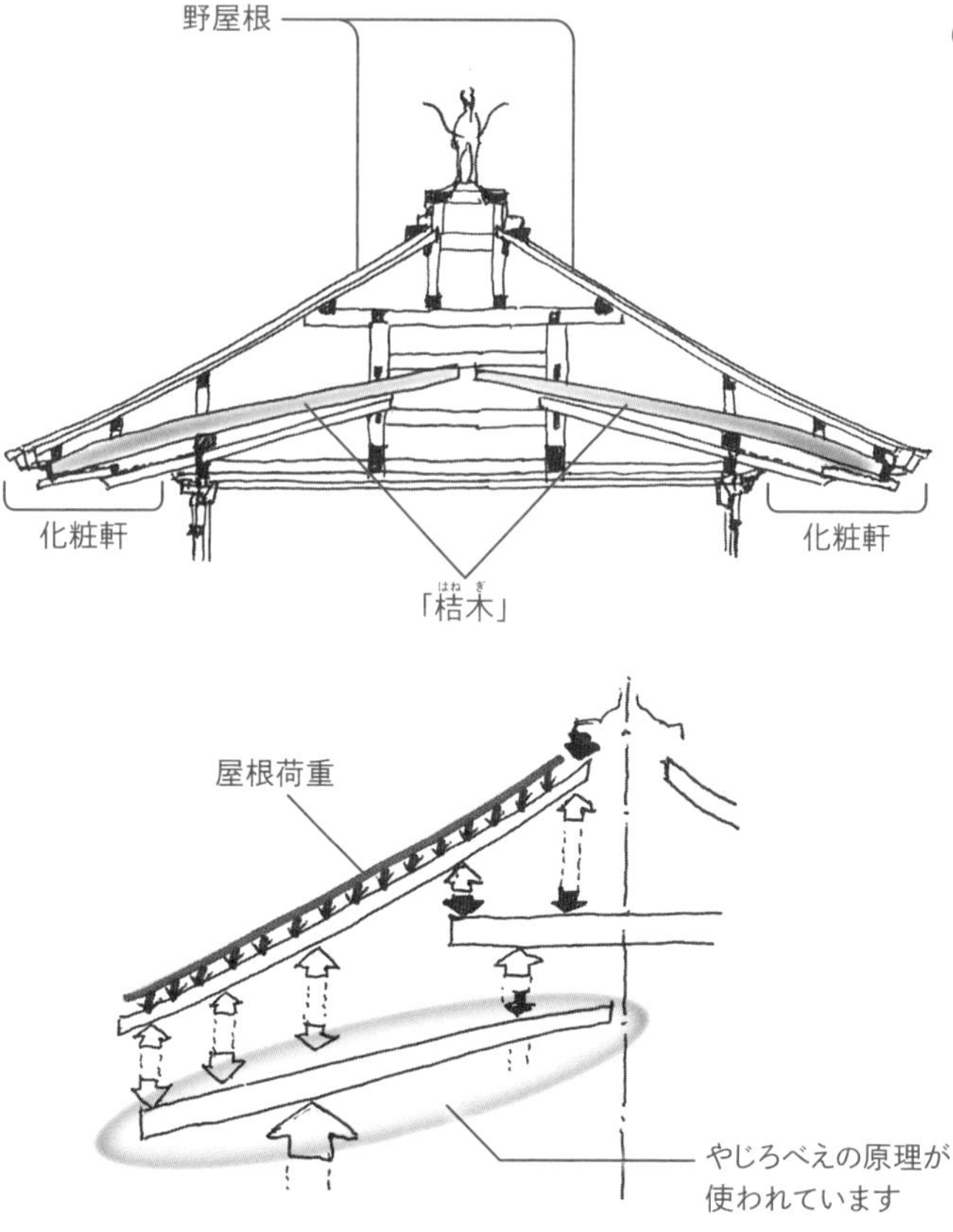
野屋根
化粧軒
化粧軒
「桔木《はねぎ》」
屋根荷重
やじろべえの原理が
使われています

物が建っていました。現在はその建物はないですから、金閣は単独の建築ですが、当時はかなり違った建物景観だったことになります。

また、金閣寺の平面図などをよく見ると、2層めと3層めを結ぶ階段が1か所設けてあります。2層では階段設置位置は室内の北側ですが、3層では、室内ではなく、屋外の廻り縁に繋がっています。雨仕舞に問題があるほか、廻り縁に沿って移動する人の邪魔になる位置に階段が設置されているため、2層と3層との動線は、けっして便利なものにはなっていません。1層目は、義満が天皇や宮家、貴族などを招待するための、公のフロアであったと思われます。2層目は、逆に、義満の私的なフロアだったのでしょう。

10 大徳寺（大仙院）

Daitokuji Daisen-in Temple

所在地：京都市北区紫野大徳寺町54-1
創建：永正6年（1509年）

広大な大徳寺の寺域には多くの小寺があります。塔頭《たっちゅう》といいますが、その中の一つ、大徳寺本坊の北に位置する、大仙院《だいせんいん》の方丈（国宝）と庭園について紹介します。禅宗寺院で方《ほう》丈《じょう》とは、長老や住持の居所をさし、本堂や客殿を兼ねます。

大仙院は１５０９（永正６）年に、大徳寺七十六世住持・古嶽宗亘《こがくそうこう》によって開かれました。室町後期のころです。ちなみに、東隣には真珠庵《しんじゅあん》という塔頭がありますが、その開祖は「一休さん」で親しまれています一休宗純禅師です。

大仙院方丈を取り上げるのは、特に「書院の間」と対峙するように、北面と東面に展開するL型の庭園が、禅の象徴化された精神世界を見事に体現していると評価されているから

絵A
方丈の概略の平面

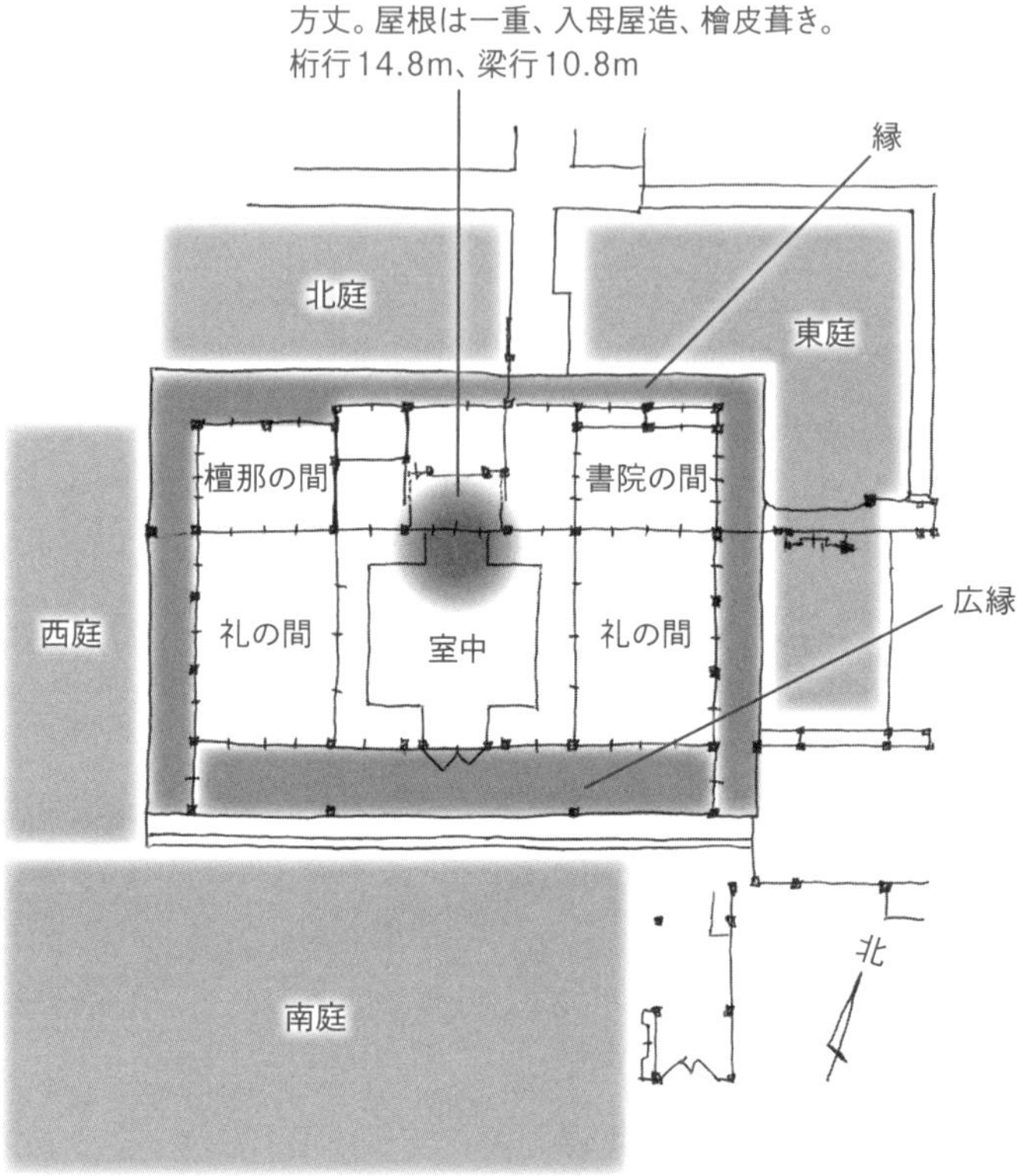
方丈。屋根は一重、入母屋造、檜皮葺き。
桁行14.8m、梁行10.8m
縁
北庭
東庭
檀那の間
書院の間
広縁
西庭
礼の間
室中
礼の間
北
南庭

です。**絵A**をご覧ください。方丈の諸室の構成や、対応する庭園の関係を示します。

ここでの象徴化とは、それほど広くない30坪ほどの空間に、さまざまな様態の水を、すべて石で表現させることに成功していることを示します。北東の角から生み出された水が、方丈の建物に対して、時計回りの流れと、反時計回りの流れという2つの流れを形成しています。

とくに書院の間とその南隣の「礼の間」から眺めた場合、時計回りの流れは、深山からの滝から始まり、沢や渓流へと変貌し、そして大河から大海へ注ぎ込む、壮大な世界をみることになります。主に東庭での展開ストーリーです。**絵B**が参考になります。

絵B
方丈の室内から観る東庭の枯山水

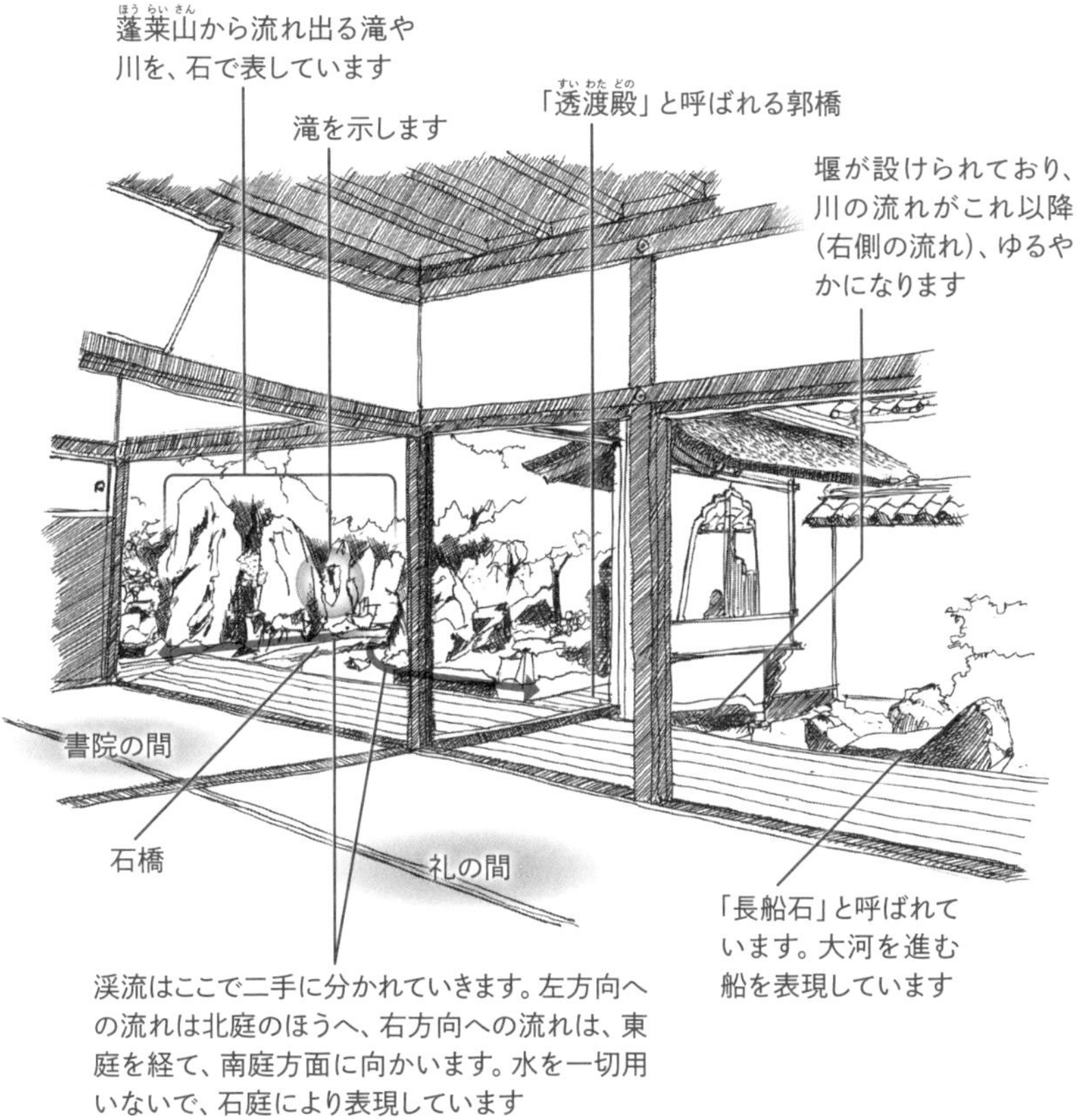
蓬莱山《ほうらいさん》から流れ出る滝や
川を、石で表しています
「透渡殿《すいわたどの》」と呼ばれる郭橋
滝を示します
堰が設けられており、
川の流れがこれ以降
(右側の流れ)、ゆるや
かになります
書院の間
石橋
礼の間
「長船石」と呼ばれて
います。大河を進む
船を表現しています
渓流はここで二手に分かれていきます。左方向への流れは北庭のほうへ、右方向への流れは、東庭を経て、南庭方面に向かいます。水を一切用いないで、石庭により表現しています

もう一つ、反時計回りに北庭のほうへ向かう流れですが、そこには椿の木も植えられており、東庭のストイックな表情とは好対照をなします。

長方形の平面をもつ方丈全体に対して現在は、庭園が帯状で一周しているような構成になっています。西庭と南庭はほとんど白砂であり、一部だけ植栽が入りこんでいます。実にシンプルな構成です。東庭と北庭については、宗亘自身が作庭したといわれています。創建当時の姿を私たちは見ることができます。

南側と西側の庭については、後世の造園によるものですが、創建当初の禅寺庭園の発想を受けつつ、南側及び西側に至る一貫したストーリー展開になっています。このまま進めば、方丈の南西の角で、大海は合流

し、収束するように思えます。しかし、禅の思想は、ここが流れの終末ではないことを教えます。

また、枯山水の庭園に共通することですが、さまざまな形態や大きさ、テクスチャーの岩が登場しますが、作庭者は明らかに、それぞれの岩がもっとも引き立つ面はどれかを把握していたと考えられます。大仙院方丈の石庭においても、北東の隅に、俊立する岩をいくつも集めています。そして、現代の劇場における舞台と観客席の関係と同じように、書院の間で観ている人にアピールできるよう、岩の向きを整えたに違いないのです。岩はまさに見せるために存在するのです。決して、岩はただ、そこにあるのではありません。岩の向きはもちろんですが、岩の高さも、埋める位置は作庭者にゆだねられています。

方丈の書院の間と、枯山水庭園との緊密な関係は、建築内部の空間と、野外空間の呼応関係に置き換えられます。さらに表現を変えるならば、建築空間と外部空間の不可分な関係ともいえます。この関係が、日本で建築と外部空間(この場合には枯山水庭園ですが)との一体性を非常に重視してきた歴史でもあります。日本が世界に誇れる空間創造の一つなのです。

なお、大仙院方丈には、日本最古の玄関と床の間があります。日本の住宅建築の歴史を理解する上で、大仙院方丈は、それまでの、平安時代に定着した寝殿造から、畳敷で床の間もある書院造へと発展する過程を示す、現存最古の例になります。

京都MEMO

和菓子屋さん

大徳寺界隈は、東山などにくらべて観光客もさほど多くなく、のんびりと散策できるので、私も何度も足を運んでいます。その北に無病息災などで知られる今宮神社がありますが、その境内から東門を出てすぐの、北隣りに「一和《いちわ》」と呼ばれる和菓子屋さんがあります。「あぶり餅」だけを商品に同じ場所で、創業1000年以上。日本最古の和菓子屋さんです。商売で50年、100年続くだけでも高く評価される現代ではありますが、1000年という年数は、京都ならでは、という畏怖の念にかられます。店先の炭火で焼いた香ばしい匂いは忘れられません。

11 仁和寺
Ninnaji Temple

所在地：京都市右京区御室大内33
創建：仁和4年(888年)

絵A-1

屋根は、入母屋造で、移築の前後で変更はありません。御所の正殿であった紫宸殿においては檜皮《ひわだ》葺《ぶき》でしたが、仁和寺に移築後には本瓦葺となりました。そのため、重厚な屋根となり、当初の材質がもたらした軽妙なイメージとはかなり異なります。境内の北西のすみに建つ御《み》影《え》堂《どう》の屋根が檜皮葺ですから、その材質を、金堂の屋根に置き換えてご覧になると、当初のイメージがしやすくなります

金堂に安置されている仏像は、現在は四天王像、梵《ぼん》天《てん》像です。もともと安置されていた本尊・阿弥陀三尊(国宝)は、霊宝館に安置されています

中央の1間は向拝になっています。正面に立つと、屋根勾配が、人の視線の角度に近づくため、屋根の棟の位置が実際よりも低くみえます。向拝についても、めだちません。立ち位置を変えて、建物の妻側から正面側を眺めると、向拝の様子がもっとはっきりわかります

金堂の軒裏を見ると垂木が2段ではなく、3段であることに気づきます。かなり珍しい事例ですが、建築用語で「三軒《みのき》」と言います。本格的な寺院では、通常は二軒《ふたのき》ですね。その場合は、地垂木の上に飛檐垂木を重ねます。そこで三軒にするには、地垂木の上に飛檐垂木を重ね、さらに飛檐垂木を載せれば可能になります

正面側は、すべて蔀《しとみ》戸《ど》です。この絵では閉じていますが、上から下がっている金具で留めて、開けます。上半分は吊りますが、下半分は立て込みです。もともと紫宸殿であった外観の特徴は、蔀戸や金具、などの細部意匠などから伝わってきます。なお、御所言葉では、蔀または蔀戸とはいわず、格子と呼びます

仁和寺《にんなじ》は、真言宗御室《おむろ》派総本山の寺院ですが、広大な境内からは、むしろ典雅で穏やかな印象を抱きます。仁和寺の長い歴史のなかにその理由が読み取れます。それは、御所との深い関わりです。

もともと888（仁和4）年に宇多《うだ》天皇により創建されたのがスタートです。当時は大内山仁和寺と呼ばれていました。平安時代中期以降、皇子や皇孫が入寺し代々、住職を務めるとともに大寺となりました。

ただ、応仁の乱により、西軍が仁和寺に陣を敷いたこともあり、伽藍は全焼し荒廃。そのあと長い空白期間を経て、江戸時代に入ります。覚《かく》深法親王《しんぽっしんのう》が江戸幕府三代将軍・徳川家光に仁和寺再興を承諾され、京都御所の建物を移築するなどの方法で伽藍が整備されたのです。

広い境内も、大きく仁和寺御殿と寺院伽藍に分かれます。寺院伽藍については、仁王門（重要文化財）からまっすぐ北に向かう中軸線に対して、正面には国宝の金堂、その東側には経蔵（重文）、その南には五重塔（重文）、中軸線の中間には中門、その南東には霊宝館です。

金堂から中軸線の西側に目をむけると、西に鐘楼（重文）、御影堂（重文）、その南に観音堂（重文）が配置されています。御室桜のエリアをはさんで南には、仁和寺御殿エリアが広がります。そこには本坊表門（重文）を入ると、宸殿や霊明殿、黒書院、白書院をはじめとして、飛濤亭（重文）、遼郭亭（重文）などもあります。また寺院の中にある神社ですが、九所明神本殿（重文）が境内の北東に建っています。

このように、内容の濃い建物群が挙げられます。本書では建物を中心に紹介しつつ、紙面の制約もあり、国宝の金堂を中心に解説します。

現在の金堂は、京都御所の紫宸殿を移築し、仏堂として部分的に改修した建物です。紫宸殿というのは、天皇の即位式や元服など、公的な最重要儀式を執り行う正殿です。ちょうど京都御所の建物の建て替え時期にあたっていたこともあり、部分的な改修はなされましたが、主要な外観は残しつつ、仁和寺に移築され、本堂として整備されたのです。江戸の慶長年間に造営された紫宸殿が、1642（寛永19）年から44年にかけて移築されました。

絵A-2

屋根の上に人物像が載っています。中国の前漢の人、黄安仙人《こうあんせんにん》で、三尺の亀に乗った姿です。亀は3000年に一度だけ水面に首を出すとされ、その亀を5回も仙人は見たとされます。単純計算でも1万5000年以上の長寿の人だったわけで、いわば永遠の象徴とされます。この仙人の像は、二条城唐門、北面の蟇股にも彫られています

寺院の本堂であれば通常は見られる組物がなく、実にすっきりとしています。宮殿建築の特長の一つが表れています

妻側にあたる方向の梁行は五間です

建物規模は、正面側にあたる桁行は七間です。現在の京都御所の紫宸殿は規模でいえば桁行九間です。単純な比較はできませんが、江戸期の紫宸殿は、いくぶん小ぶりな建物であったと推定されます

建物はその用途ゆえ、高床式の宮殿建築であると同時に、和様の寺院建築でもあり、両者が融合しています。**絵A－1**と**絵A－2**に、その特質を説明しています。

中門から金堂に進む途中、東側に、1644（寛永21）年に建った五重塔（重文）が認められます。各層の屋根幅がそれほど違いません。これは時代が下った五重塔の特長とされます。江戸時代初期の建立ですから、東寺の五重塔と同じ時代になります。ですが、意匠的には和様ゆえ、もうすこし古い時代の塔のように映ります。

桜の季節には、京都を代表する遅咲き桜（御室桜《みむろざくら》と呼ばれ、4月中旬が見ごろ）がすばらしく、五重塔と桜の組み合わせはとても有名です。樹高が3m前後と背丈が低く、桜の花をま

絵B
中門から先、軸線上をそのまま150m直進すると、正面に金堂(この絵の位置からは人混みで見えません)
樹林の向こうに五重塔(建つ概略の位置を示します)
境内の中軸線上に立ってみています(桜満開の時期です)。スケールがわかるように、来訪者を描き入れています。
勅使門の方向
中門をくぐり、その先、左手に名勝御室桜

じかに鑑賞することができます。その理由として、境内の地面はすこし掘れば硬い地層があるため、桜の木が根を広げにくく、成長しにくいことが挙げられます。

それにしても、寺域の地形的特徴がそうさせるのでしょうか、境内に入りますと、とてものびやかで、広がりのある雰囲気を感じます。最寄り駅の御室仁和寺駅からアクセスしますと北にむかって上り坂で仁王門にたどりつき、仁王門とその先の中門(三間一戸の八脚門)のいずれも階段の存在が、境内の傾斜地形を実感します。絵Bは、桜開花の時期の様子を示しています。はるか先の正面に中門があります。大内山のふもとにあることが、ちょうど樹木の樹冠の向こうにみえがくれする様子からも

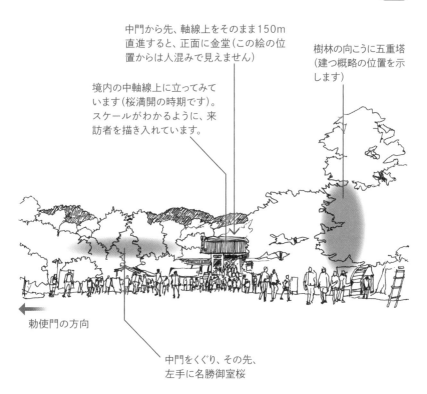

わかります。山並みがそれほど高くないことも、境内ののどかさを醸成しているのではないでしょうか。集客イベントの時期にはむずかしいでしょうが、堂宇《どうう》がゆったりと配置されていることや、適度の地盤高さの違いなどもそうしたホッとさせる要因なのでしょう。

　仁和寺の入口にあたる仁王門は、五間三戸・二階重層で、屋根は入母屋造・本瓦葺きです。高さは約20ｍで、見上げるような壮大さと重量感を兼ね備えています。知恩院の三門、醍醐寺の三門と並び、「京の三大門」の一つです。この門をくぐり、すぐ左に広がるのが御殿です。御所風の建築群や池泉式庭園など、ほかの寺院にはみられない魅力です。このように、見どころは尽きません。

　最後に、仁和寺の名前を、あの随筆で知ったという人もいるでしょう。その小話を添えます。このお寺は、随筆家で歌人でもあった吉田兼好《よしだけんこう》の『徒然草』に「仁和寺の法師《ほうし》」という話が登場します。

　仁和寺の僧侶が、郊外の石清水八幡宮へ一人で出かけたところ、山のふもとの社殿だけお参りして、帰ってきました。お参りした社殿が本殿だと本人は思い込んだのですが、神社の本殿は山を登ったところにあったのです。案内人なしでいくと失敗しますよ、という教訓談です。

京都MEMO

室町時代の「室町」

　時代区分のひとつに「室町時代」があります。別名、足利時代ともいわれますが、この「室町」という名前の由来がどこかご存じですか。平安京が造成されたときに、既に、南北に通る道の一つが「室町小路」で、現在の「室町通」です。足利将軍家による統治がはじまり、三代将軍義満が北小路室町に、豪勢な御殿を建てます。実質的にそこが幕府なのですが、花の御所といわれ、室町殿、と呼ばれました。「室町」時代の室町はそこからきています。残念ながら、幕府の遺構は失われていますが、近くの小学校の名称は、室町小学校。さすが京都ですね。

所在地：京都市左京区鞍馬本町1074
創建：宝亀元年(770年)

鞍馬寺 | 12

Kurama-dera

本殿金堂の外観 絵A

正面の中央には三間の向拝が設けられています

伝統的木造建造物ではなく、鉄筋コンクリート造です。金堂に限らず、火災により堂宇が何度も焼失しています。1945(昭和20)年の火災でも金堂は全焼しました。71年の再建なので建物としては新しいです

屋根は入母屋造、桧皮葺

建物の前にみえる独特の石床は、金剛床《こんごうしょう》といい、鞍馬山の六芒星と呼ばれています。その中央の三角の石の上に立ち、両手を広げて空を仰ぎみると、宇宙のエネルギーをもらえるとの話が広まり、多くの人が来訪します。鞍馬寺随一のパワースポットです

一般的な狛犬ではなく、阿吽《あうん》の虎が、建物正面の左右に置かれています

標高410mに位置します

鞍馬寺《くらまでら》は寺の起源も古く、770（宝亀元）年に鑑禎上人《がんちょうしょうにん》が洛北のこの地に草庵を建て、毘沙門天《びしゃもんてん》を祀った、とされています。伽藍が整備されてゆくのに従い、平安京の北の守護神として崇拝されるようになりました。

鞍馬寺は標高570mの鞍馬山の中腹、南面に展開していますが、鞍馬山は、もっと古くから、山岳信仰の対象であり、天狗《てんぐ》伝説がありました。また、義経の修行伝説の場所でもあり、清少納言の随筆「枕草子」にも、この地の「九十九《つづら》折りの道」が「近うて遠きもの、くらまのつづらをりといふ道」と書かれ、登場します。

源義経が（幼名は牛若丸）7歳のころから16歳のころまで修行をした場所でもあり、義経ゆかりの義経堂もあります。

明治以降では、与謝野晶子ゆかりの地でもあります。奥の院参道の途中に「冬柏亭《とうはくてい》」がありますが、この家屋は書斎で、彼女の五十歳のお祝いに弟子から贈られたものです。当初、この書斎は自宅のあった東京都杉並区荻窪に完成しましたが、彼女が亡くなったあと、門下生が引き取り、さらに鞍馬山に移築されたといういきさつがあります。

こうしてみると、独特の魅力をもつ寺院なのです。

建物に着目すると、創建は実に古いのですが、何度も火災にあい、江戸時代やそれ以前の建物は現存していません。代表的な本殿金堂と仁王門について概説します。伝統的な木造建築の外観ではありますが、鉄筋コンクリート造です。ただ、寺宝については「毘沙門天立像及び吉祥天立像・善膩師童子像《ぜんにしどうじぞう》」（国宝。藤原時代の制作）をはじめとして数多くの文化財が残されています。

本殿金堂は鞍馬寺の中心施設です（絵A）。

鞍馬山全体が、杉やヒノキなどの巨木に囲まれた鬱蒼とした森なのです。急で起伏のある山道などから構成される参道の景観は、一般的な寺院の境内とは一線を画します。本殿金堂の立地する場所は、めずらしく平坦で開けた地形をうまく活かした施設配置になっています。

仁王門（絵B）は、寺への玄関にあたります。修行のための区域を指し示す、いわば「結界」の役割を、仁

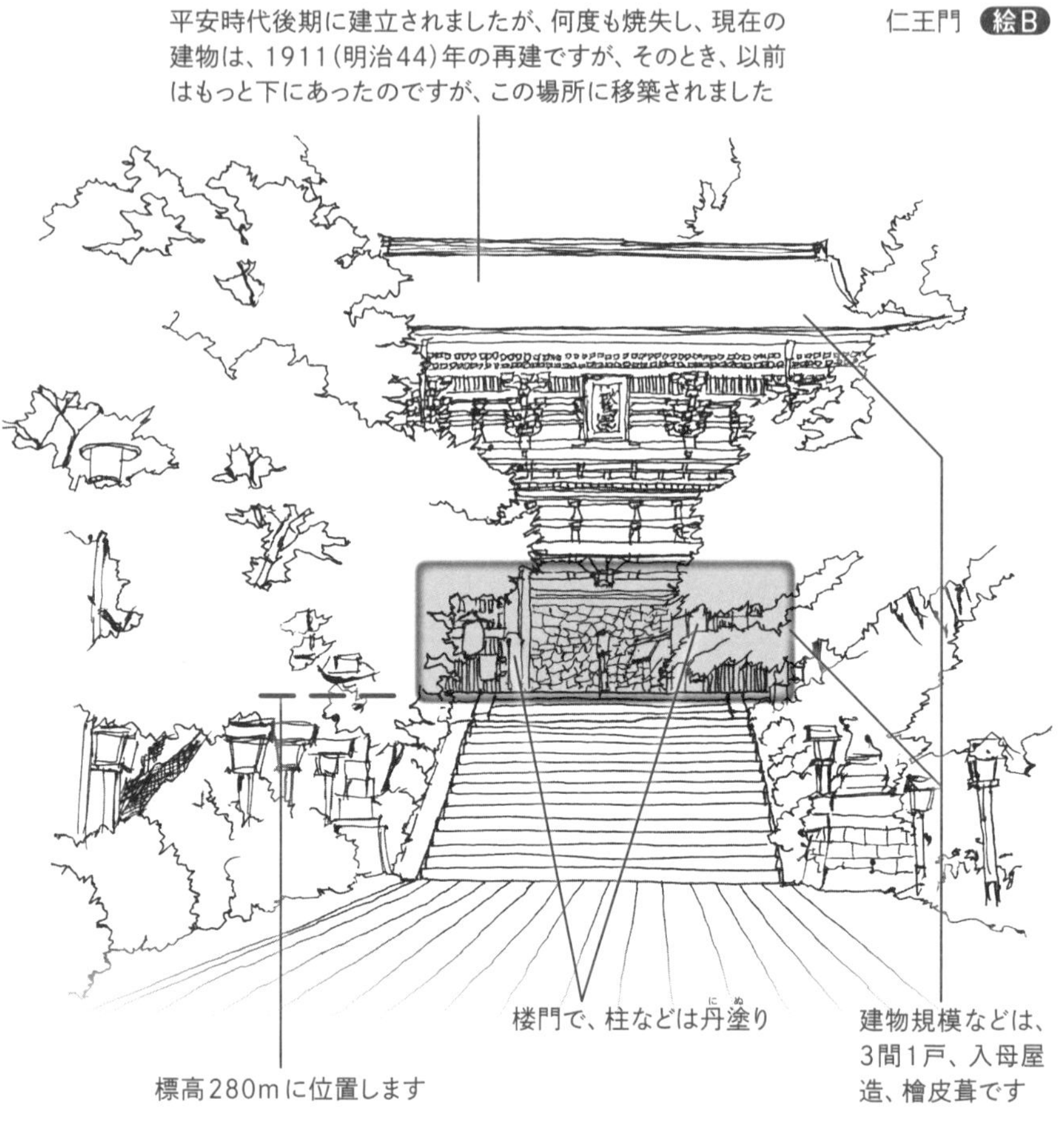

仁王門 絵B
平安時代後期に建立されましたが、何度も焼失し、現在の建物は、1911(明治44)年の再建ですが、そのとき、以前はもっと下にあったのですが、この場所に移築されました
楼門で、柱などは丹塗《にぬ》り
建物規模などは、3間1戸、入母屋造、檜皮葺です
標高280mに位置します

王門は担っています。

特異な立地特性が建物の構成を決定づけている例として、仁王門を入り、九十九折りの参道を進む途中に鎮座する「由岐《ゆき》神社拝殿」が挙げられます。

ちょうど崖の上に建っているため、通路が、建物正面の正確な中央ではなく、全体で桁行6間のうち、右2間、左3間という非対称な間を通る形式です。これは担拝殿《にないはいでん》あるいは割《わり》拝殿《はいでん》と呼ばれます。桃山時代の建築様式を伝える建物として、重要文化財に指定されています。

13 上賀茂神社
Kamigamo Shrine

所在地：京都市北区上賀茂本山339
創建：天武天皇6年（677年）

絵A

中門の左右には、東西、南北、コの字形に回廊があります
中門は切《きり》妻《づま》流造《ながれづくり》、平屋建て、檜《ひ》皮《かわ》葺き
この先には、透廊《すいろう》があり、その奥に本殿（東側）と権殿（西側）が控えています

一般的には上賀茂《かみがも》神社と呼ばれ、次に紹介する下鴨《しもがも》神社とともに、京都の古代の氏族である「賀茂氏」の氏神を祭っています。どちらも、建物を含む神域全体が世界文化遺産に登録されています。上賀茂神社は、京都最古の神社です。

京都三大祭の一つである葵祭《あおいまつり》は、上賀茂神社と下鴨神社の例祭《れいさい》です。この由緒ある祭のきっかけは、6世紀中頃の欽明《きんめい》天皇の時代に遡ります。日本の朝廷にはじめて仏教が渡来したときの天皇で、凶作が続いたため五穀豊穣《ごこくほうじょう》を祈ったのがそもそもの始まりとされています。この例一つ挙げても、上賀茂神社の歴史がいかに古いかがわかりますね。

上賀茂神社は正式には賀茂別雷神《かもわけいかづちじん》社《じゃ》といいます。紀元前の時代から、

絵B

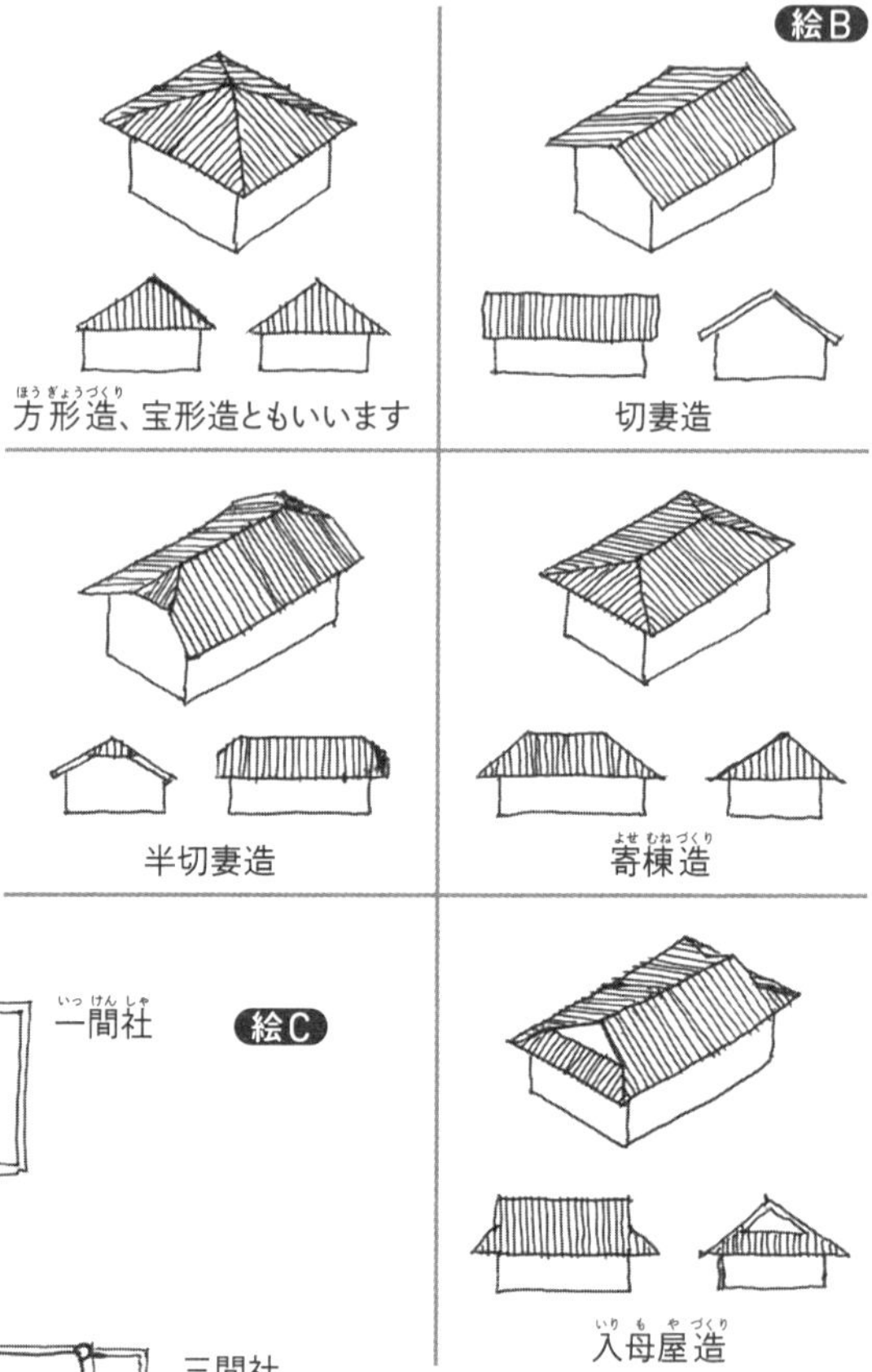

方形造《ほうぎょうづくり》、宝形造ともいいます
切妻造
半切妻造
寄棟造《よせむねづくり》
入母屋造《いりもやづくり》

絵C

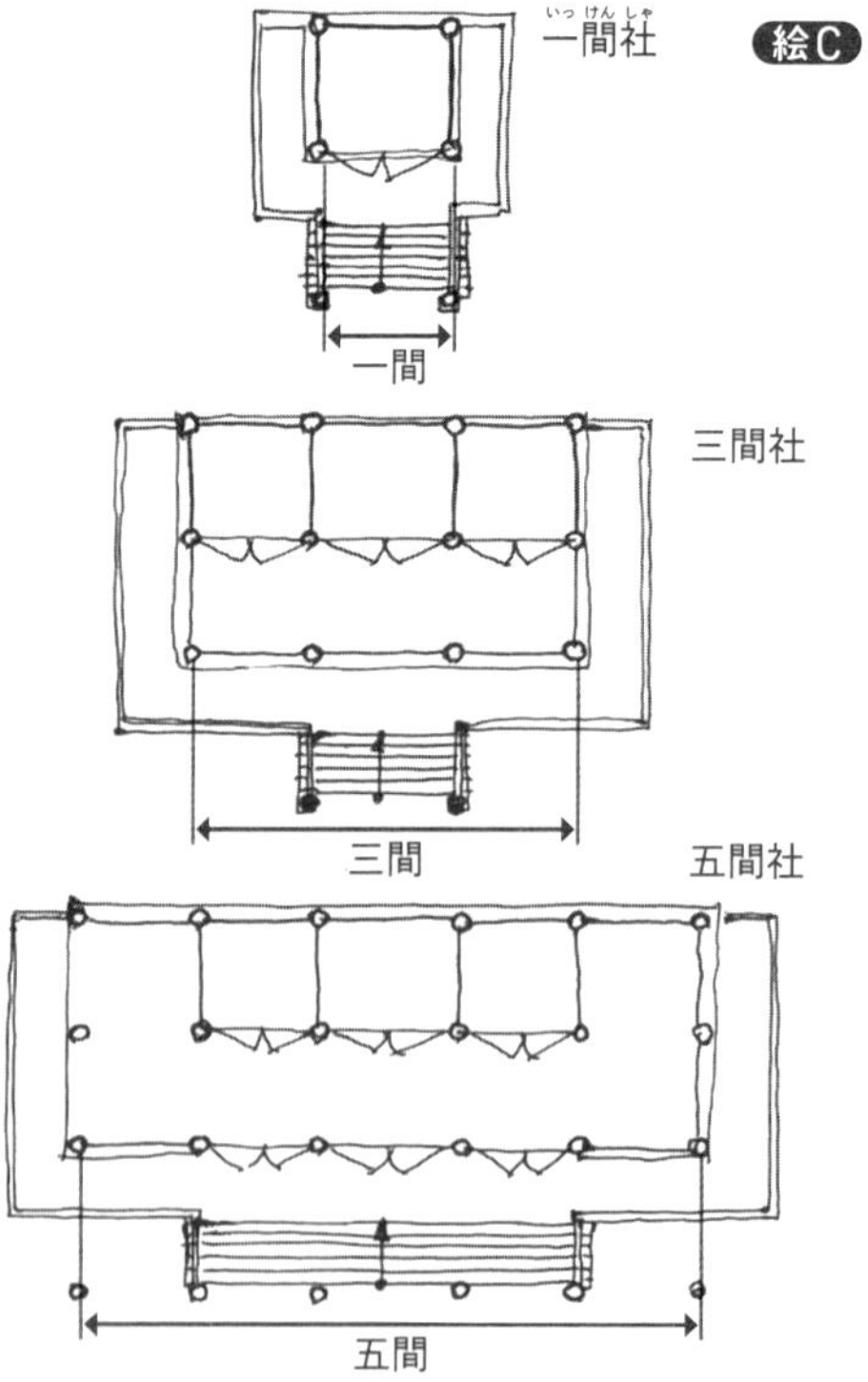

一間社《いっけんしゃ》
一間
三間社
三間
五間社
五間

当地には何らかの神社が存在していたといわれています。もともとは上賀茂神社が親社でした。既に奈良時代から、上賀茂神社の影響力が非常に大きかったようで、天平年間に朝廷は上賀茂神社から下鴨神社の分社を命じたとされています。

桓武天皇が都を平安京に定めてからは、上賀茂神社は下鴨神社とともに、王城鎮護《おうじょうちんご》の神として崇《あが》められて現在にいたります。**絵A**は中門です。ここから先は神社の聖域になり、参拝者はここで手を合わせます。

上賀茂神社についての説明を進めますが、上賀茂神社と下鴨神社に共通した内容の箇所も多い点も留意ください。

わが国の神社建築と寺院建築は、それぞれが固有の進化や展開を果たしましたが、相互に影響しあい、刺激しあい発展したことは間違いありません。特に、日本の伝統建築を特徴づける「屋根」については、共通項もあります。

そこで、まず確認も含めて、共通的な屋根形状の類型をまず示します。**絵B**をご覧ください。5種類の代表的な屋根形状です。それぞれ、見下ろした屋根のカタチ、妻側の姿図、長手の姿図として、略図風に描いてみました。

寺院建築では、この中で切妻造、寄棟造、入母屋造、方形造がよく使われます。そのうち、格式の高い建物には入母屋造が使われることが多いです。

神社建築では、切妻造と入母屋造が、ほかの屋根のカタチよりも多く採用されます。入母屋造の屋根が寺院建築と神社建築の両方で多くみられますが、歴史的にみると、神社建築が寺院建築からの影響を受けて広まった可能性が認められます。なお、**絵B**では、日本伝統建築に特徴的な、微妙な曲面（むくりや反りなど）は除外し、屋根面がフラットであると純化して描いています。

次に、神社建築においてもっとも重要な建物は神様が鎮座される場所であり、「本殿」です。

柱と梁から構成される骨組みは共通なので、柱と隣り合う柱の間隔は、大木であっても部材長などの現実的な制約から逃れられません。正面からみて、柱と柱の間（これを柱間と呼びます）が1つの場合（一間《いっけん》）が、規模

絵D

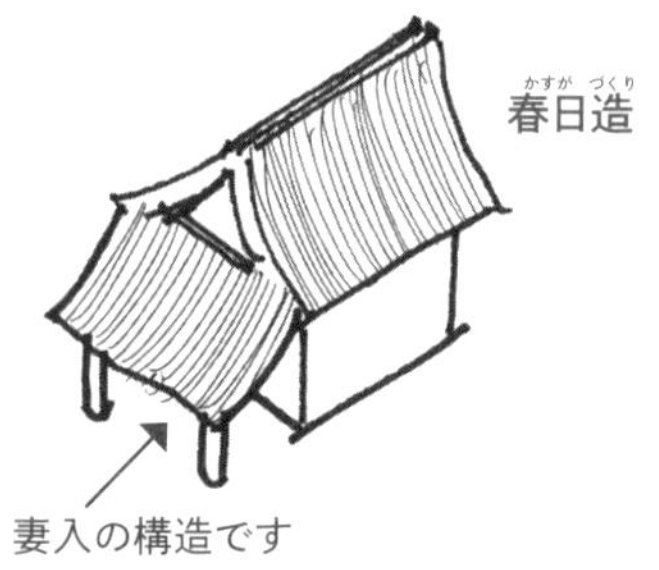
春日造《かすがづくり》
妻入の構造です

春日大社の屋根などの構造が代表例

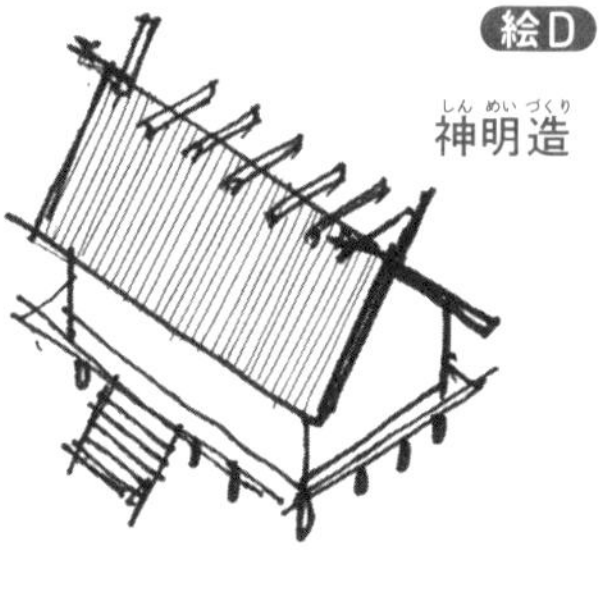
神明造《しんめいづくり》

伊勢神宮正殿が代表例。屋根に反りはありません。屋根に千木や堅魚木が乗ります

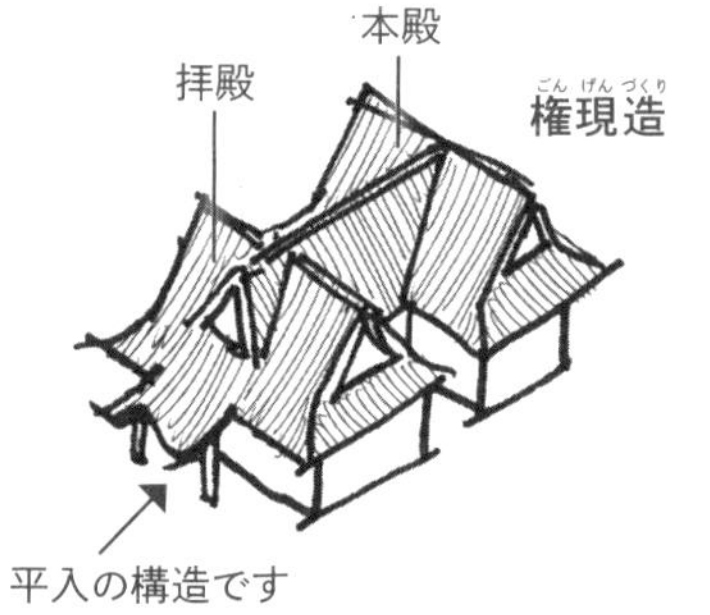
本殿
拝殿
権現造《ごんげんづくり》
平入の構造です

拝殿と本殿を、石の間という部分で一体化したものです。北野天満宮がこの代表例です

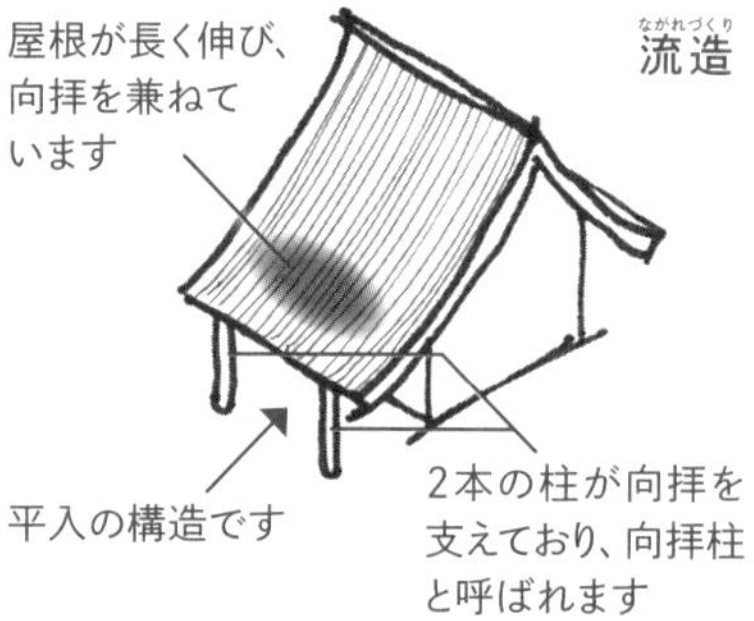
流造《ながれづくり》
屋根が長く伸び、
向拝を兼ねて
います
平入の構造です
2本の柱が向拝を
支えており、向拝柱
と呼ばれます

本殿の総数の半数以上が流造といわれます

この4類型以外にも、大社造《たいしゃづくり》(おおやしろづくりとも言います)、住吉造《すみよしづくり》、王子造、浅間造、八幡造、日吉造《ひえづくり》(聖帝造《しょうていづくり》とも)などがあります

の基本形です。それより広い規模となると、左右対称性を反映させますから、二間は成立せず、三間になります。さらに大きい場合には、四間ではなく五間になります。この法則は、正面の左右の大きさ(これを桁行《けたゆき》と言います)を示しますが、奥行き方向(「梁行」です)はどうかというと、ある規模以上になると二間が現実的なサイズとなります。

以上の関係を、平面的に示すと、**絵C**になります。

建物のうち、屋根形状の類型と、建物規模の基本形について説明しました。これで屋根形状を中心に、神社の建築の類型を説明する準備ができました。

絵Dには、よく説明図として示されるものを、屋根形状を主体に描い

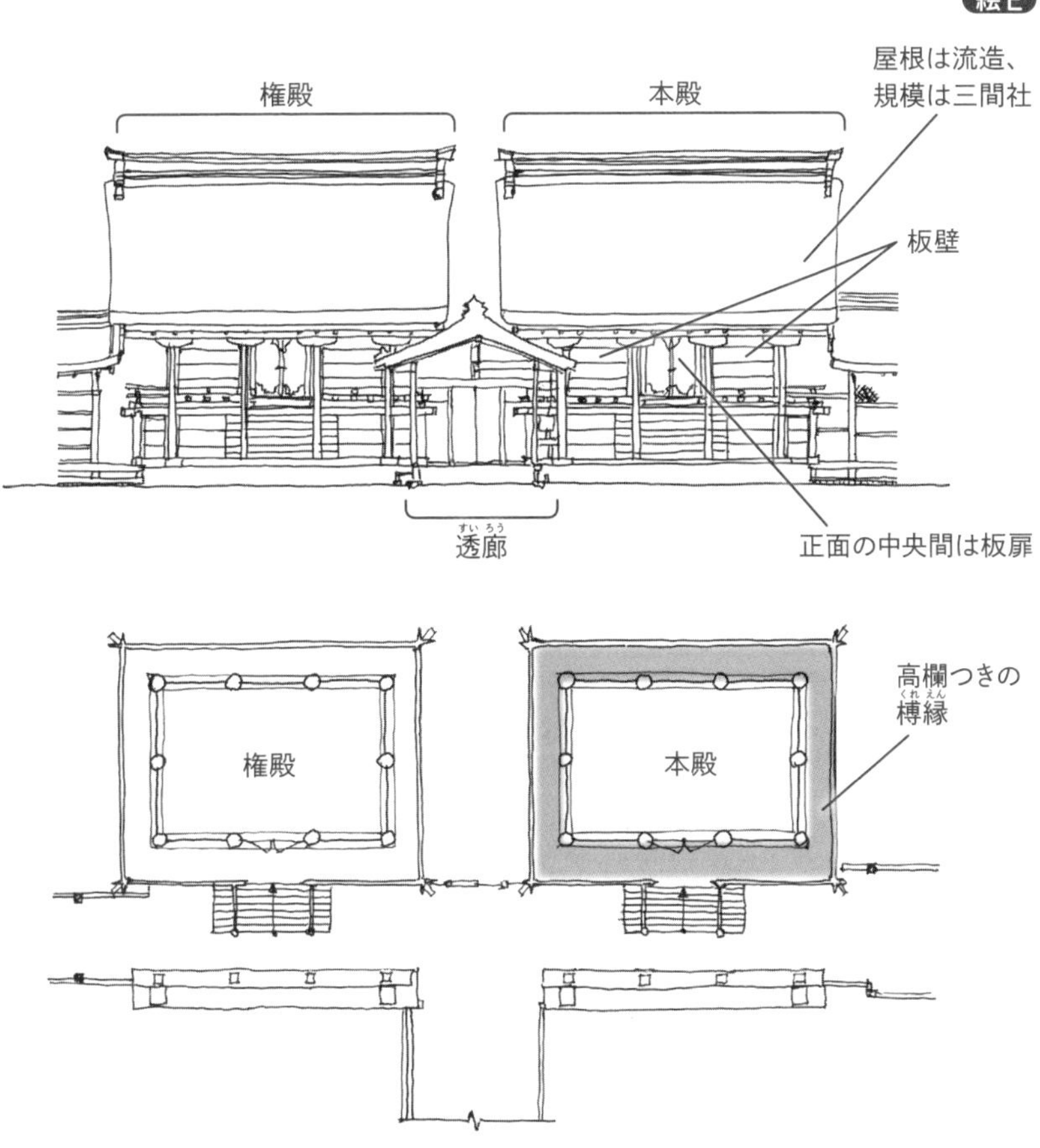
絵E
屋根は流造、規模は三間社
権殿
本殿
板壁
正面の中央間は板扉
透廊《すいろう》
高欄つきの榑縁《くれえん》
権殿
本殿

ています。4類型を挙げていますが、珍しい例も独立した様式として数えていくと類型数はもっと多くなります。

　この類型の中の「流造《ながれづくり》」の代表例として、上賀茂神社と下鴨神社の本殿が挙げられるため、ここで、寺社仏閣の屋根の基本形や神社の特徴的な屋根の類型にも言及しておきます。

　いよいよ、本殿についてみていきましょう。**絵E**が、同じ規模で並ぶ本殿と権殿の正面と平面配置を示します。**絵F**が南北軸による断面です。左側が正面にあたります。現在の本殿は1863（文久3）年の造替です。

　下鴨神社では21年ごとの式年遷宮の制度がありますが、上賀茂神社では、もともとはそうした制度はなく、破損したさいに建て替えの機会とし

絵F

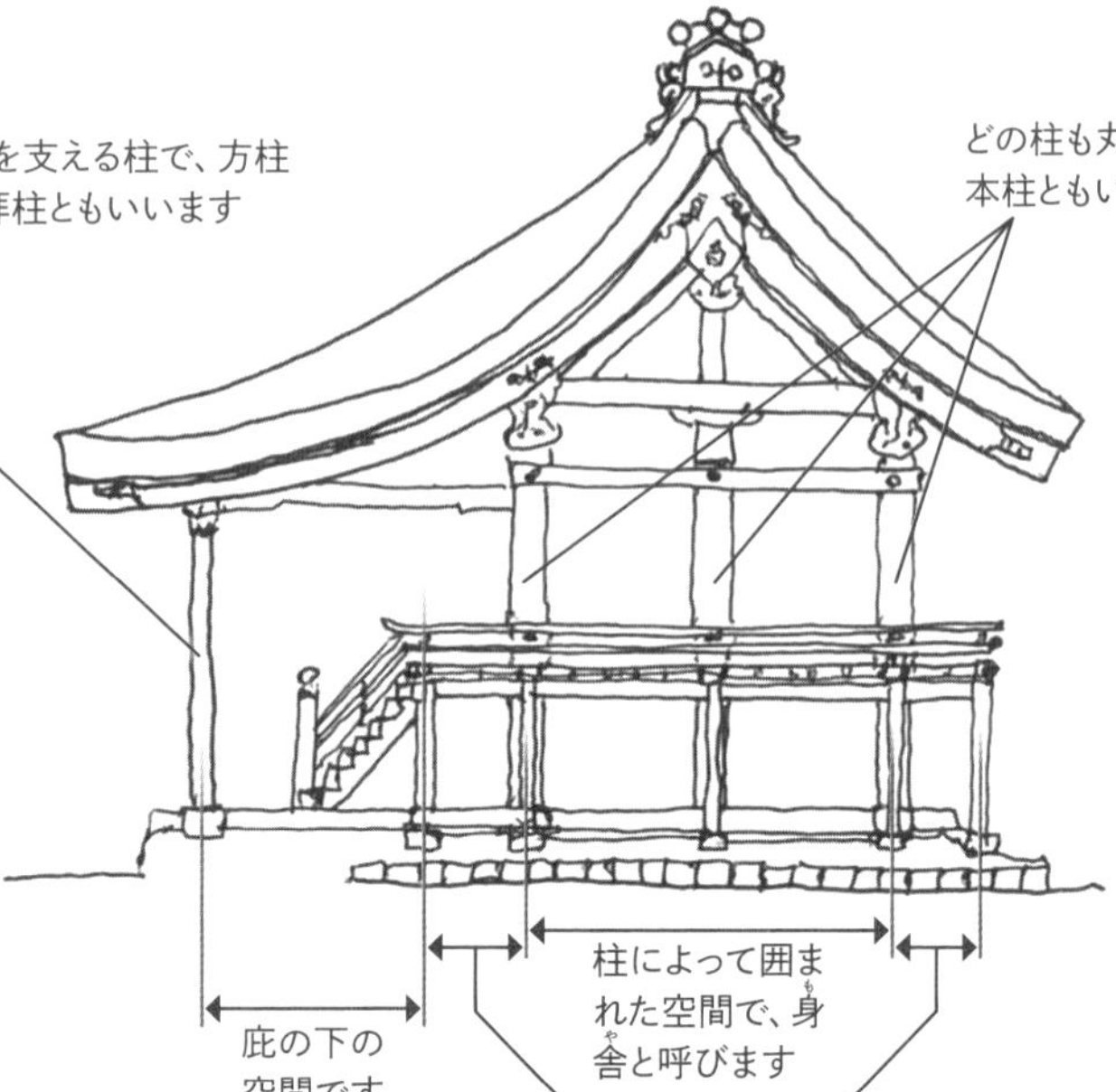
庇(向拝)を支える柱で、方柱です。向拝柱ともいいます
どの柱も丸柱です。本柱ともいいます
柱によって囲まれた空間で、身《も》舎《や》と呼びます
庇の下の空間です
身舎を取り囲む、縁です

絵G

朱色と白のコントラストが鮮やかな楼門。屋根は入母屋造で、檜皮葺き、重層(1階、2階があります)。規模は正面が三間一戸
近くから見上げると、軒の出の迫力は圧巻です。垂木の占める面積の大きさからみても、実に威厳のある門です
回廊
回廊
玉橋の方向

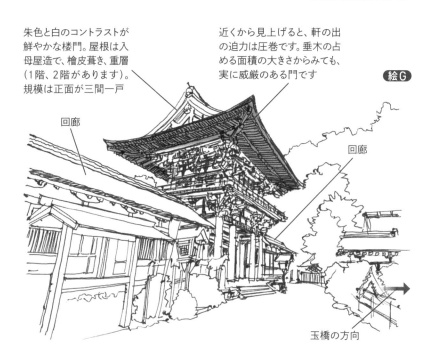

てきました。ただ、江戸時代、寛永の復興以降は、両者ともほぼ同じ時期に遷宮をおこなってきています。

絵Eで、同一の規模と建築様式の建物が2棟、並んでいます。右側（方位でいえば東側）の建物が本殿なのですが、式年遷宮の際には、御神体を左側の、いわば控えの「権殿《ごんでん》」に移すのです。この「権」は仮という意味です。

権殿が常設されているのが上賀茂神社の方式で、ちなみに下鴨神社では、遷宮のたびに、仮殿を建て、仮遷宮を行い、本殿の造替《ぞうたい》が完了すると、本遷宮を行い、仮殿は壊します。両者の大きな違いの一つです。

また、本殿における神の領域と人間の領域の区分についても触れておきます。**絵F**で、身舎が神の領域です。人間の領域は、向拝の下の領域です。領域の違いを明確に示すのが、垂木《たるき》の仕様と、柱の形状です。身舎を囲む縁を覆う軒の垂木は「繁垂木《しげだるき》」ですが、向拝の軒の垂木は「疎垂木《まばらだるき》」なのです。また、身舎を構成する柱は、どれも丸柱ですが、向拝の柱は方柱、です。このように建築の構成要素からも、神の領域と人間の領域をはっきりと分けていることがわかります。

上賀茂神社の境内における主要な施設群の配列を決定づけているのは、南から北にむかって、楼門、中門、透廊、本殿及び権殿、とほぼまっすぐに並ぶ構成です。通常の参拝ルートでは、舞殿（橋殿）を通った先に、入母屋造の屋根が大きく四方に展開する、華やかな楼門に向かって進みます。

この楼門についても解説しましょう。**絵G**は、正面からではなく、楼閣の東西につながる回廊で、西側の回廊の前から見て描いています。楼閣を独立した建築としてとらえるならば、2階部分に屋根のかわりに高欄が取り巻くことによって、屋根の重々しさが軽減されます。また、屋根の四隅における反りも伸びやかですし、青い空に、尾垂木などの朱色がとてもよく映えます。その点は大いに評価できます。

ただ、この楼門は長い回廊の一部をカットして、そこに挿入された立体形状ということもできます。回廊も、同じ朱色と白からなる構成で、色彩的には、楼門と回廊がよくマッチしているのですが、造形的な観点からいうと楼門と回廊という異なった構成要素の接しかたが気になります。

伝統的な建築に限らず、異なった建築形態が接する箇所において、どのような造形処理がなされるか、は非常に重要だからです。意匠上、あるいは構造上の工夫が、もっとも顕著に示される箇所でもあるからです。このケースでは、ちょうど回廊の屋根の棟の高さが水平に伸びた先が、楼門の妻側に突き当たるように終わっています。よくみると、斗栱《ときょう》の、魅力的な構造部材の重なりに、回廊の棟と屋根とがぶつかる格好になっています。これはあまりすっきりとしたディテール処理とはいえません。

基本的には、このような箇所においては、楼門の妻側の壁面と、回廊の端部とが隙間なくつながることは避け、なんらかの空きを確保したうえで、塀の役割を果たすような処理をするのが理想なのです。また、回廊の屋根の棟を単純に水平に伸ばしていますが、楼門との接続部分では、楼門の屋根の端部で曲線的な処理をしているのと同じ発想で、徐々に軒の高さを上げるなどの工夫も考えられます。

このあたりは、イメージを伝えるために類例として、平等院鳳凰堂の中堂と左右の翼廊の接点で、両者がつながっていない処理がなされていることが参考になるかもしれません。

そのほか、主な社殿だけでも、神々しい雰囲気の広い境内には、まだまだ数多くあります。二の鳥居を抜け、進むと左側に「拝殿（細殿《ほそどの》）」、右側に

絵H

「土屋（到着殿）」が現れます。細殿の前には、対になった「立砂《たてずな》」が認められます（絵Hを参照）。清めるために高く盛った砂で、盛砂ともいいます。形状が円錐形なのは、北方向に位置する神山《こうやま》をかたどっているためです。

立砂の右手には、葵祭に勅使が祭文を奏上し、舞が演じられる「舞殿《ぶでん》（橋殿）」の妻側が見えています。この橋殿は、境内の御手洗川《みたらしがわ》から、「ならの小川」に名称が変わるあたりにあります。橋という名称から歩道橋のような一般的な橋梁を思い描く人もいるかもしれませんが、実際は、屋根までついている、りっぱな建築です。この3棟の屋根はいずれも入母屋造で檜皮葺きです。

話がそれますが、境内を流れる「ならの小川」については、小倉百人一首の九十八番に次の歌があります。「風そよぐならの小川の夕暮はみそぎぞ夏のしるしなりける」（従二位家隆）。

読み人は、新古今集撰者の一人で、鎌倉初期に活躍した歌人の藤原家隆です。歌にも登場するくらいですから、時代は変わりましたが、ならの小川に沿って、境内を歩かれるのもよいでしょう。

また、境内には、多くの流造の「摂《せっ》社《しゃ》」があります。摂社とは社格の一つで、本社に付属して、縁故の深い神を祀った神社のことです。流造の造形を理解するのにも参考になります。

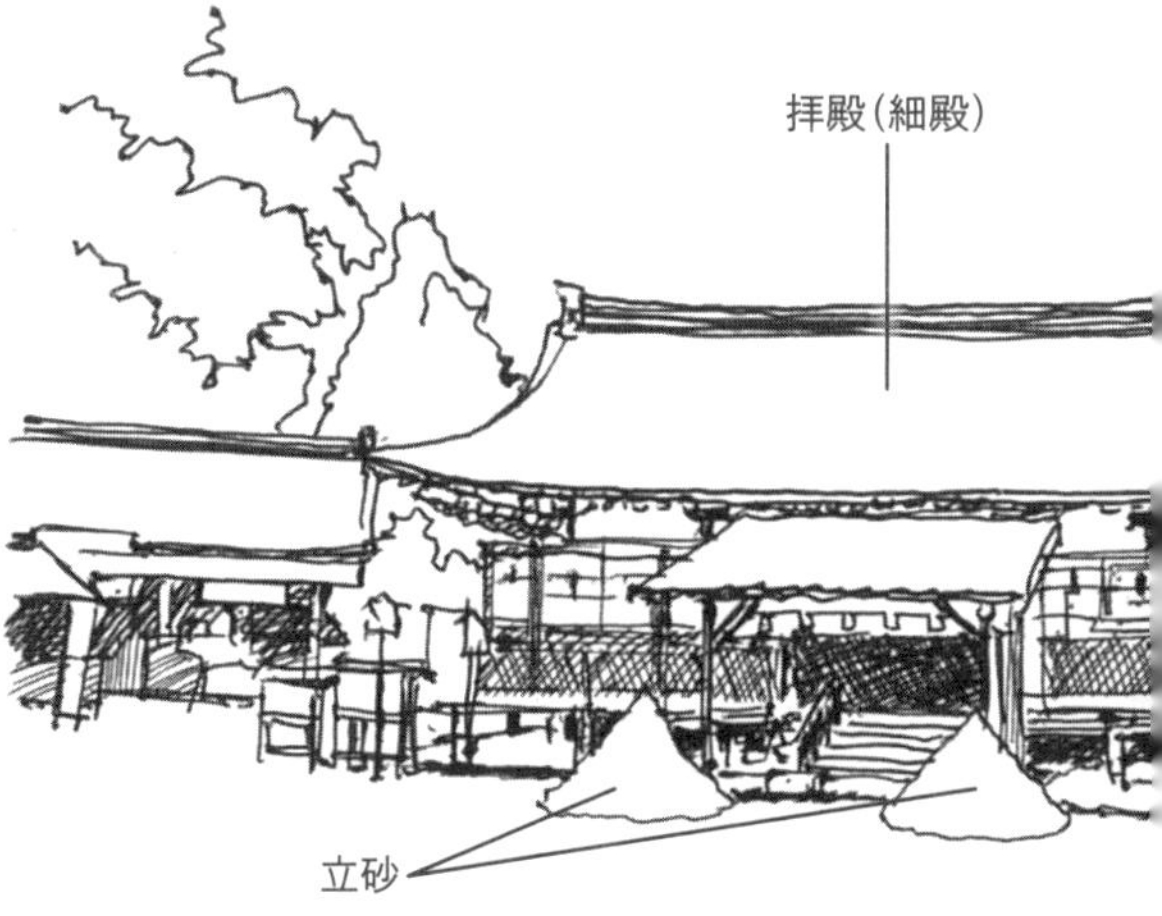

下鴨神社 | 14
Shimogamo Shrine

所在地：京都市左京区下鴨泉川町59
創建：不詳（崇神天皇7年か）

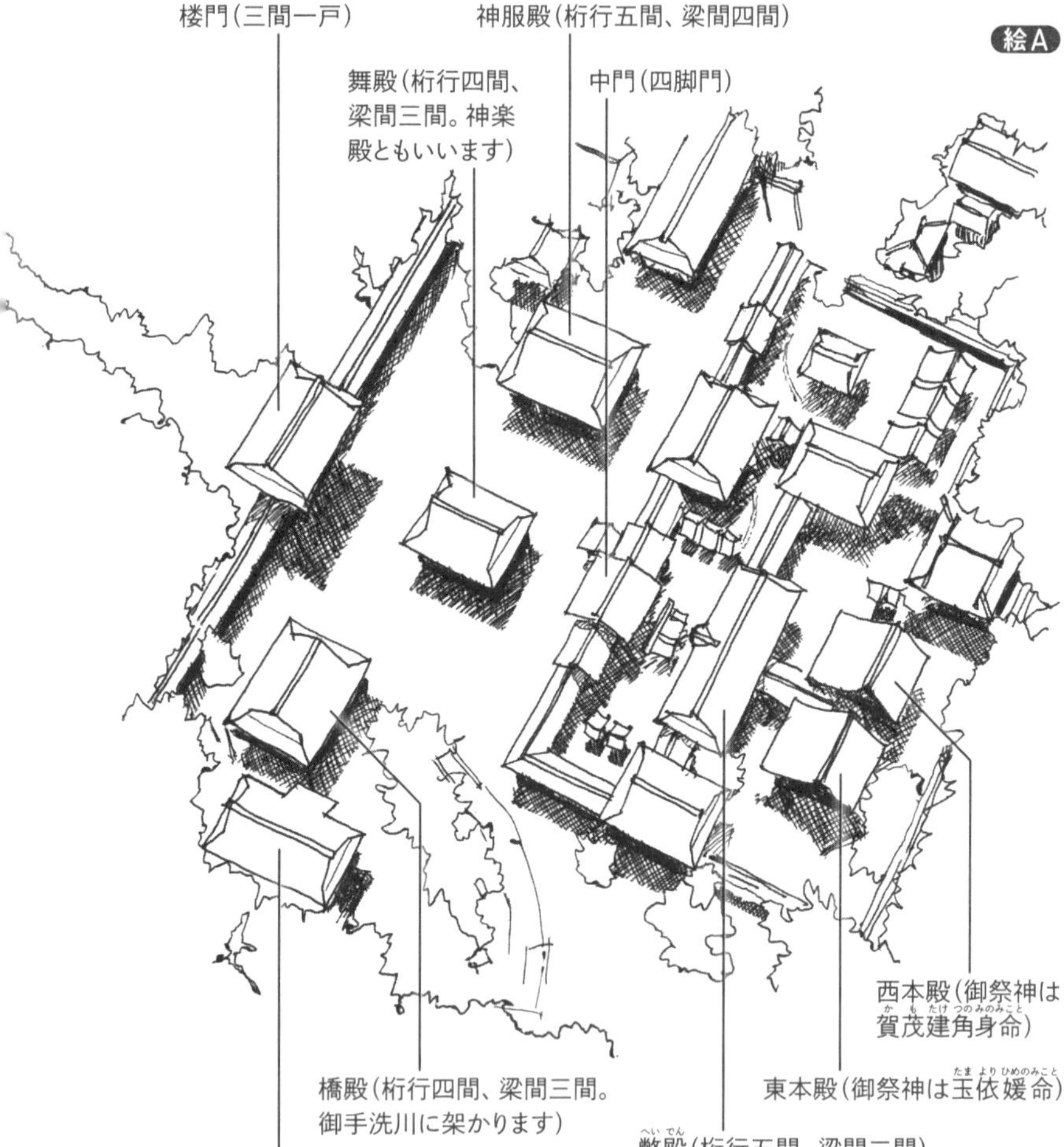

絵A
楼門（三間一戸）
神服殿（桁行五間、梁間四間）
舞殿（桁行四間、梁間三間。神楽殿ともいいます）
中門（四脚門）
西本殿（御祭神は賀《か》茂《も》建《たけ》角身命《つのみのみこと》）
東本殿（御祭神は玉《たま》依《より》媛命《ひめのみこと》）
橋殿（桁行四間、梁間三間。御手洗川に架かります）
幣殿《へいでん》（桁行五間、梁間二間）

細殿《ほそどの》（桁行五間、梁間二間）。この建物だけは、用途ではなく建物の平面形状が名前になっています。用途は、神樂奉納などで神官が着座する建物です。細殿といえば、話がそれますが、法隆寺西院で、食堂《じきどう》と軒を接して建っています細長い建物も「細殿」です

下鴨神社は、正式には賀茂《かも》御祖神《みおやじん》社《じゃ》といいます。奈良時代に賀茂社から分立しましたが、平安京に都が移ってから、上賀茂神社と同じように王城の鎮護社とされます。807（大同2）年には伊勢神宮に次ぐ尊崇《そんすう》を受け、神に幣帛《へいはく》を捧げる神社として扱われるようになりました。社名の賀茂御祖神社は、明治初年の神社制度の改革に伴う呼称で、それまでは古代から賀茂御祖皇大神宮と呼ばれていました。

下鴨神社を訪れるには、広大な境内ゆえ、複数のルートがあります。とはいえ、南鳥居から北に向かう表参道ルートが、距離はありますが全体の雰囲気をよく理解できます。京都の原野の植生を今日に伝える貴重な森を通ります。糺の森《ただすのもり》といい、国の史跡になっています。ざっと12万平方mの広さがあり、いまでは市街地に囲まれた、奇跡に近い樹林です。表参道を約700m進むと南鳥居に着き、そこからは鮮やかな朱色の楼門がみえます。その先には、国宝や重要文化財の社殿が実に55棟、並びます。

絵Aは、それら社殿の集まるエリアを上空からみています。方位は左から右に向かう方角が北です。楼門から中門をへて東西の本殿へは、軸線上に配置されていることがわかります。建物名称を記入した主要な社殿の大きさは桁行《けたゆき》、梁行《はりゆき》の伝統的な記述方式で参考までに示しています。これらの社殿はどれも檜皮《ひわだ》葺き、です。また、屋根形状については、東西の本殿と中門のみが切妻造で、それ以外はどれも入母屋造です。

屋根形式の種類のところで説明しましたが（上賀茂神社の**絵B**）、屋根形状のタイプのうち、寄棟形式は一般的には広く採用されています。ですが、神社建築においては、伝統的に入母屋造と切妻造のほうが格上とされています。そのため、**絵A**に示す範囲で主要な建物については、寄棟形式の社殿はありません。

次に、国宝の東本殿と西本殿について説明しましょう。

東本殿と西本殿からなる本殿については、どちらも典型的な流造、三間社で、規模も形式も同一です。現在の本殿は、1863（文久3）年造営ですが、平安時代の古式の和様を現代によく伝えています。

絵Bは、本殿の正面（立面）と、平

絵B-1

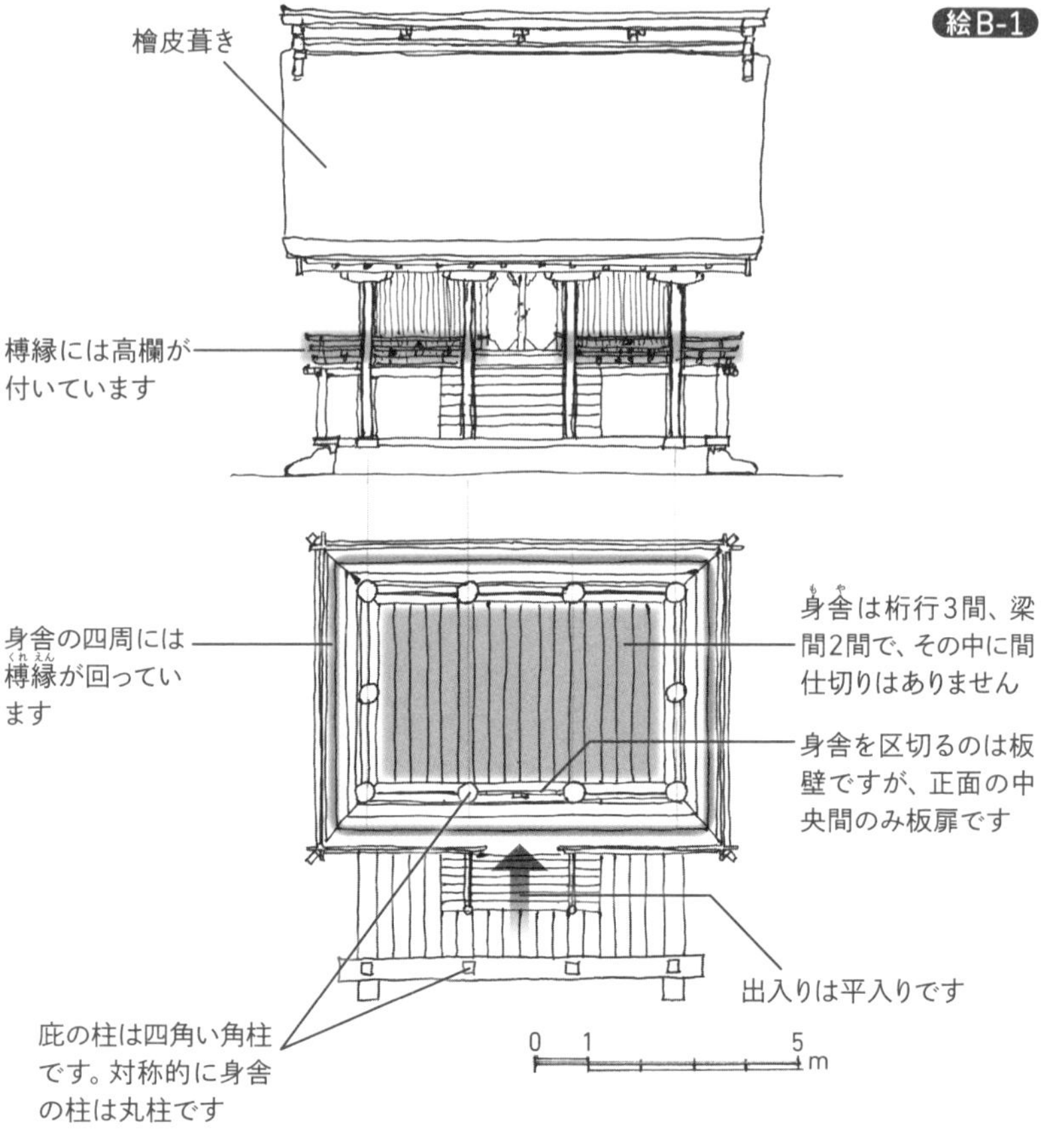

檜皮葺き
榑縁には高欄が付いています
身舎《もや》の四周には榑《くれ》縁《えん》が回っています
身舎《もや》は桁行3間、梁間2間で、その中に間仕切りはありません
身舎を区切るのは板壁ですが、正面の中央間のみ板扉です
出入りは平入りです
庇の柱は四角い角柱です。対称的に身舎の柱は丸柱です
0
1
5
m

面図を示します。東本殿と西本殿は、建物としては同一仕様なので、絵Bでは、その一方のみを描いています。

下鴨神社の本殿は、上賀茂神社の本殿と比較して、規模や建物様式はほぼ等しいです。

「ほぼ」というのは、少しですが、違いがあります。たとえば当社の本殿は、高欄の木階《きざはし》が朱塗りになっている点や、建物正面の両脇に、上社にあるような獅子・狛犬の絵がありません。屋根の棟飾りについて、上社では獅子口ですが、当社では鬼瓦です。また、建物の奥行きは、当社のほうが、上社よりも少し大きいです。

非常に長い歴史を有する当社ですが、1036（長元9）年に宣旨《せんじ》により、20年目ごとの式年造替《しきねんぞうたい》の制度が

絵B-2

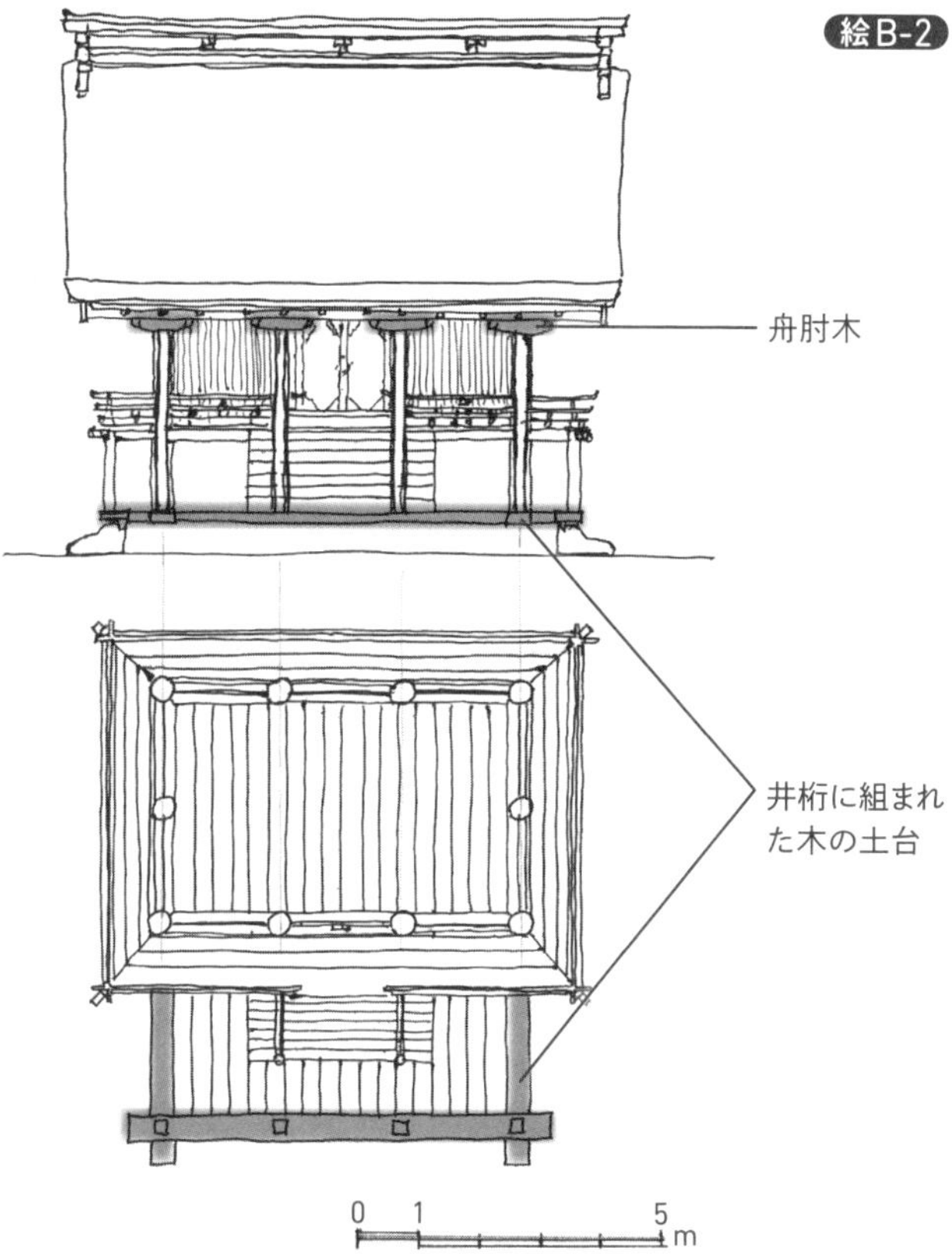
舟肘木
井桁に組まれた木の土台
0 1 5 m

絵C

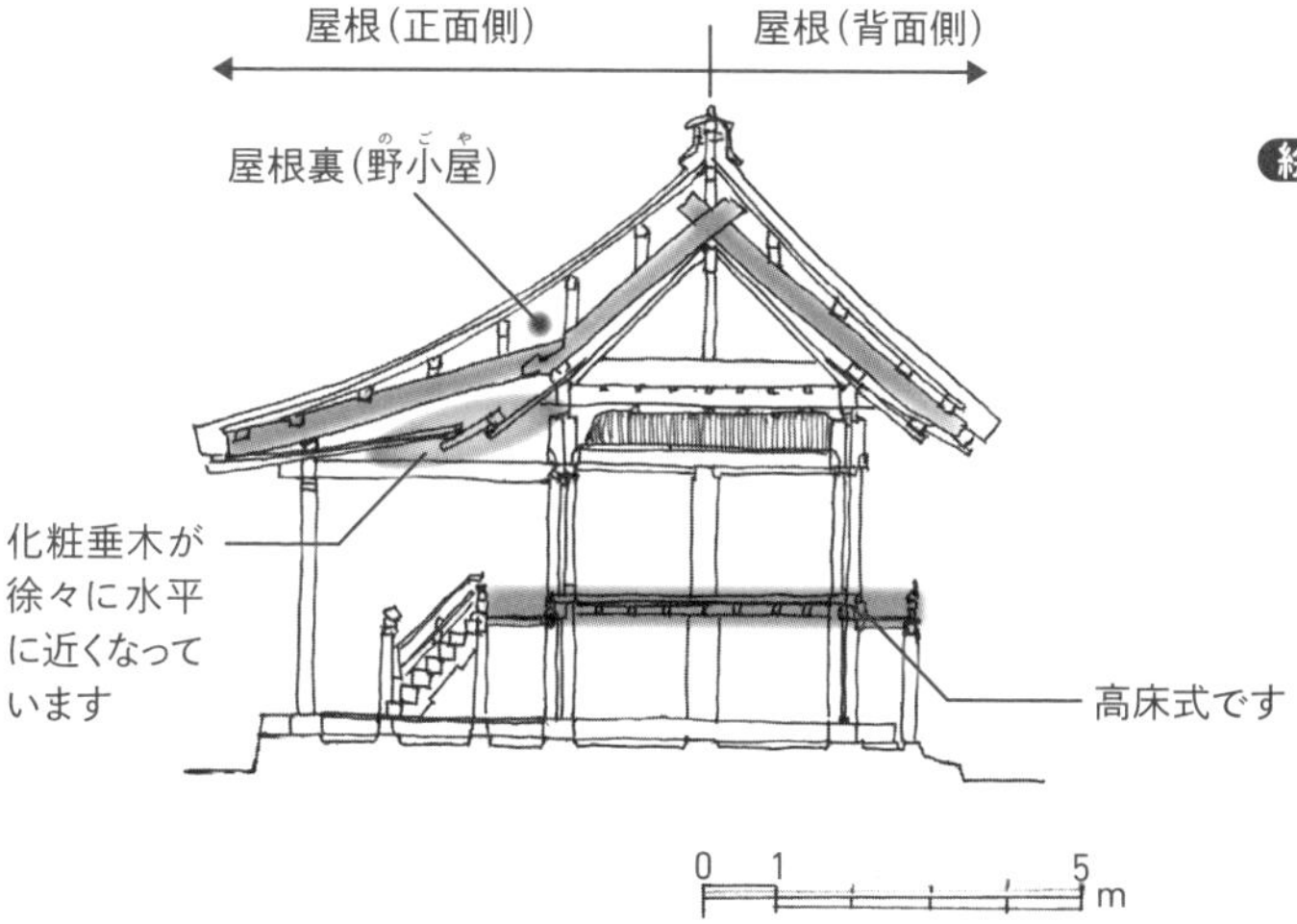
屋根(正面側)
屋根(背面側)
屋根裏(野《の》小《ご》屋《や》)
化粧垂木が徐々に水平に近くなっています
高床式です
0 1 5 m

設けられました。それが、南北朝以降、乱れはじめます。江戸期にはいり、社殿がすべて整った寛永再興時からは、再度、20~30年の間隔で実施されるようになりました。

むしろ、式年遷宮の手法の違いのほうが大きいかもしれません。当社の本殿では、東、西それぞれに異なる御祭神が祀られています。そのため式年遷宮のさいには、各々に仮殿が設けられます。その点、上社では、本設である権殿が仮殿としての役割を担っており、当社とは手法が異なります。

絵B-1で、本殿の基本的な構成を絵に加えたコメントで説明します。上賀茂神社での説明とも重なる部分がありますが、規模、形式がほぼ共通なので、その点はご了解ください。

絵B-2の正面図で、柱上をご覧ください。とてもシンプルな組物が見られます。「舟肘木《ふなひじき》」といい、柱の上に直接、肘木が載る形式のものです。組物の複雑度でいえばもっとも簡単ではありますが、神社建築においては、象徴的な意味あいを与えられ、今でもずっと用いられています。

もう一つ、重要な点が、柱がどれも、礎石にではなく、土台に立っていることです。**絵C**は梁行方向の断面図ですが、**絵B**と**絵C**とを両方、あわせもってご覧いただくと、木の土台が井桁に組まれていることがわかります。お神輿を担ぐ姿をイメージするとわかりやすいですが、この構造方式は、建物の設置位置を移すのにとても便利です。式年造替では、建物が大規模ではない場合、移動しやすいこうした方式は都合がよかったはずです。

当社の本殿は典型的な流造ですが、庇の出がとても大きいですね。切妻形式の屋根で、単純に屋根を伸ばすと、庇の出が大きくなればなるほど、軒先が地面に近くなってしまいます。

そこで、**絵C**で屋根裏の構造がポイントになります。野屋根の構造をうまく使うことで、化粧垂木の勾配を徐々に緩くすることが可能になります。庇部分は、下から見上げると、化粧垂木が段になり、美しい表情を与えていますが、外からはみえない工夫が構造的になされているのです。

下鴨神社の境内には、本殿をはじめとして、重要な社殿が数多くあり、それぞれにまつわる行事や出来事が豊富です。詳細は避けますが、時間

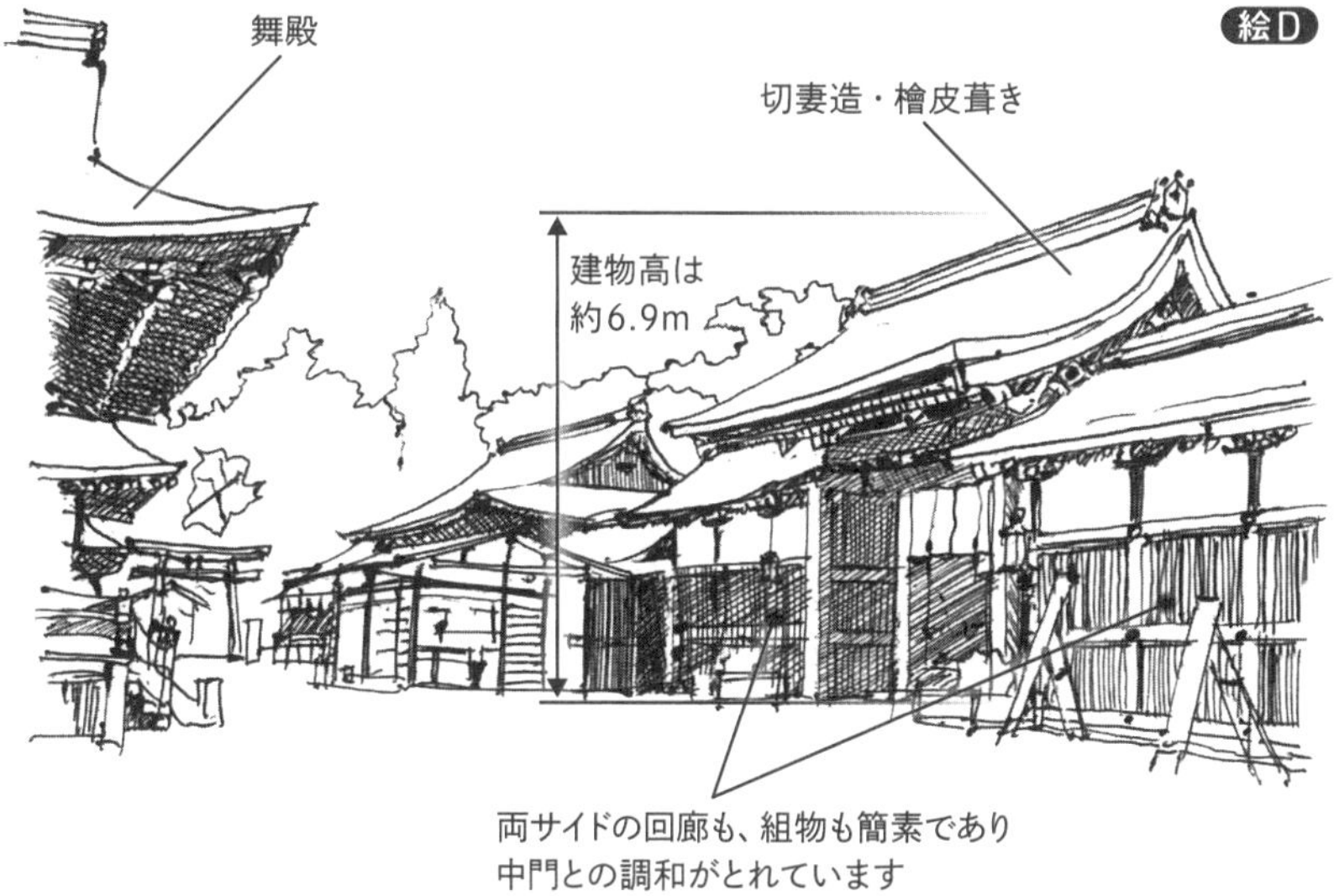
絵D
舞殿
切妻造・檜皮葺き
建物高は
約6.9m
両サイドの回廊も、組物も簡素であり
中門との調和がとれています

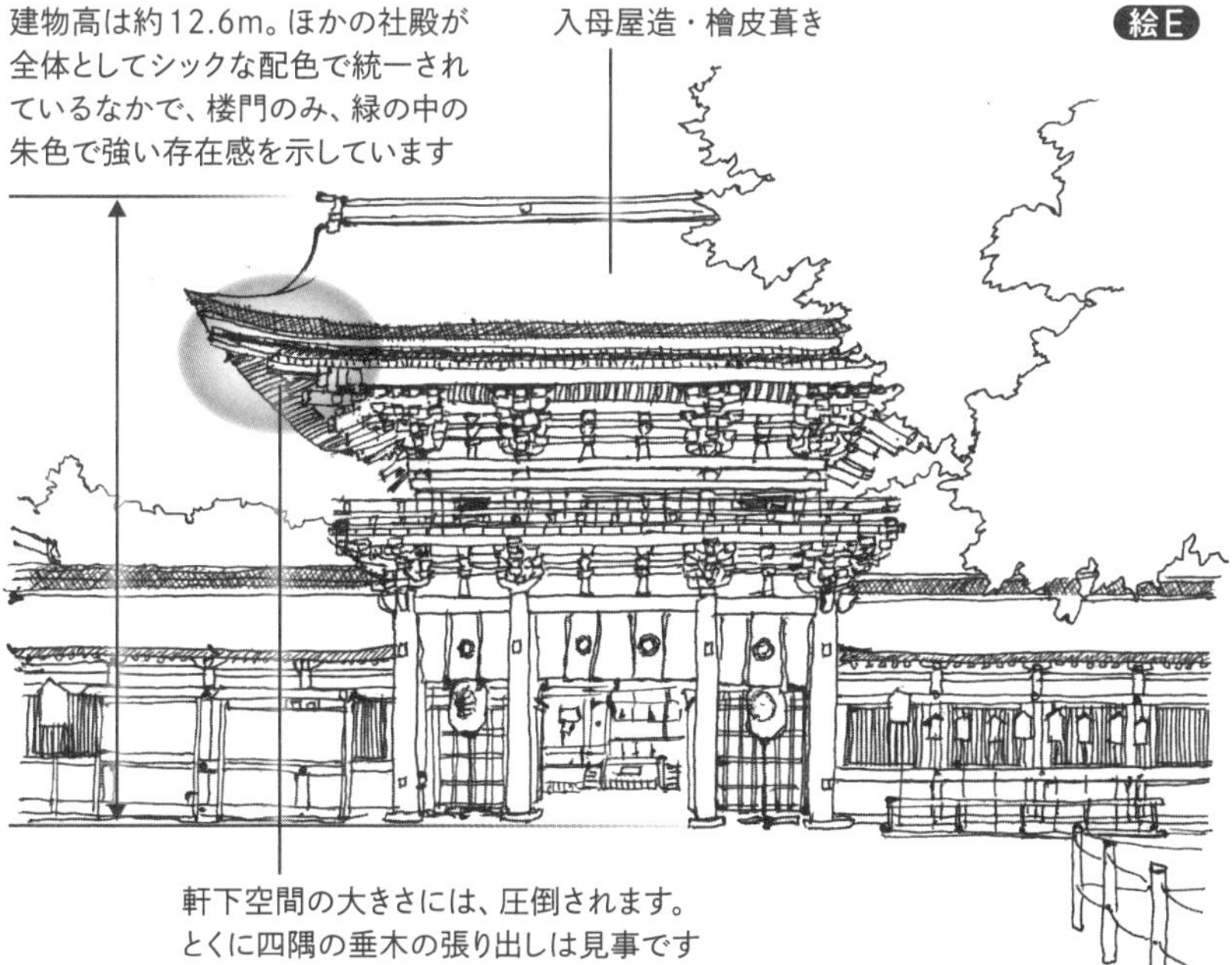
絵E
建物高は約12.6m。ほかの社殿が
全体としてシックな配色で統一され
ているなかで、楼門のみ、緑の中の
朱色で強い存在感を示しています
入母屋造・檜皮葺き
軒下空間の大きさには、圧倒されます。
とくに四隅の垂木の張り出しは見事です

が許せば、じっくりご覧になることをお勧めします。

建築で、もうひとつ外せないものがあります。それは門です。下鴨神社では門がいくつかありますが、緑に赤く映える楼門と、拝殿への入口にあたる中門をとりあげます。

絵Dが中門、**絵E**が楼門です。どちらも江戸時代の造替で、かつ1628(寛永5)年に建立されています。中門と楼門の絵にそれぞれ注釈を入れました。いずれも重要文化財であるなど、両者に共通する項目もありますが、建物の規模、意匠、様式が対照的なほど違い、またそれが興味深いからです。

楼門は、中門の高さを圧倒するかのような高さを誇ります。下鴨神社に天皇や上皇が行幸されるにあたって、立派で堂々たる門で、お迎えすることが求められたのでしょう。楼門の正面、中央に立ち、門の細部意匠をつぶさに観察しますと、考え抜かれた中央と両側の柱間の長さやそれに伴う組物の美しさに目を奪われます。

初重には屋根がありませんから、外観は軒下までは、柱や梁などの構成要素が直線上の関係性で統一されています。それが、上部の一重屋根において、四隅で弓なりの曲線を描き、垂木が羽根を広げたような姿を見せてくれます。屋根の力強さが意匠面だけでなく、構造的にも目立つ門といえるでしょう。

下鴨神社の楼門は、正面に立ち、左右対称の勇壮な骨組みと高度に複雑な木組からなる外観を思わず絵にしたくなります。部材相互のプロポーションや間隔も見事ですし、独立した建築物としてみた場合の完成度は非常に高いものといえます。

ところで、**絵F**をご覧ください。こちらは、同じ楼門を、回廊によって区分された神域側からみています。楼門の一重屋根の、軒が作り出す弓なり曲線と、それ以外の高欄部分や、回廊の屋根、あるいは桁や梁、柱などの構造部の直線的な構成との対比が絶妙で、とても印象的です。そうなのですが、この絵のように斜めから楼門をみますと、楼門のいわば側面がはっきりと見えてきます。回廊の屋根も、楼門の壁に当たりますね。

そこに生まれる、いくつかの納まりの不都合が気になります。絵にコメントを添えていますから、それを

楼門の高欄部をくぐるように回廊の屋根の棟が入り込んでいます。できれば、もうすこし空間を残して、棟と高欄の下部とが納まるようになっているとよいです

絵F

楼門の、もっとも格式の高い木組みの一つが、ちょうど回廊の棟部分とでぶつかる格好になっています。楼門を正面から見ている限りは、あまり気になりませんが、この絵のような斜めからみた構図では、気になります。あらかじめ、回廊が楼門の両側面に突き当たって納まることがわかっているのであれば、きれいに納められるように、側面部のみ、正面とは細部意匠を少し変更させて、きれいに納めると望ましい箇所です

回廊の本来の目的は、社殿のある神域を区切ることです。歴史的には当初は、板垣や瑞《みず》垣《がき》などがめぐらされた垣だったと推定されます。時代が下るに従い、寺院の伽藍の影響をうけ、回廊を導入する神社が増えたと考えられます。

ご覧いただきたいのですが、おそらく、檜皮葺の屋根の群造形がすばらしい下鴨神社境内では、長く続く回廊の屋根であっても、スケール的には小ですが、回廊のエンド（端部）における納まりには、なんらかの弓なり曲線が入るのが適切なのです。

このことは、上賀茂神社の同様の点を指摘していますので、重複になります。楼門と回廊の屋根部分とを、すこし、離して別の意匠的工夫で接続するといった方法も有効です。

異なった複数の建物の接合部における造形的、空間的処理の巧みさの良し悪しが、全体に大きな影響を与えるのではないか、と思います。

楼門や回廊など、それぞれの建築の完成度や造形力が際立つだけに、ぜいたくな要望をさらに加えたいと

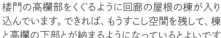

願うものですから、このような考察を付記します。これは、伝統的なすばらしい建築に限ったことではありません。現代の建築や都市空間の魅力づくりにも重要なヒントになる話です。

下鴨神社の伽藍について最後に付け加えたいと思います。参拝された方で、気づかれた人も多いのではと推測しますが、広大な境内の中を通る表参道の軸線と、楼門から中門を経て本殿に向かう軸線とが、ずれていることです。そのずれは、表参道の北の端に位置する南鳥居と、楼門を直線で結ぶことで一層、はっきりします。広い境内ゆえ、それらを統合してまっすぐな軸線上に配置できたのではないか、と思わないでもありません。西洋の大規模な宗教施設や宮殿などでは、門から中核的な施設に至る軸線を明確に設定して施設配置がなされている事例が多いのです。それとは、異質な概念で伽藍が形成されているのですね。難しく考えると抽象的な議論になりますが、日本的なるものの代表例がそうした「ずれ」を受け止める精神性にあるのではないか、と思います。

京都MEMO

みたらし団子発祥の地

「みたらし団子」の発祥の地が下鴨神社であることをご存じでしたか？

言い伝えでは、後醍醐天皇が下鴨神社の境内を通る御手洗池《みたらいけ》で水をすくったのです。

泡がまず1つ浮き、しばらくしてから4つ泡が浮き上がったのです。それをふまえて、串の先端に団子を1つ、少しあけて団子を4つ刺して生まれたのが、みたらし団子の始まりとされます。

下鴨神社の葵祭や御手洗祭などに、氏子がそれぞれ家でつくり、茶店で売られるなかで、みたらし団子が知られるようになったようです。後醍醐天皇といえば鎌倉末期から南北朝初期の天皇です。とても古い歴史があるお菓子ですね。なお、いまのカタチの団子になったのは、大正時代になってから、といわれています。

北野天満宮　15

Kitano Tenmangu Shrine

絵A

石の間／桁行三間、梁間一間、一重です。本殿及び拝殿よりも床が低く、石敷きになっている事例もあります。石の間の名称もそこからきています。側面の蟇股が3か所並んでいる個所は見どころです

拝殿／現在の建物は、1607(慶長12)年に建立。本殿や石の間も同時期に建立されています。規模は桁行七間、梁間三間。一重で入母屋造です。拝殿の東西には「楽の間」がそれぞれ桁行正面二間、背面三間で付属しています

本殿／規模は桁行五間、梁間四間。一重で入母屋造です。西面には三間の庇が設けられています

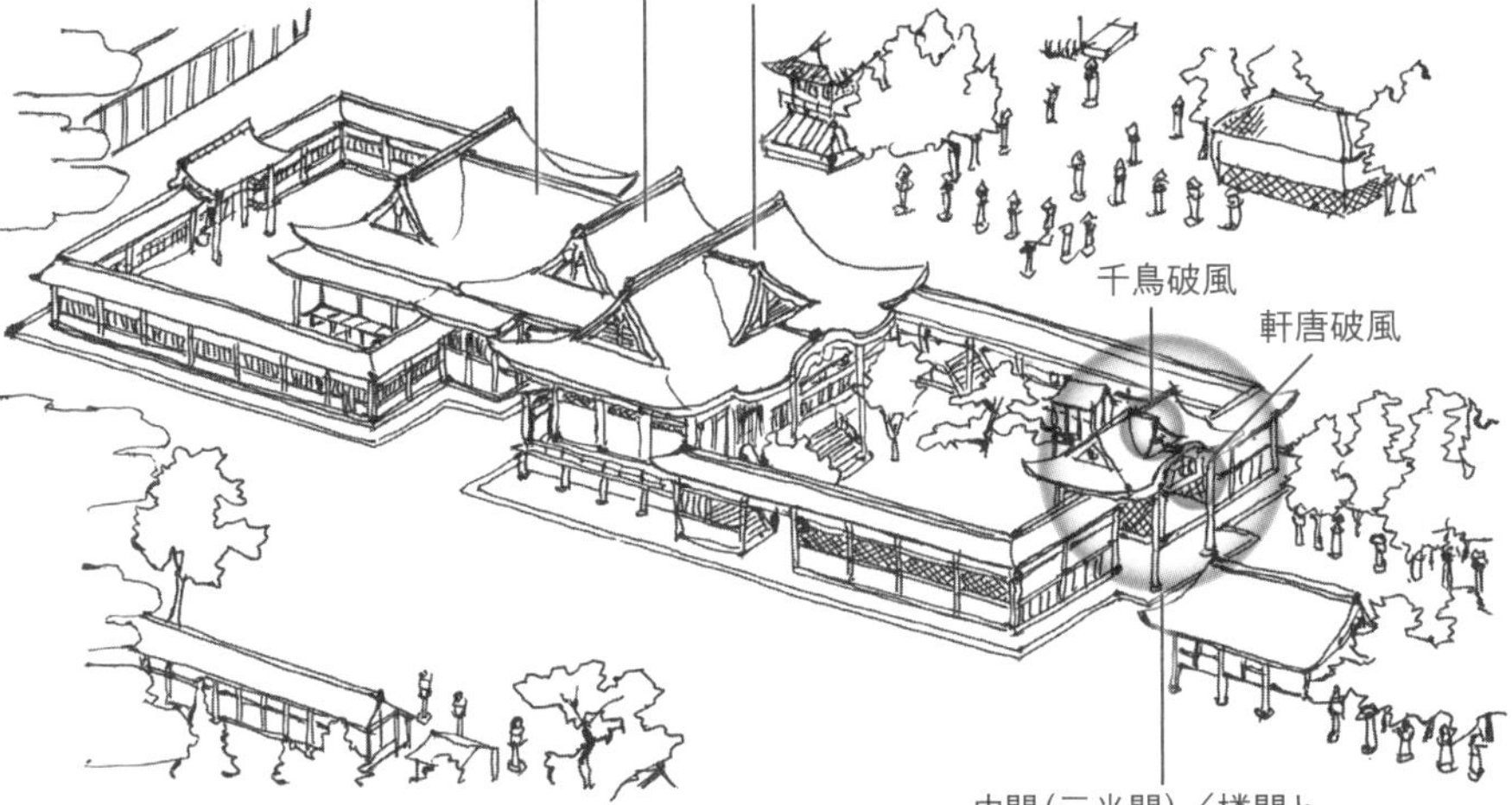

中門(三光門)／楼門と御本殿の間に建つ門です

所在地：京都市上京区御前通今出川上る馬喰町
創建：天暦元年(947年)

北野天満宮は、全国に約1万2000社ある天神社・天満宮の総本社で、学問の神様「菅原道真《すがわらのみちざね》公」が祭神です。道真の霊をなぐさめるために、北野の地に947(天暦元)年に創始されたといわれます。入試合格、学業成就や厄除けの御利益があるとされます。

また、国家の重大事や天災などがおきた際に、朝廷から特別の加護を受けた、格式の高い神社でもあります。なお、境内約2万坪には梅50種、約1500本があり京都随一の梅の名所です。春の梅苑や秋のもみじ苑など、四季折々の美しさが観られます。

建築に目を向けると、御本殿(国宝)は、神社建築様式の一つである「権現造《ごんげんづくり》」の代表的遺構とされます。

絵B-1

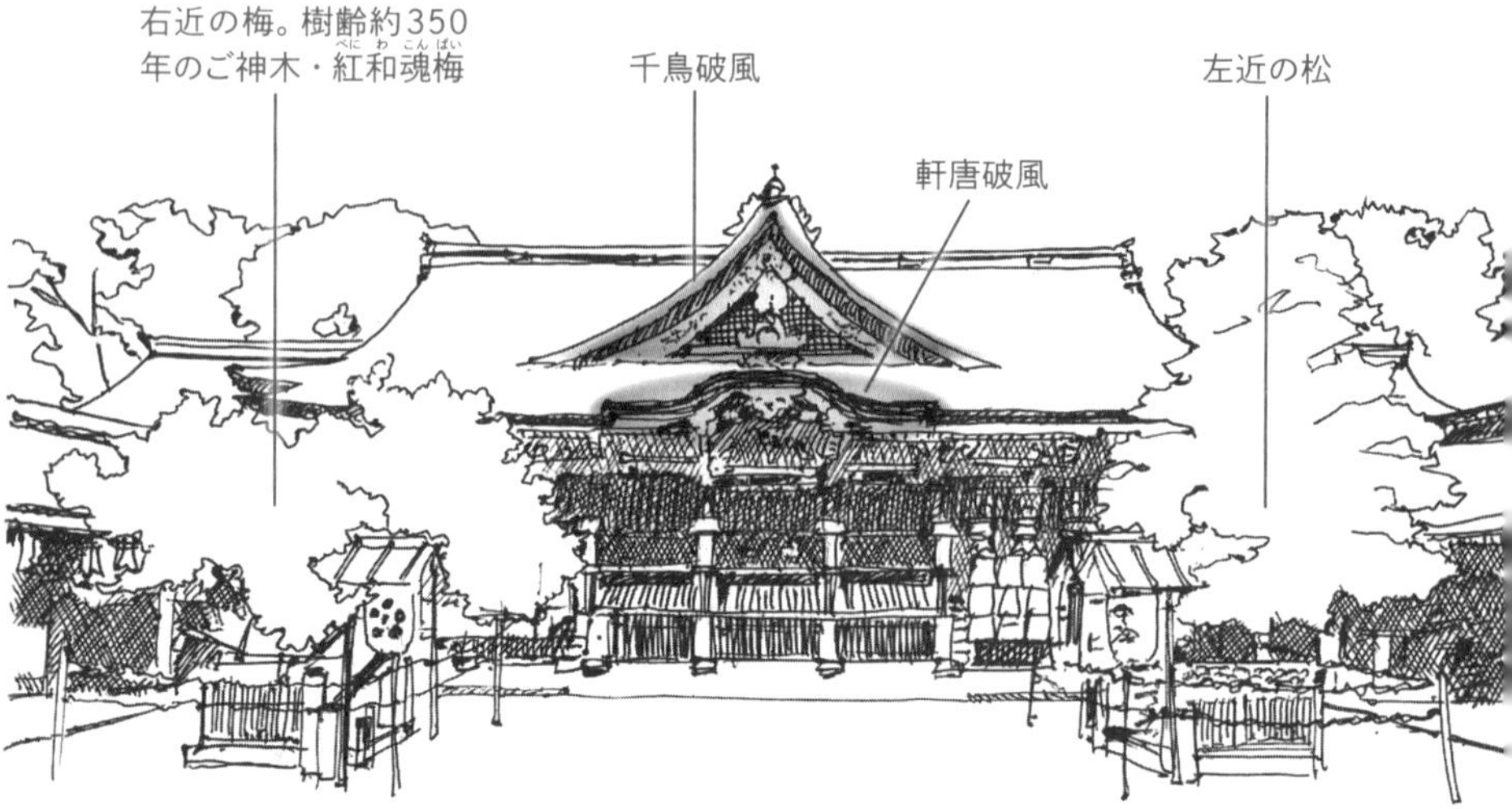
右近の梅。樹齢約350
年のご神木・紅《べに》和《わ》魂《こん》梅《ばい》
千鳥破風
軒唐破風
左近の松

絵B-2

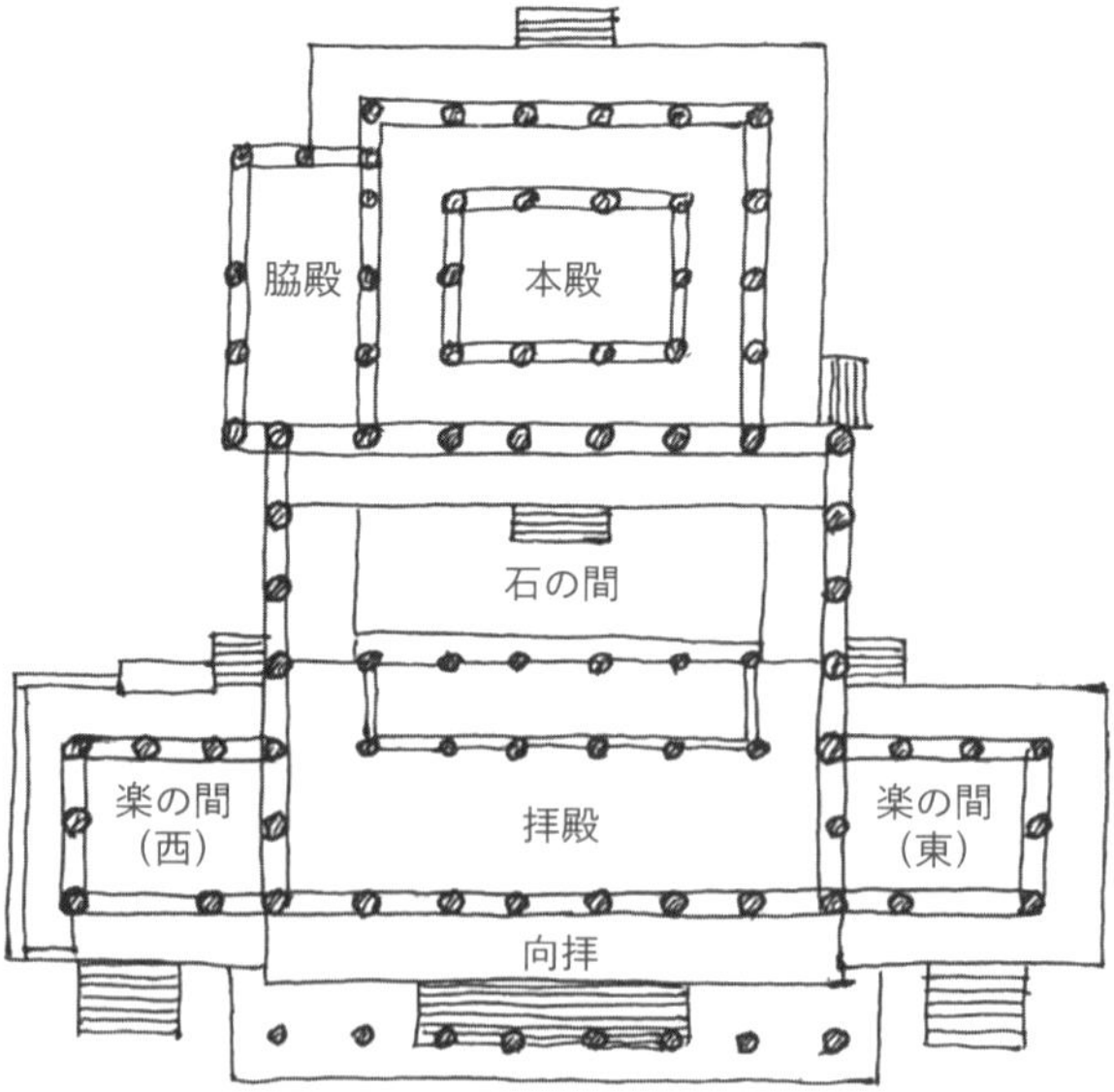
脇殿
本殿
石の間
楽の間
（西）
拝殿
楽の間
（東）
向拝

権現造とは、拝殿と本殿とを石の《いしの》間《ま》、または相の間でつないだものです。当社の本殿に、平安時代にすでにその方式が取り入れられていたとされます。桃山時代に、豊臣秀吉の墓所とされた豊国廟《ほうこくびょう》に、権現造と後《のち》にいわれる形式が採用され、東照宮が、この形式を採用するに及んで、近世の霊廟建築に広く用いられることになったのです。

「権現造」の名前の由来は、徳川家康が没後に贈られた神号の東照大権《とうしょうだいごん》現《げん》に由来します。別の言い方で、「石の間造」、あるいは「八棟造」とも呼ばれます。

江戸時代、1780（安永9）年に刊行された「都名所圖會・北野天満宮」から御本殿及び周囲を描画したのが**絵A**です。

高い建物のない時代に、俯瞰する構図で、屋根の立体形状を描くのはやさしくないはずですが、この様式の特長をとらえています。この権現造の建築の屋根形状は、細部意匠まで考慮すると、かなり複雑なのがわかります。

動線と屋根形状との関係からいえば、入母屋造で平入の建物ならば、原理的にはいくつでも並置できます。当社では、拝殿、石の間、本殿、の3棟を入母屋造の平入に配置しています。ただし、屋根の棟や軒の高さの調整、床レベルの設定などに工夫がいりますし、屋根の「谷」とよばれる、雨仕舞の好ましくない箇所への対処も重要です。施工の難易度の高い建物であるといえます。なお、屋根は社殿全体が檜皮葺きです。

参拝客が訪れたとき、御本殿のなかで、拝むのは南正面にみえる拝殿です。**絵B－1**にその外観を示します。

権現造では、北野天満宮の社殿に限りませんが、拝殿は、本殿や石の間よりも幅が広いです。**絵B－2**に平面を示します。

楼門と御本殿の間に建つ中門も、よく知られています。**絵C**は中門の正面の姿です。門全体がとても壮麗ですね。中門は別名「三光門」ともいわれますが、太陽・月・星の三光を示し、中門の梁の間にそれらの彫刻があることから呼ばれています。装飾に着目しますと、木鼻や蟇股などの細部意匠は実にカラフルで味わいがあります。これは中門に限ったことではなく、北野天満宮の主要な

絵C

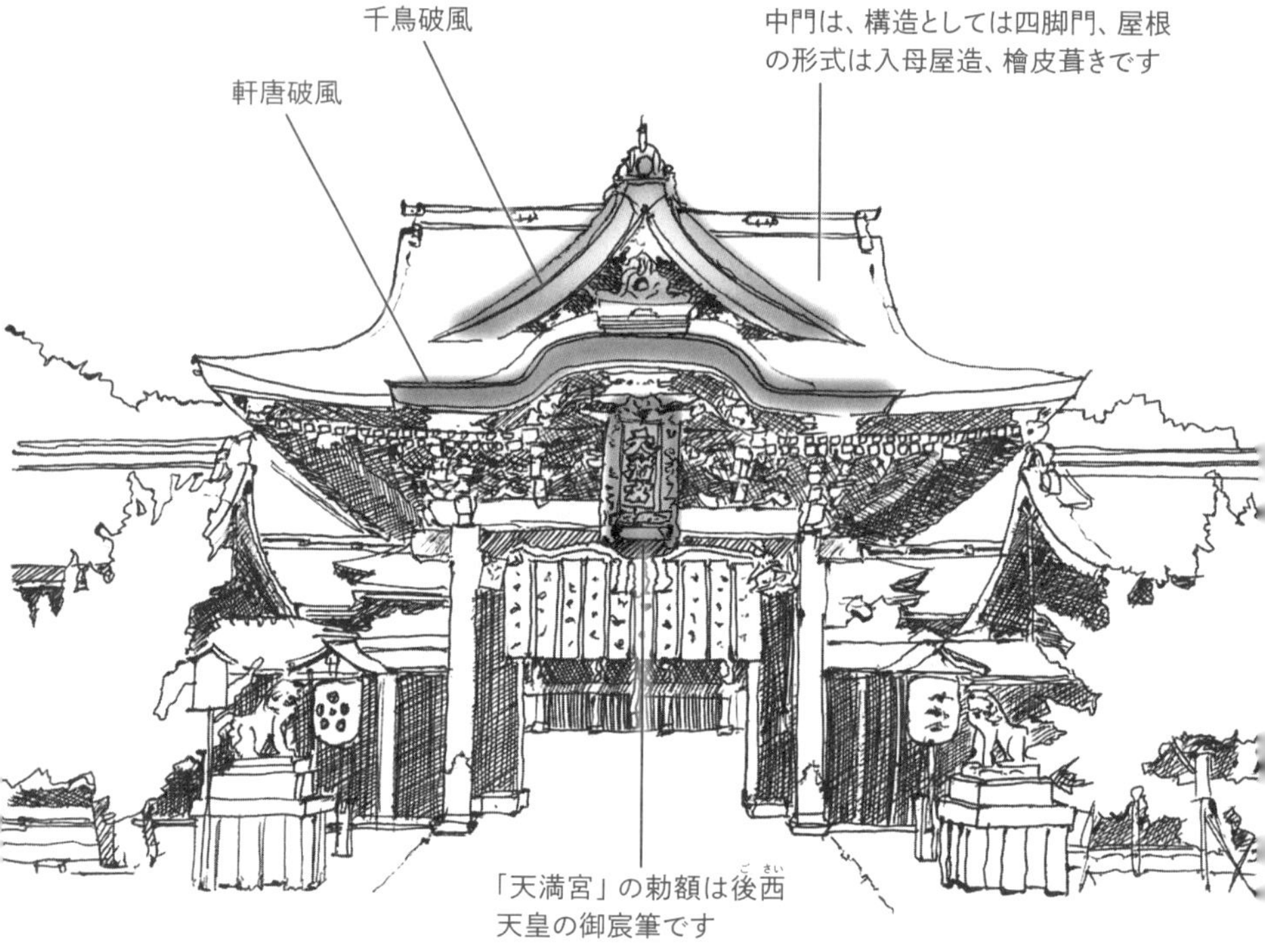
千鳥破風
中門は、構造としては四脚門、屋根の形式は入母屋造、檜皮葺きです
軒唐破風
「天満宮」の勅額は後《ご》西《さい》天皇の御宸筆です

社殿にいえることです。

一の鳥居から北に向かい楼門を通り、そのまま行けば、目的の御本殿に着くと、通常は考えます。北野天満宮では楼門の先が二手に分かれており、直進する参道ではなく、左方向に伸びる参道を進む必要があります。この理由は、直進しますと地主《じぬし》神社《じんじゃ》に向かいます。この神社は、北野天満宮が鎮座される百年以上前に、この地に創設されました。そのため、北野天満宮の本殿を創設するさいに、地主神社の正面を避けて建てたためといわれています。

16 桂離宮

Katsura Imperial Villa

所在地：京都市西京区桂御園
創建：元和6年（1620年）頃

この場所は、もともと藤原道長の所領だったところで、道長の別荘がありました。鎌倉時代に近衛家の所領となり、17世紀に入り八条宮家の所領になったのです

桂離宮は西京区桂御園に位置する、八条宮（桂宮）家の別荘です。桂川の西側の約5万6000平方mの広大な敷地に古書院・中書院・新御殿などが主要な建築群として建てられ、そして松琴亭《しょうきんてい》などの御茶屋などが、池や樹木などを介して、ほどよく離れて建っています。

桂離宮の造営開始は1620年頃で、全体の完成は寛永末年頃とされ、着手から完成まで約35年という長い年月がかかっています。完成させたのは八条宮家初代の智仁親王《としひとしんのう》と、引き継いだ長男の智忠親王《としただしんのう》です。父子の教養の豊かさが、王朝文化・芸術への憧憬も後押しし、美の結晶ともいえる桂離宮を生み出したのです。

主要な建築群の構成や主要部位の仕様などを、**絵B**に書き入れてみま

絵B

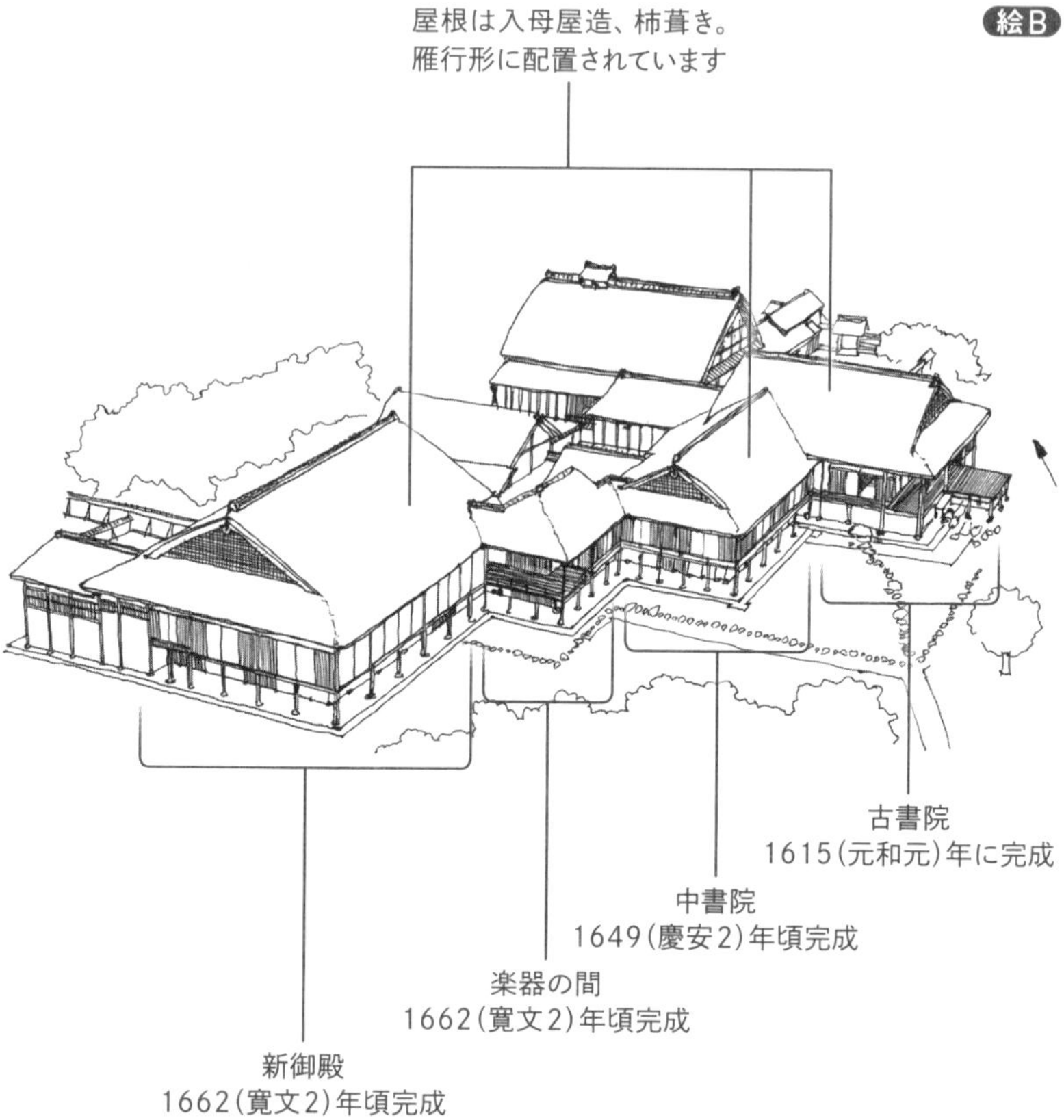
屋根は入母屋造、柿葺き。
雁行形に配置されています
古書院
1615(元和元)年に完成
中書院
1649(慶安2)年頃完成
楽器の間
1662(寛文2)年頃完成
新御殿
1662(寛文2)年頃完成

した。屋根の仕様については、主要部の古書院・中書院・楽器の間、新御殿、それと月波楼、松琴亭は、どれも柿葺《こけら》きです。ただし、茶屋などについては、持仏堂の園林堂は本瓦葺き、賞花亭の屋根は茅葺き、笑意軒は茅葺きで庇のみ柿葺きです。

桂離宮の成り立ちなどを早足で説明しましたが、おそらく、日本の伝統的な建築について、とくに海外向けに紹介する本の中で、桂離宮は、抜きん出る存在と言っても過言ではありません。

それだけに、桂離宮の建築について述べられてきた内容は膨大ですし、多角的な視点で論じられてきました。「建築・工芸・美術・庭園などの総合的な作品として、きわめて完成度の高い施設」といわれます。

たとえば、次のような高い評価や特質は、共通してあげられるでしょう。

①室内と屋外とが一体となった空間構成を得意とする、日本の伝統建築の模範例

これは、縁側などを介在し、室内と屋外とが緊密な関係性を獲得できる、日本の空間表現の大きな特徴といえます。

②秩序だった書院風の様式も残すものの、それに対峙する、自由で闊達な様式である数寄屋風の「遊び心」が随所に発揮されている

建築には威厳や格式といった秩序を体現する側面と、反対に、既存の規則などにしばられない自由な精神性の発揮もあります。これも普遍的なテーマですが、桂離宮は、書院造りと数寄屋造りとの関係性を通して、それを考えさせてくれます。

よく挙げられる例ですが、古書院や中書院は書院造りの豪華な装飾が多いです。新御殿では、「面皮柱《めんかわばしら》」という、柱の四隅に樹皮を残して仕上げたものが使われていますし、長押は杉丸太を利用するなど、数寄屋風の意匠が随所に見出せます。

③日本の中世以降の上流住宅の様式が桂離宮に見出せる

大きく建築用途を区分すれば、桂離宮は住宅（正確には上流住宅）ですが、現代において真の目的にあうのは迎賓館だと思います。来訪するゲストをいかにもてなすか。もてなしの仕方によって、ゲストハウスあるいはショールームに近いものもあるでしょう。

④増築する過程で獲得された、「雁行《がんこう》型」とよばれる建物と庭園との密接な関係

雁行型形式は、桂離宮のような伝統的な建築において成立するにとどまらず、建築群の配置構成の手法として、非常に有効なのです。普遍的な配置設計手法として、参考にすべきものといえます。

⑤建築における細部意匠（ディテール）の重要性を知らしめる格好の事例

建築は細部にその神髄が潜む、とでもいいましょうか。この意味を広げるならば「建築の細部が全体を支配する」のです。建築の魅力とは何かに対する答えの一つです。

たとえば屋根に着目しましょう。全体に、ゆるやかに「むくり」がみられます。しっかり見ないと見落とすような曲面ですが、この曲面により、まろやかな、優美な外観を形成するのに貢献しています。

また、建築群を俯瞰するような高さから見下ろせば実感できますが、入母屋の屋根面は面積的にもかなり大きいです。柿葺きで普通に軒先まで葺いていきますと、ずいぶん、薄めの軒先になってしまいます。それを防ぐため、「軒付《のきづけ》」という、軒先で屋根を厚くする工夫がされています。

絵Cに細部意匠を示しますが、かなり面倒な、しかし合理的な納まりです。また、通常、軒先に設けられている樋《とい》は、竪樋・横樋ともに桂離宮には設けられていません。そのかわり、地面に落ちた雨水を処理する仕掛けがあります。丸石の帯が建物の外周を囲んでおり、機能だけでなく、デザインとしても考えられています。

以上の観点に加えて、私が桂離宮についてつねづね感じてきたこと。個別の視点として記述すると、

①絵になる構図にこだわる
②「月」のコンセプトを主軸に展開
③機能から拡張し、精神世界への複雑な意図

この3つの軸に分解できますが、もちろん、その3つの枝は1つの幹へと統合されます。

「絵になる」構図の概念が構想段階から、強く意識されていた、という点です。たとえば**絵G**に示す構図は、しばしば、桂離宮の顔となる建物外観です。古書院から左方向に、増築されていく書院部分が1枚の絵に集約されています。高床式の床レベルが強調されるように構図が設定されており、実によく考えられています。

この観点は、庭園の園路の構成や茶屋の配置などに、一層はっきりと現れます。本書では、庭園については深くは言及しませんが、園路を進むにしたがって、意図した光景が次々に展開するさまは、移動劇場の様相を呈します。

絵Dは、正面に松琴亭を望む光景で、絵になります。手前の石橋（天の橋立）や洲浜なども、その位置からみたときが理想的な構図です。

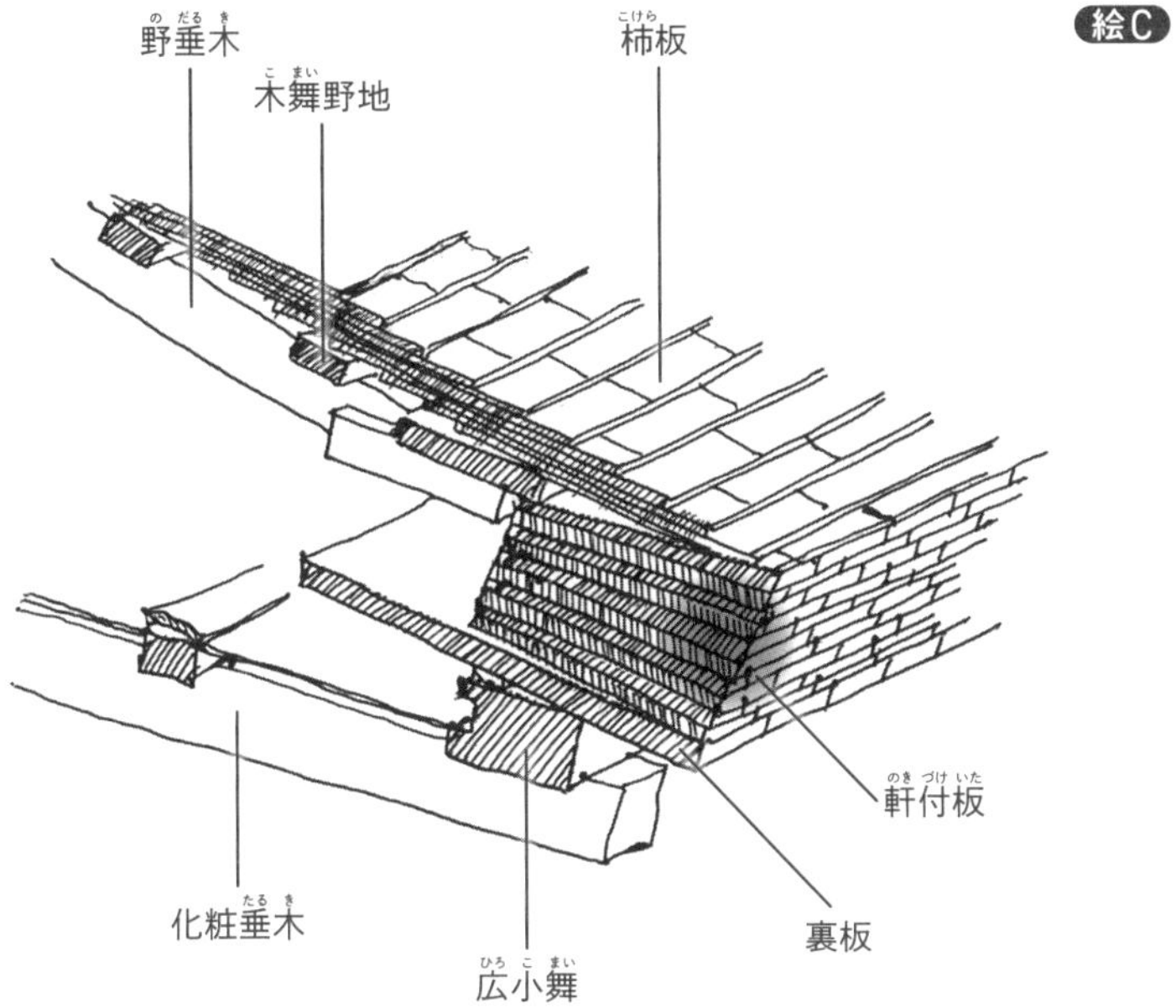
絵C
野垂木《のだるき》
木舞野地《こまいのじ》
柿板《こけら》
軒付板《のきづけいた》
化粧垂木《たるき》
裏板
広小舞《ひろこまい》

絵G
新御殿
中書院
古書院

松琴亭を望む　絵D

「月」にまつわるコンセプト、これは日本の古典的な美を象徴する「花鳥風月」にも挙げられています。「月」と建築の深い関係が桂離宮では具現化しました。もともと桂離宮のある桂川の西岸の一帯は、昔から「桂」と呼ばれており、月の名所でした。正確には満月を指しますが、藤原道長がこの地に別荘を建て、月を愛でたのです。日中は和歌や舟遊びに興じ、夜には月を眺め、琵琶などの音色に聞き入る世界は、まさに王朝貴族の遊興です。

「月」は、太陽とは対照的に、控えめながらも、自己と向き合う精神世界を現出させます。古書院の「月見台」や新御殿の、池を望む部屋からの眺めは、まさに月を鑑賞し、池に映る月を愛でるための舞台といって

古書院の二の間から、夜、月を眺めたときの景色　絵E

絵F

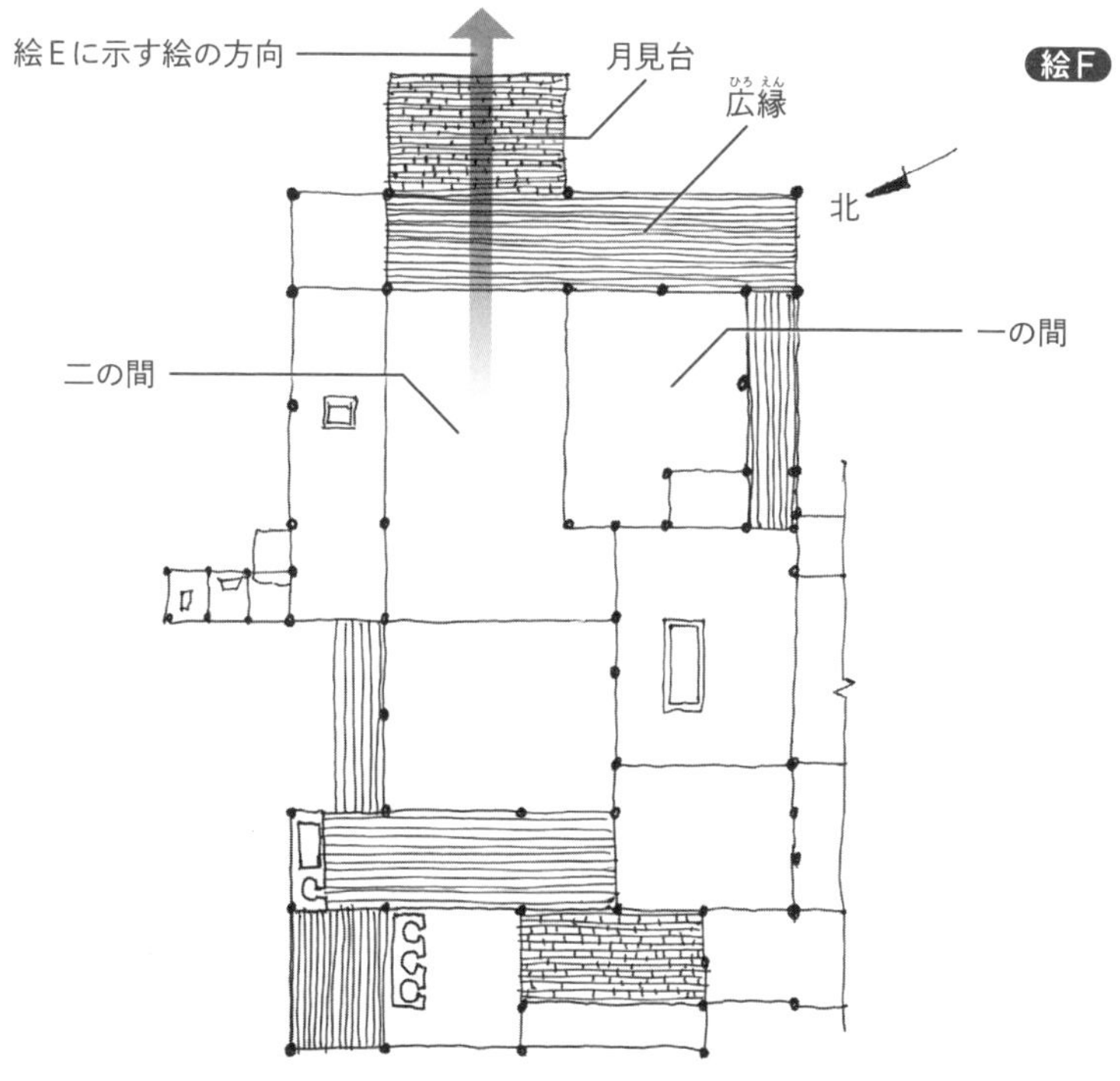

もよいでしょう。絵Eは満月の夜の光景です。諸室の構成を示すために絵Fを添えます。

建築群が、機能的・実際的な意味の背後に、深い精神性や哲学を表現する、複雑な意図を隠しもった作品だと思う理由として、次の例を挙げましょう。

中書院や新御殿が特にそうですが、池の側から眺めると、中書院の折曲がり入側縁や楽器の間の広縁、あるいは新御殿の折曲がり入側縁など、地面からかなり高いレベルにあります（1・8mほどはあります）。これは、桂川の洪水時に、桂離宮の建物への浸水被害を防ぐため、1階の床を高床式にしたという説明がされます。実際、その理由は、そうしなかったときに予想される被害を考慮すれば妥当な判断です。とはいえ、それだけが目的とは、とうてい私には思えません。

これが、床が一般的な建築にあるように1階レベルがもっと低いとしたら、池に面する側の外壁部分は、ずっと大きな面積を占めるでしょう。すると、屋根と外壁との釣り合いが崩れ、屋根のウエイトが縮小します。それは、「屋根が日本の伝統建築においてとても重要である」という大前提を失わせます。

高床式にすることで、床下の空間は、主たる外壁面から後退することにより、凸の外壁面は少なくなり、桂離宮は屋根と凸部の外壁が、実に美しい比例関係を獲得しているのです。

また、建物群の主たる諸室が原則、平屋で構成されることを前提にすると、床レベルは、室内から外をみたときどのような見え方になるかを決定づけます。月を鑑賞する立場に立てば、園内の森との関係から、少しでも床を高くしたほうが良好な眺望を得られることは明らかです。高床式の建築に向かう十分な背景があったわけです。

ここで、桂離宮を理解する上で、間違えやすい点を3点挙げておきましょう。

1つ目は、「簡素」な建物と受け止められがちな桂離宮についてです。伝統的な木造建造物といえば、凝った木組みや梁などの構造部材の装飾、窓あるいは高欄などの意匠にみられる「複雑な装飾」がすぐに浮かびます。その点では、桂離宮におい

絵H

一の間の、右手（絵の枠の右外です）には、月の漢字を、黒漆塗りの桟木の組み合わせで抽象化したといわれている欄間があります

漆塗りの、角材を格子状に組んだ特殊な天井です。この天井だけは、一の間のほかの天井部分よりも、50㎝ほど低く設定されています

この長押《なげし》は長さが5mほどで杉材の丸太です。節なしで、自然にできたしわである「しぼ」が見事です。まず、入手困難な材です

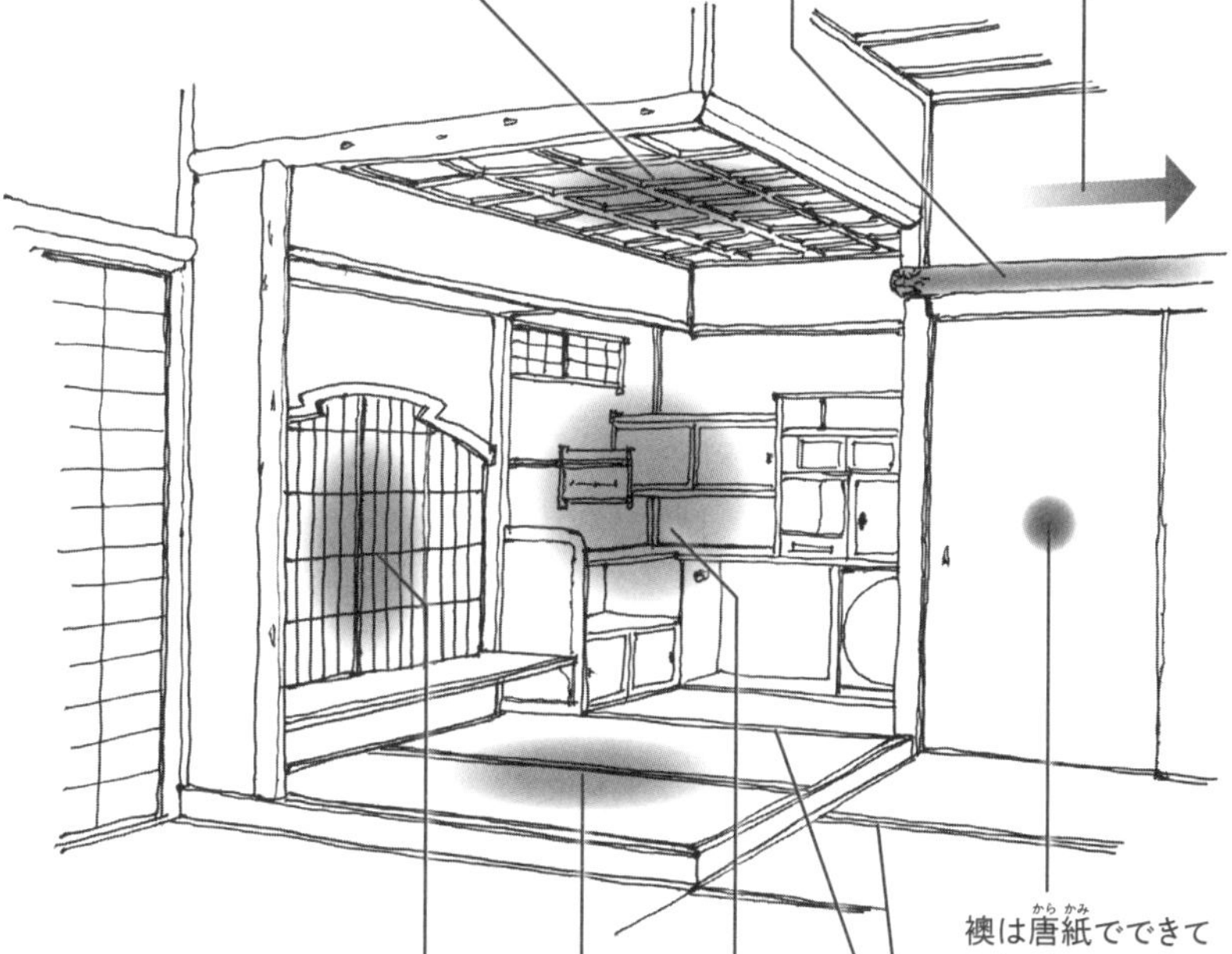

襖は唐《から》紙《かみ》でできており、光のあたり具合によって桐紋が浮かびあがります

上段の広さは3畳です

櫛《くし》型《がた》の窓。明障子を開けると、外部の樹木の鮮やかな緑が室内に入りそうです。なお、棚板は窓部分いっぱいにわたされており、棚板の下部には、通風のための仕組みも設けられています

とても細かいことですが、一の間の畳の縁《へり》は萌《もえ》葱《ぎ》色《いろ》ですが、上段の畳縁だけは、小《こ》紋《もん》の高麗《こうらい》縁《へり》です

違棚の中でも非常に立体的な構成になっています

ては柿葺きの屋根はもとより、グリッド状のあっさりした骨組みからなる外観は、とても単純そうにみえます。室内も、あっさりしているため、桂離宮のイメージとして「簡素」「簡単」といった表現が使われるのもわからないではありません。

ですが、桂離宮の建築は、「簡素」からはもっとも遠い、奥深い表現の宝であるというべきです。

たとえば新御殿の東南の角にある一の間で説明しましょう。面積は八畳敷きで、その一角（南西側）の床が、1段上がっています。いわゆる「上段」ですね。3畳の大きさで、そのうち1畳だけは西にとびだす格好です。この一角は、一連の建築群の中でも、特別の場所です。後水尾上皇《ごみずのおじょうこう》が座られるところであり、親王ほかの人たちと対面される場所なのです。**絵H**が新御殿の一の間、上段の姿です。

その背後にある「桂棚」を注目ください。当時、きわめて珍しい立体的な違棚《ちがいだな》です。とても華やかですし、使用されている材はシタン、コクタンなど、高級材で、そのなかには外国産のものも含まれています。日本三名棚の一つがこの棚なのです。

違棚に続く南側の付書院《つけしょいん》は、書きものをしたりするのが本来の役目です。採光用の窓もありますね。ただ、ここでは上段の飾りとして設けられています。

建築意匠の中でも細部にちりばめられたデザインの見事さが光ります。さらには、襖引手や釘隠《くぎかくし》など、数寄屋造りの軽妙さを存分に体験できます。こうした技巧がいたるところに見出される桂離宮は、遠目ではあっさりしているように思えますから、「簡素」に見えるのでしょうね。しかし、細部にまで注視すると、そうでないことを知るのです。

桂離宮は、ある意味では、「建物の神髄は細部に宿る」代表例かもしれません。

もうすこし大きな広がりの対象で、この問題をとらえてみます。建築群の屋根に着目しましょう。全体の正面は、池に面する側ですから、南東側になります。その外観は、明かり障子と板戸などが、一列に並び、すっきりとしています。屋根も、むくり屋根ではありますが、庭側から眺めると、屋根の高さが軽減され、入母屋の屋根面がさほどの問題もなく

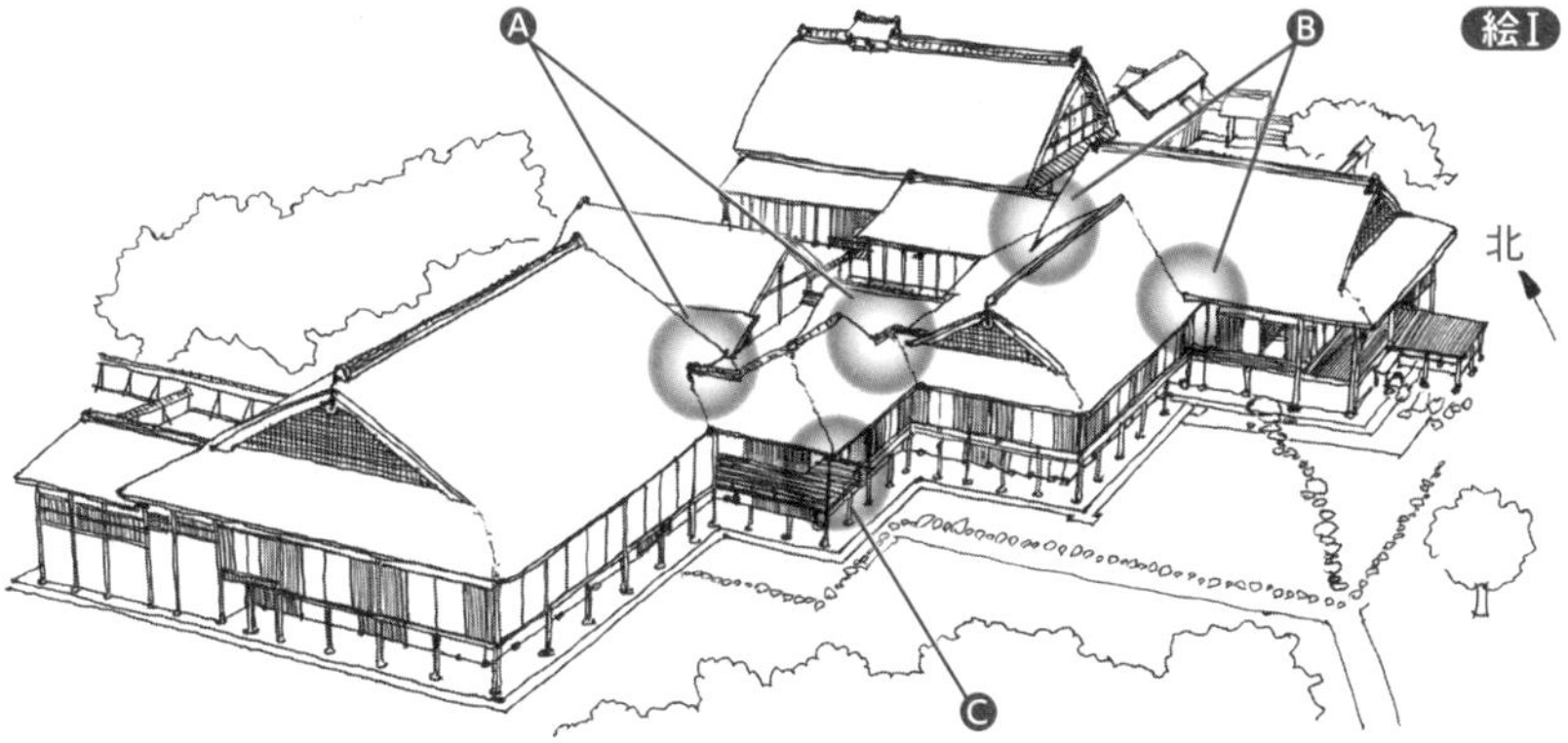

展開しているように思えます。

ですが、俯瞰《ふかん》して屋根を眺めると、違った側面があらわれます。**絵I**で、楽器の間の屋根で○をつけた個所Ⓐは、かなり複雑な納まりになっています。中書院と新御殿のそれぞれの屋根とのつながり部分で複雑な棟処理がなされています。巧みなのは、正面側からみると、その部分の納まりが、あまり気にならない箇所だという点です。

また、中書院と古書院の接続部分の屋根Ⓑについても、軒先がそろうなど、すっきりした屋根形状になるのが理想ですが、そうはなっていません。入母屋の屋根が直交する形で並ぶため、細部の納まりよりも、大きな屋根面のつながりが目にとまるためでしょう。

絵Iに示す上空からのアングルで私たちが桂離宮を鑑賞することはまずありませんから、アバウトにいえば、シンプルな外観でしょう。しかし、随所に技巧を凝らした意匠と密度の高い細部デザインが盛り込まれており、けっして「簡単」なデザインではありません。

なお、**絵I**（俯瞰した絵の、Ⓒの場所）で説明しますが、楽器の間は、中書院と新御殿を結ぶ役割をもちます。ちょうど、楽器の間のゾーンで、床レベルで2段分、下がれば新御殿の床と同じ高さになります。

安易に、渡り廊下などを設けることなく、楽器の間というゾーンを設け、趣向を凝らすことにより、新御殿部分の独立性を高めることにも成功しています。

2つ目は、外観を規定する柱の間隔などがもたらすすっきりした外観から、なにか物足りなさを感じるかもしれません。古書院から新御殿までの建築群が、室内の畳敷きをベースにしているために、3尺のモデュールかつ90度の格子パターンで平面が決められているのは理由の一つです。

これも、建物だけに着目すれば、90度の格子パターンに個々の建物の柱などがそろっていますが、もうすこし対象範囲を広げてみてみましょう。

絵Jでは、建物と水面とだけを取り出して描いています。建物とはまったく逆に、水面の縁が描き出す形は、有機的な曲線ですね。一部、船着き場がありますから、そこは直線ですが、回遊式の池の中心部は、原則、複合曲線の集まりです。

これが何を意味するかといえば、建物の直線的、グリッド的構成と、真逆の、有機的曲線の水面形状とが対峙しているのです。

絵Jでは意識的に表現していませんが、その敷地図に、もし園路や通路のみを書き入れますと、直線もあり、簡単な曲線、複雑な曲線もあり、混在状態です。つまり、桂離宮の園路や通路は、建物と水面の、両極端の要素のちょうど中間的な要素の扱いなのです。

このことは、桂離宮で建物群や茶屋などを、建物と水面の形状や園路などとの調和として広く理解すべきであることを示しています。

3つ目は、桂離宮が示唆するメッセージを、建築それも伝統的な建築に限定しがちなことです。

京都に都がおかれて１２００年という長い歴史が育んだ文化・技術・社会などの完成度、とりわけ王朝文化の集大成の１つのカタチが桂離宮です。主要な建築群である古書院・中書院・楽器の間・新御殿は、父子二代にわたり、増築の手法を用い、3度の造営により完成しました。

したがって、年次が下るごとに、建築様式としては書院造りの要素の多い建築から、数寄屋風の造りが目立つ建築へと変化していきます。表現の観点からいえば、豪華さから、簡素さ（茶室などの影響もあり）への変質ともいえます。したがって、建物ごとの違いを認めるならば、それが増築という形式で並ぶ様子は「多様性」を示しています。

絵J

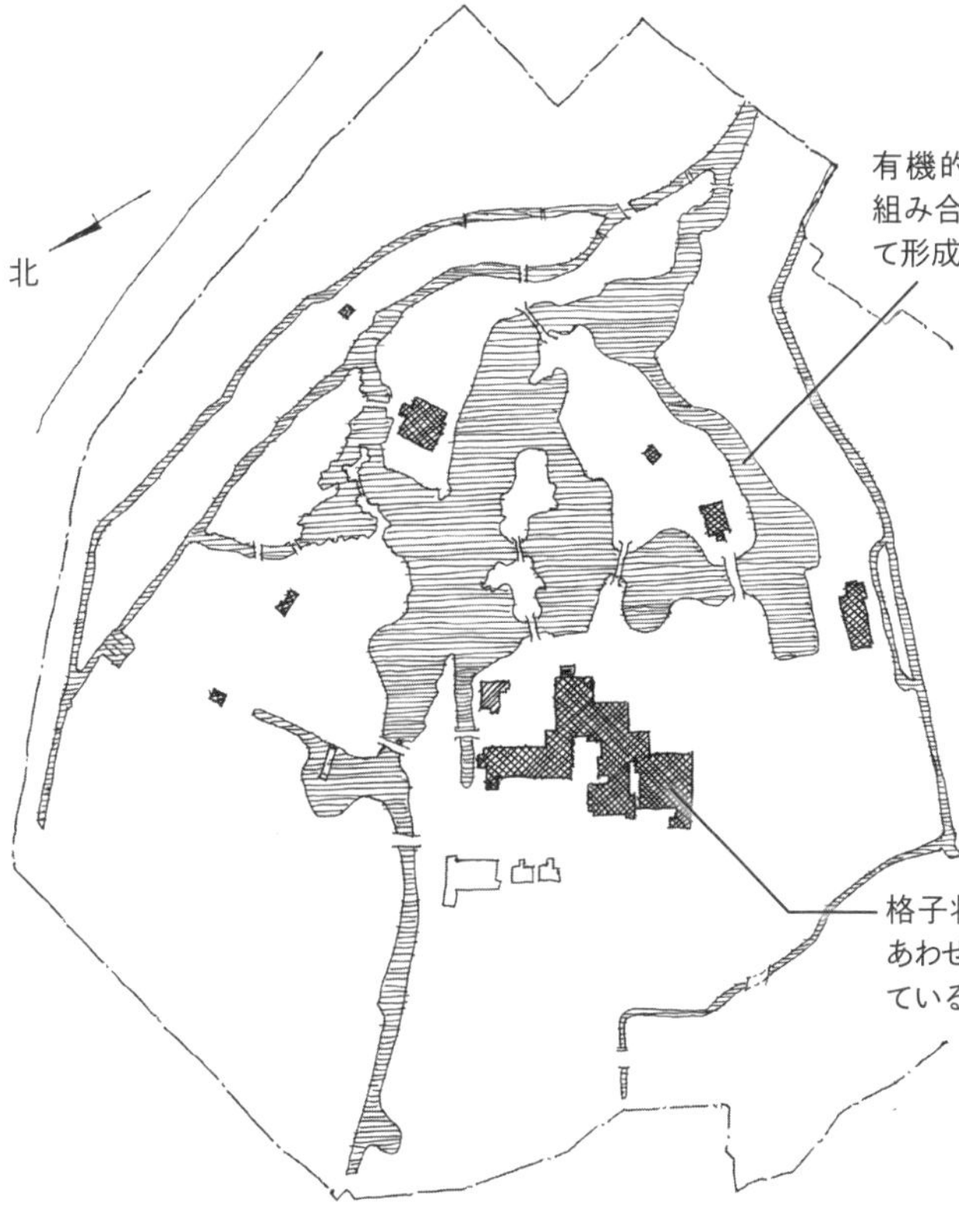
北
有機的な曲線の
組み合わせによって形成された水面
格子状の平面に
あわせて建てられている建築群

反面、そうであっても、全体を貫く確固たる方針があるからでしょう、建築群としての「統一感」を発揮しているのです。ここにおける「多様性」と「統一感」は、建築レベルのテーマですが、規模などの異なる領域あるいは分野の違う領域においても、実は非常に重要で現代的なテーマなのです。

もうすこし広い区域を扱う街区や地区スケールの計画や設計などでは、さまざまな施設の配置、あるいは再生計画を立案します。施設数が多くなればなるほど、上記の課題である「多様性」と「統一感」との共存のむずかしさに直面します。どうしても、建物それぞれが個性を発揮しようとして、結果的に、まとまりのない雑然とした街並みになりがちです。

正直なところ街並みなどの景観計画では、統一性と多様性を同時に実現することは、容易ではありません。

現代の街区レベルあるいは地区レベルでの市街地の都市再生や建築のリニューアルなどを扱う上で、「多様性」と「統一感」の両方を満足させる桂離宮の建築群が到達した世界は、すばらしいのです。そこから、学ぶことが非常に多いはずです。けっして古典的な建築の鑑賞にはとどまらないことを再認識したいものです。

なお桂離宮について、『桂離宮　日本建築の美しさの秘密』(斎藤英俊・穂積和夫著／草思社)はとてもわかりやすい良書です。大いに参考にさせていただきました。1976年から6年に及ぶ桂離宮御殿群の修理、いわゆる昭和の大修理ですが、それによって判明した事実なども的確に反映し、桂離宮の魅力を伝えています。この本では、建物が造られるプロセスにも光を当てて、ビジュアルに解説しているのですが、単純な新築ではない「増築」の持ち味がポイントである桂離宮では、構造や構法、仕上げの手法などの説明はやっかいですし、大変な労作です。

国宝級の文化財の建物や工芸品、庭園では大掛かりな修復もときどき訪れます。桂離宮の本も、大修復が本の誕生のきっかけになっていますが、今後、視覚的にもわかりやすい工夫が盛り込まれた、啓蒙的な本を期待したいですね。

京都MEMO

小倉百人一首と小倉山

作家などが何かを生み出す場所をこの目でみたいという動機で、現地を訪れることが少なくありません。嵐山の奥嵯峨は、鎌倉時代の歌人、藤原定家が編集した「小倉百人一首」と深い関係があります。小倉の由来は、小倉山の山荘に籠ってまとめたことからきています。山裾には数多くの史跡がありますが、小倉山荘の跡といわれる場所(厭離庵など複数)にも、つい立ち寄ります。紫式部が源氏物語を書いたという伝説もある石山寺などにもいえますが、クリエイティブな作業に埋没できる立地・環境には共通性があるに違いありません。

17 天龍寺
Tenryu-ji

大方丈
嵐山なども借景として、
庭園と一体化しています
絵A
曹源池。この周囲を
道が巡り、代表的な
池泉《ちせん》回遊式庭園です

所在地：京都市右京区嵯峨天龍寺芒ノ馬場町68
創建：康永4年（1345年）

いまでは、京都嵐山の中心的観光地ともなっている天龍寺です。夢窓《むそう》疎石《そせき》が後醍醐天皇の菩提を弔うよう足利尊氏に説得して創建されました。開堂は1345（康永4）年で、禅宗で最高寺格の京都五山のうち、南禅寺が別格の上位になって以降、一時期を除き、天龍寺は第一位を占め続けました。その後、応仁の乱による伽藍全焼や幕末での災禍などを乗り越え、復興した姿を私たちは見ることができます。

世界遺産に天龍寺が選ばれた理由として、曹源池《そうげんち》を中心とする回遊式庭園がその後の庭園づくりに与えた影響の大きさが挙げられます。夢窓が創出した、禅の修行と作庭の心との一致は、わが国の庭園様式である枯山水庭園のモデルともいわれます。

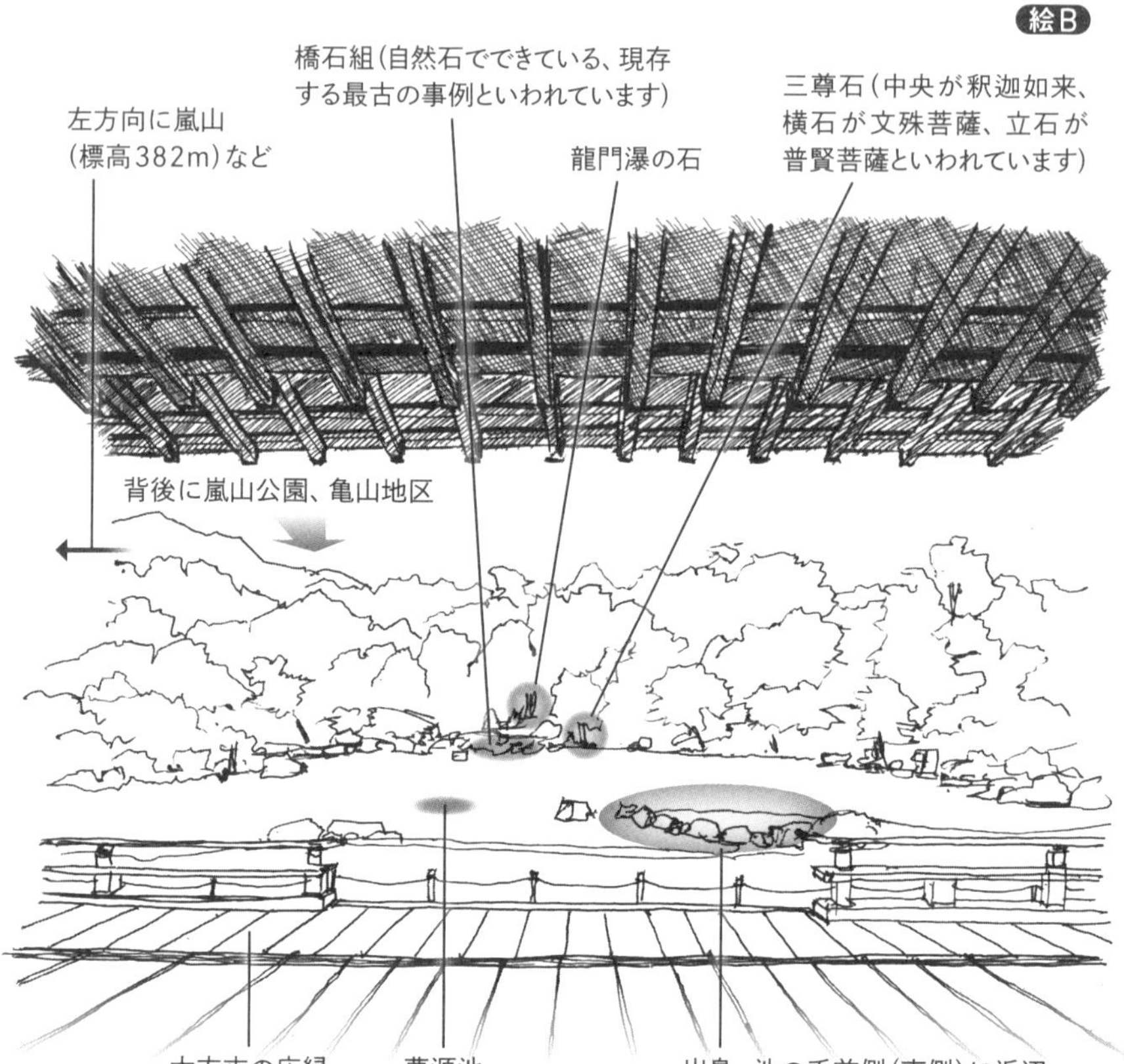
絵B
橋石組(自然石でできている、現存する最古の事例といわれています)
三尊石(中央が釈迦如来、横石が文殊菩薩、立石が普賢菩薩といわれています)
左方向に嵐山(標高382m)など
龍門瀑の石
背後に嵐山公園、亀山地区
大方丈の広縁
曹源池
出島。池の手前側(東側)に浜辺や入り江を模したデザインが施されています。そのうちの一つです

絵Aには、左に大方丈、右に曹源池庭園の一部が見えています。

1899(明治32)年に建立された大方丈の、西側の広縁からは、曹源池と、ちょうど正面に滝石組が見える関係にあります。亀山や嵐山(標高382m)なども庭の構成要素として加わり、雄大な自然と向き合う関係が成立しています。

絵Bは、大方丈の室内から、曹源池庭園を眺めています。壮大な1枚の絵を観ているようです。それも四季折々の風景が展開します。また、一日のうちでも、刻々と表情を変えます。

天龍寺の建物は、火災や兵火などによる焼失を何度も受けたため、現在みる建物の多くは、明治時代の再

絵C

建です。それでも禅宗寺院としてみるべきものは多いです。入口にあたる総門、その先の中門を通り、まっすぐに延びる参道の正面に、庫裏《くり》が見えてきます。

絵Cに示すように、切妻屋根の、妻側に入口があり、壁面は格子状の柱と梁（曲がった梁も一部、組み入れられています）が生み出すパターンは印象的です。あるいは、法堂《はっとう》の天井に描かれた八方睨みの龍の絵や、庫裏入口にある「達磨図《だるまず》」・「雲龍図」も鑑賞したい作品です。

二条城 18

Nijo-jo Castle

所在地：京都市中京区二条通堀川西入ル二条城町
創建：慶長8年（1603年）

絵A

大広間の平面を示します
（上が北を指します）

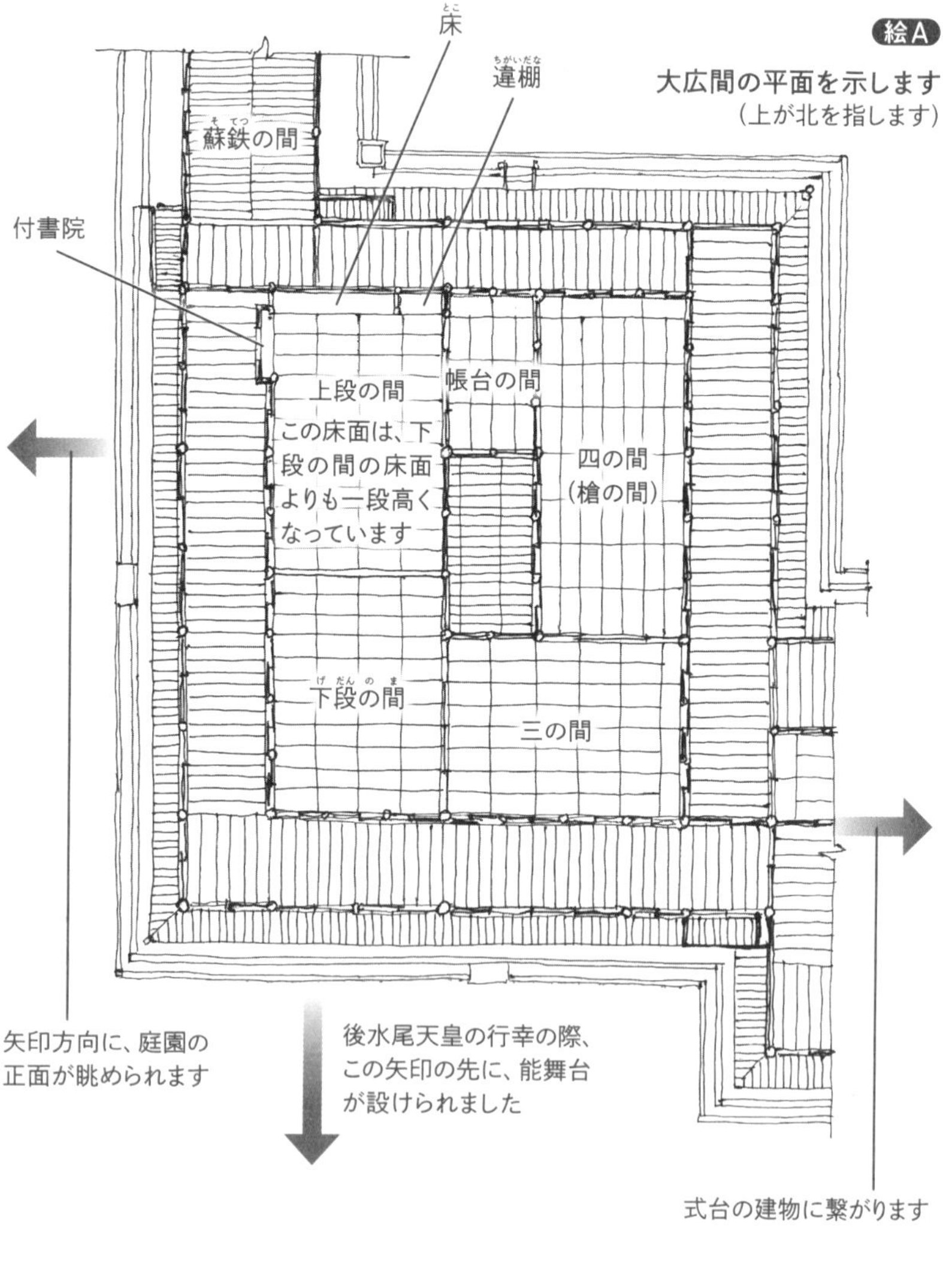

床《とこ》
違棚《ちがいだな》
蘇鉄《そてつ》の間
付書院
上段の間
この床面は、下段の間の床面よりも一段高くなっています
帳台の間
四の間（槍の間）
下段《げだん》の間《のま》
三の間
矢印方向に、庭園の正面が眺められます
後水尾天皇の行幸の際、この矢印の先に、能舞台が設けられました
式台の建物に繋がります

二条城は京都の街なかにあるお城です。城郭の区域は二条通りの北側にあたり、東側は堀川通に接します。征夷大将軍となった徳川家康は、上洛した際の宿所として、また京都の警衛の目的で１６０３（慶長8）年に二条城を造営しました。

　１６２６（寛永3年）に、後水尾《ごみずのお》天皇が行幸されるにあたり、3代将軍家光は二条城の大規模な改修を行い、それにふさわしい荘厳な建物になったのです。徳川家が天下を文字通り統一したことをアピールする、絶好の機会を提供しました。

　幕末には、１８６７（慶応3年）に15代将軍、徳川慶喜がここで政権を朝廷に返上（いわゆる大政奉還）したことでも知られています。このようにみると、二条城は江戸時代のはじまりと終わりを目撃した城ということになります。とりわけ二の丸御殿の大広間は、きわめて重要な歴史の舞台だったのです。

　二の丸御殿は東南から西北にかけて、雁行するように6棟が並んでいます。各棟の名称は南から順に、遠《とお》侍《ざむらい》、式台《しきだい》、大広間、蘇鉄《そてつ》の間、黒書院（小書院）、白書院（御座《ござ》の間）です。

　この中で最も重要な部屋は「大広間」で、14間半×13間半、という大掛かりな規模です。将軍が諸大名と公式に対面する部屋として使われました。上段の間がもっとも重要で48畳もありました。床、棚、付書院《つけしょいん》、帳台構《ちょうだいがまえ》えを備えており、天井は二重折上格《おりあげごう》天井で、桃山の気風を伝える絢爛《けんらん》な装飾が格調の高い室内空間を形成しています。

　大広間のほかの部屋とは差がつけられており、天井でいえば下段の間は折上格天井、三の間と四の間は格天井、という具合です。絵Aに大広間の平面を示します。あわせて、二の丸御殿の、大広間に関係する建物の外観を示します。入母屋造で本瓦葺きですが、勇壮な規模です（絵B）。

　大広間と違い、黒書院と白書院にも上段の間は設けられていますが、黒書院においては、全体にいくぶん控えめな室内です。また、白書院は絵を墨絵にするなどして、居間らしい雰囲気でまとめられています。

　大広間・黒書院・白書院は、天井の高さや内法《うちのり》寸法もこの順に低く、柱や鴨居《かもい》、敷居などの部材寸法も同様にこの順に細くなっています。こ

絵B

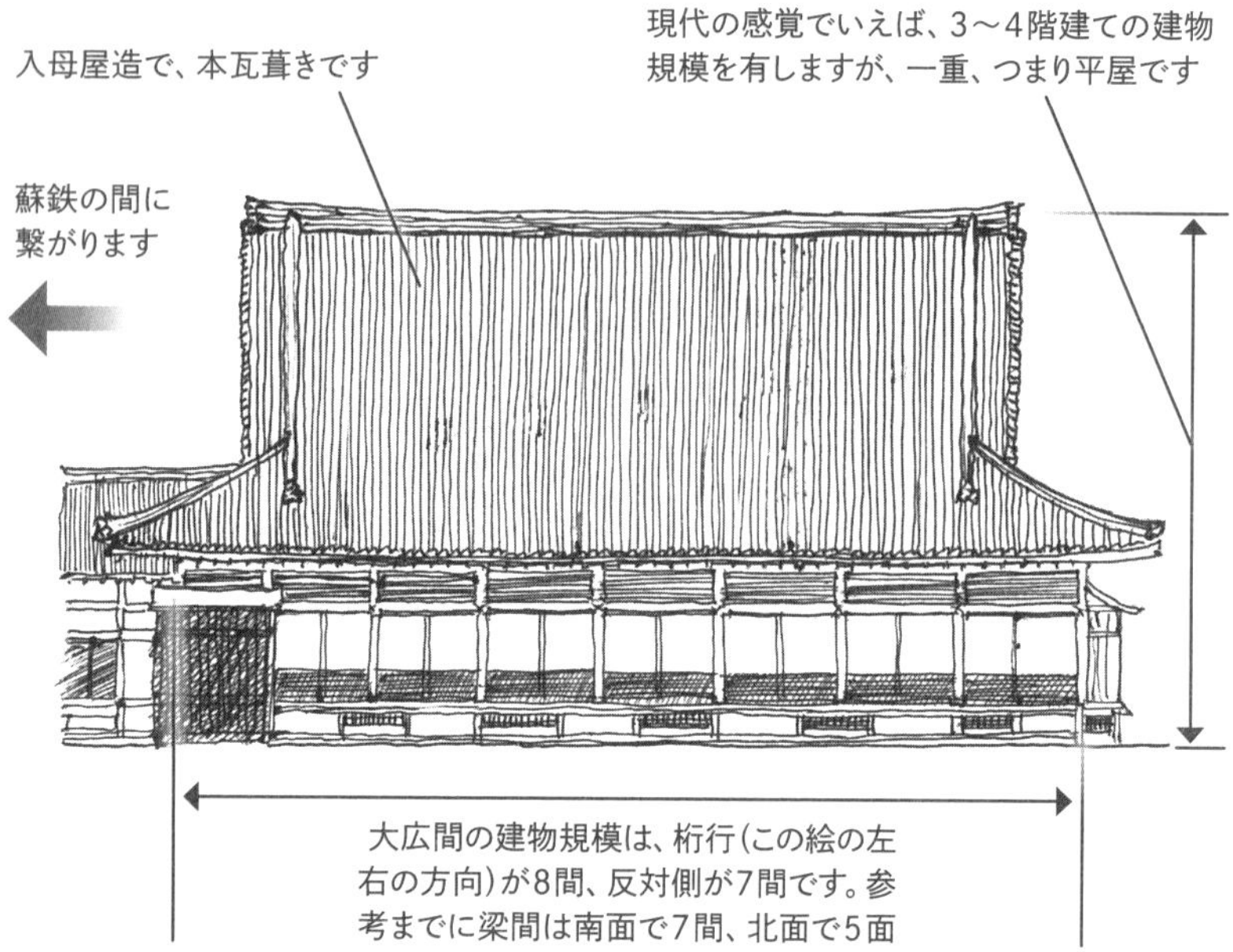
入母屋造で、本瓦葺きです
現代の感覚でいえば、3〜4階建ての建物規模を有しますが、一重、つまり平屋です
蘇鉄の間に繋がります
大広間の建物規模は、桁行（この絵の左右の方向）が8間、反対側が7間です。参考までに梁間は南面で7間、北面で5面

うした寸法系などの違いがもたらす空間構成が、それぞれの建物にふさわしい室内の雰囲気を形成しました。

二条城二の丸御殿は、創建された殿舎の改造が寛永時になされてはいますが、武家書院の完成された姿を、現代の私たちは見ることができます。今日まで災害に会わないできたことも幸いしています。二の丸御殿の玄関にある車寄《くるまよせ》と遠侍も、随所に装飾を施し、豪華です（絵C）。

この、江戸時代初期の豪華な書院造の事例は、京都にもうひとつあり、それが西本願寺書院です。どちらの書院も国宝に指定されています。

遠侍の南側に見える唐門《からもん》は、頭貫《かしらぬき》の上を極彩色の彫刻で埋め尽くされています。門の形式は四脚門ですが、檜皮葺きの屋根で切妻造、前後に軒

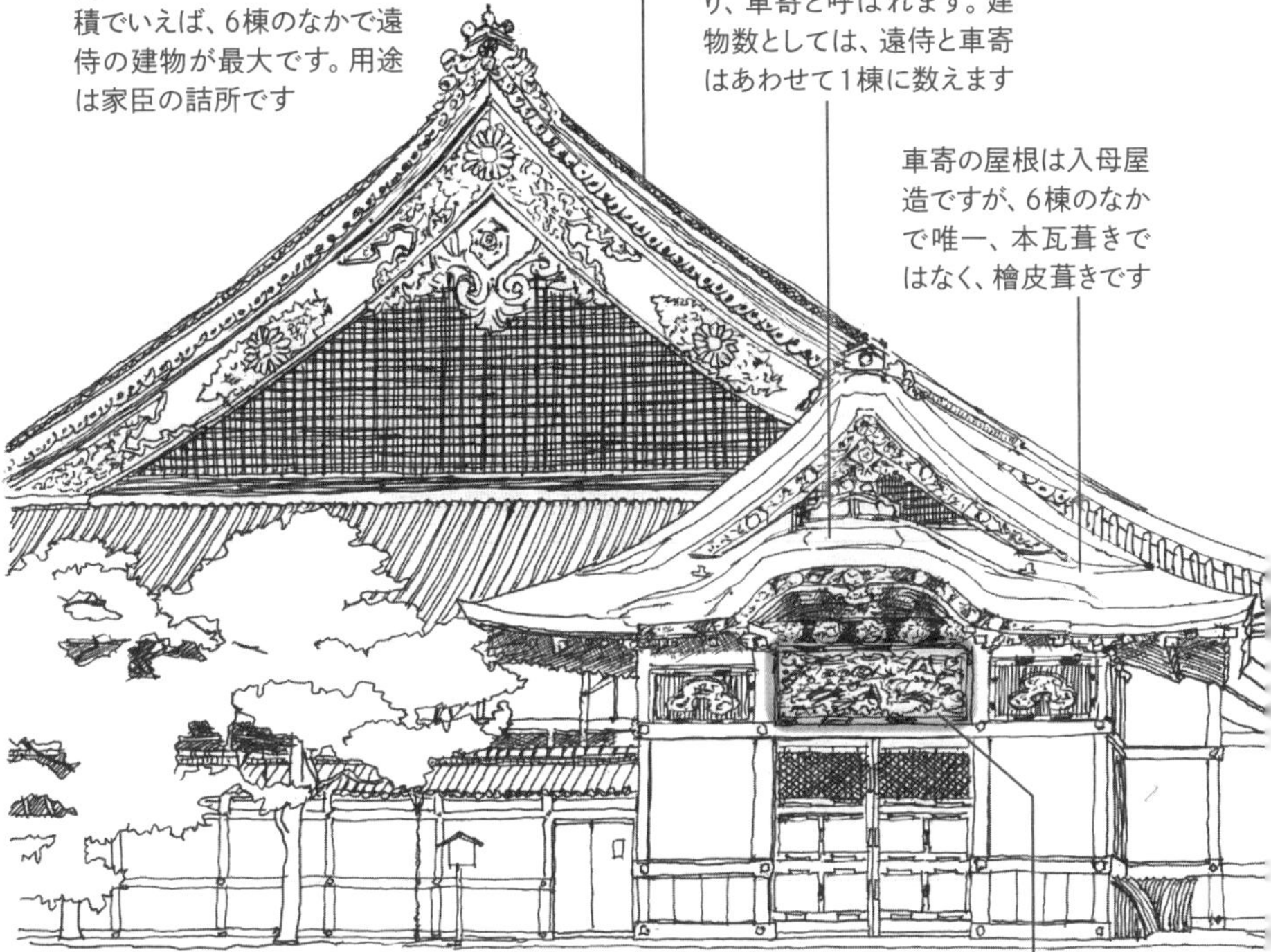
絵C
唐門を通り、最初に見えてくるのが、二の丸御殿遠侍《とおざむらい》です。雁行型で並ぶ6棟の二の丸御殿の中で、もっとも南側にあたります。建物の床面積でいえば、6棟のなかで遠侍の建物が最大です。用途は家臣の詰所です
遠侍の屋根は入母屋造で、本瓦葺きです
二の丸御殿の入口にあたり、車寄と呼ばれます。建物数としては、遠侍と車寄はあわせて1棟に数えます
車寄の屋根は入母屋造ですが、6棟のなかで唯一、本瓦葺きではなく、檜皮葺きです
式台《しきだい》の建物に接続します
車寄には鸞鳥《らんちょう》と呼ばれる、鳳凰のヒナの、大きな彫刻がみられます。平和な時代のみ現れることや、君主が善政をしいているときや、平和の時代にのみ現れるとされるので、徳川の時代が平和であり将軍が名君であることを指し示すとされます

唐破風が設けられており、最上級の格式と威厳を誇ります(絵D)。

南側からこの唐門を眺めると、開かれた門の先に二の丸御殿の車寄と遠侍の一部が見えます。この構図は、まぎれもない絵の題材になりえます。ただし、細部意匠のすばらしさを徹底して描写したくなりますが、日数を惜しまない覚悟がいります。

二条城の建物で、ほかに注目したい建物を補足しましょう。

二の丸から東橋を渡ると本丸に入り

絵D

極彩色の豪華絢爛な彫刻に目を奪われます。聖域を守る「唐獅子」や、長寿を意味し、めでたいとされる「松竹梅に鶴」などが飾られています。金箔を押した飾金具が各部に打たれています
唐破風が門の正面側と背後側にそれぞれついています
屋根は切妻造、檜皮葺き。屋根形式に対して入口の関係は、平《ひら》入《い》りです
築《つい》地《じ》塀《べい》。この塀は土塀に屋根を葺いたものを指します
正面側に2本の袖柱、反対側にも同じ本数の袖柱があります。四《し》脚《きゃく》門《もん》の由来は、この合計4本の袖柱からきています。この唐門では親柱は丸い柱で、袖柱は四角い柱です

ます。現在、本丸に立つ御殿は、京都御所の北東部に1847（弘化4）年に建てられた旧桂宮邸を1894（明治27）年に移築したものです。一部2階建てで、屋根形式は入母屋造と寄棟造が併用されています。全体に桟瓦葺きで、宮家の貴重な御殿建築の遺構です。

城の外構えでは現在残っているものは、門では、正面の東大手門と副門の北大手門。隅櫓では2棟、残っています。いずれも屋根は入母屋造で本瓦葺きです。本丸の西南隅には現在、天守台だけが残っていますが、かってはそこに層塔型の5重6階の天守がそびえていました。1750（寛延3）年の落雷で天守は焼失し、その後、再建されることなく、今日に至っています。

19 西本願寺
Nishi Honganji

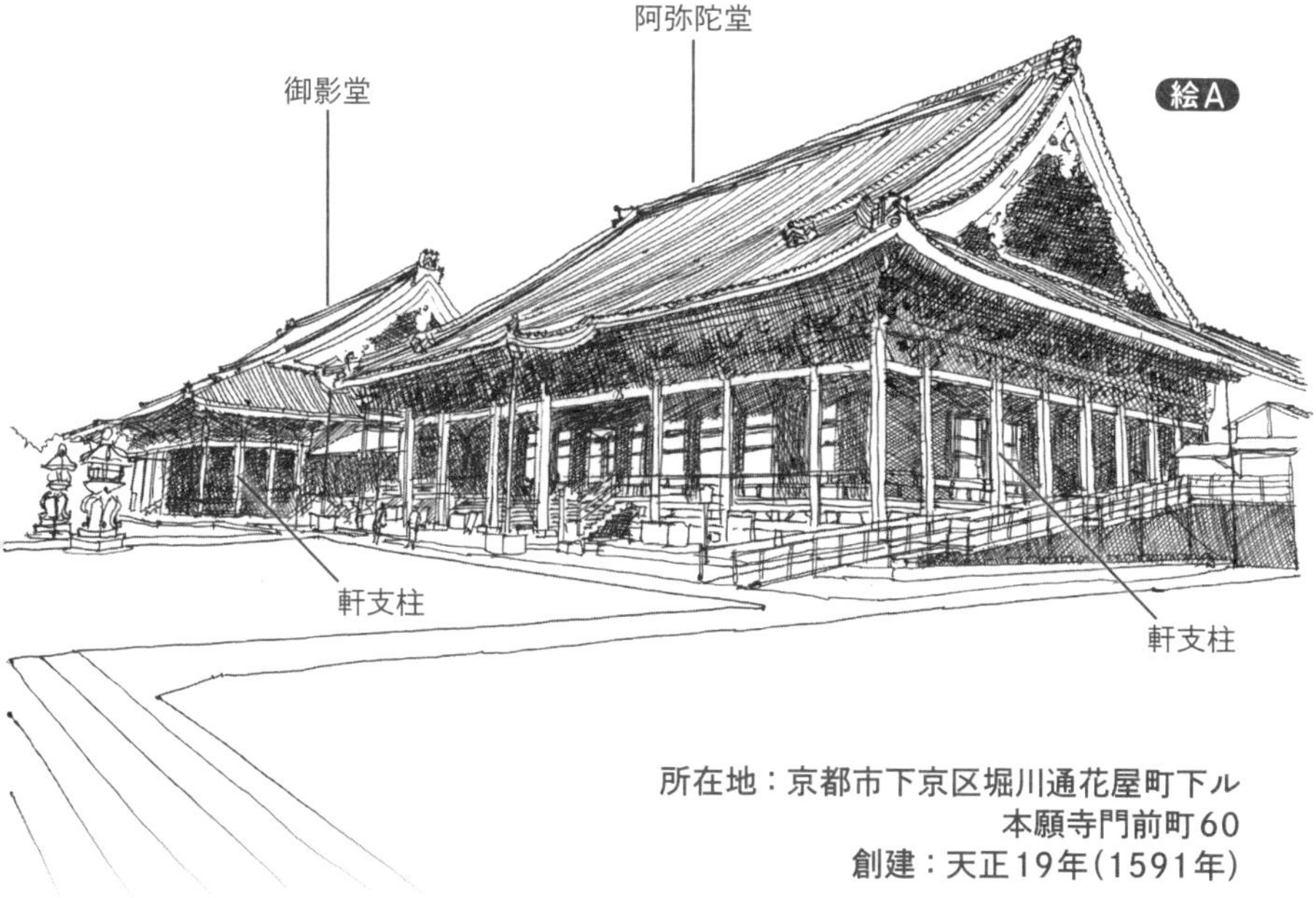

所在地：京都市下京区堀川通花屋町下ル
本願寺門前町60
創建：天正19年(1591年)

西本願寺は、正式には「浄土真宗本願寺派・本願寺」といいます。ざっと300m四方の、広大な境内には、豪華絢爛《けんらん》な桃山文化を今日に伝える建物が多く見出せます。国宝に指定されている建造物だけでも、御《ご》影堂《えいどう》、阿弥陀堂、飛雲閣、白書院対面所、唐門《からもん》、北能舞台、黒書院が該当します。本書では紙面の都合もあり、簡潔に紹介せざるをえませんが、飛雲閣については、その着想のすばらしさと自在な空間構成が、同時代には見られない独自性を有するため、詳しく解説します。

現在の敷地は、1591(天正19)年、豊臣秀吉が寄進したものです。大阪石山から当地へ西本願寺は移転したのです。1617(元和3)年に浴室からの出火で、境内の主要な施設が焼けてしまいました。書院は伏見城から、飛雲閣は聚楽第(じゅらくだい、じゅらくていとも読む)から、それぞれ移築されたともいわれます。美術的には中世から近世への過渡期にあたり、豪壮な城郭や社寺、大がかりな書院造りなどの造営に特徴があります。また、室内を飾る襖絵の発達も特筆され、豪華絢爛な桃山文化を代表する建築群といえるでしょう。

●阿弥陀堂と御影堂

親鸞聖人像を安置した御影堂と本尊阿弥陀如来を安置する阿弥陀堂。堀川通(国道1号線)に面する御影堂門あるいは阿弥陀堂門から境内に入ると、壮大な木造建築物が2棟、眼前に広がります。絵Aは、北から南方向を見た絵ですが、阿弥陀堂と左隣に御影堂が並んでいます。どちらも国宝です。

阿弥陀堂は、間口が約45m、奥行きが約42m、高さが約25mです。御影堂は、阿弥陀堂よりもさらに大きく、間口が約62m、奥行きが約48m、高さが約29mで、世界最大級の木造単層入母屋《いりもや》造りの建築物です。御影堂が阿弥陀堂よりも規模が大きくなった理由として、増え続ける信者を収容するために、大規模なお堂が求められたのです。

絵B

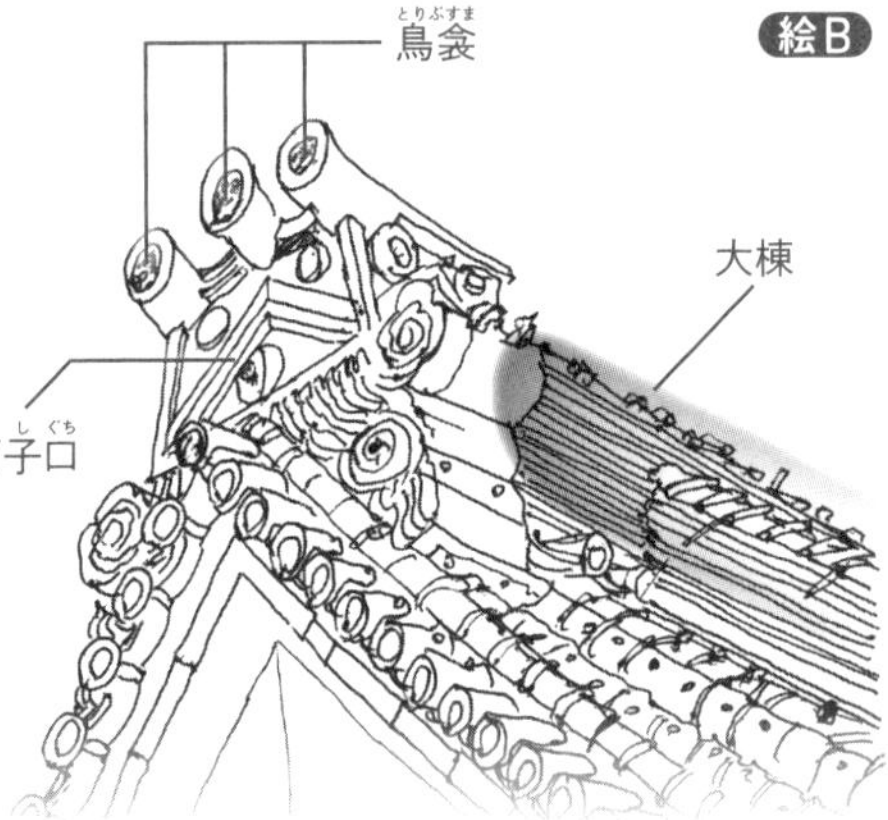

両者の大屋根を支えるために、ほかではほとんどみられない構造上の工夫がなされました。「軒支柱《のきしちゅう》」といい、正面である東面と北面、南面の一部に並んでいます。御影堂では33本の軒支柱が、阿弥陀堂では21本の軒支柱が、お堂を囲うように並び、外観を特徴づけています。なお、軒支柱が設けられていない西側背面などでは、構造上や防火上の理由から、厚さ30㎝の大壁が設置されています。

二棟のお堂は、基本的な構造形式や屋根の様式などは共通です。内部

絵C

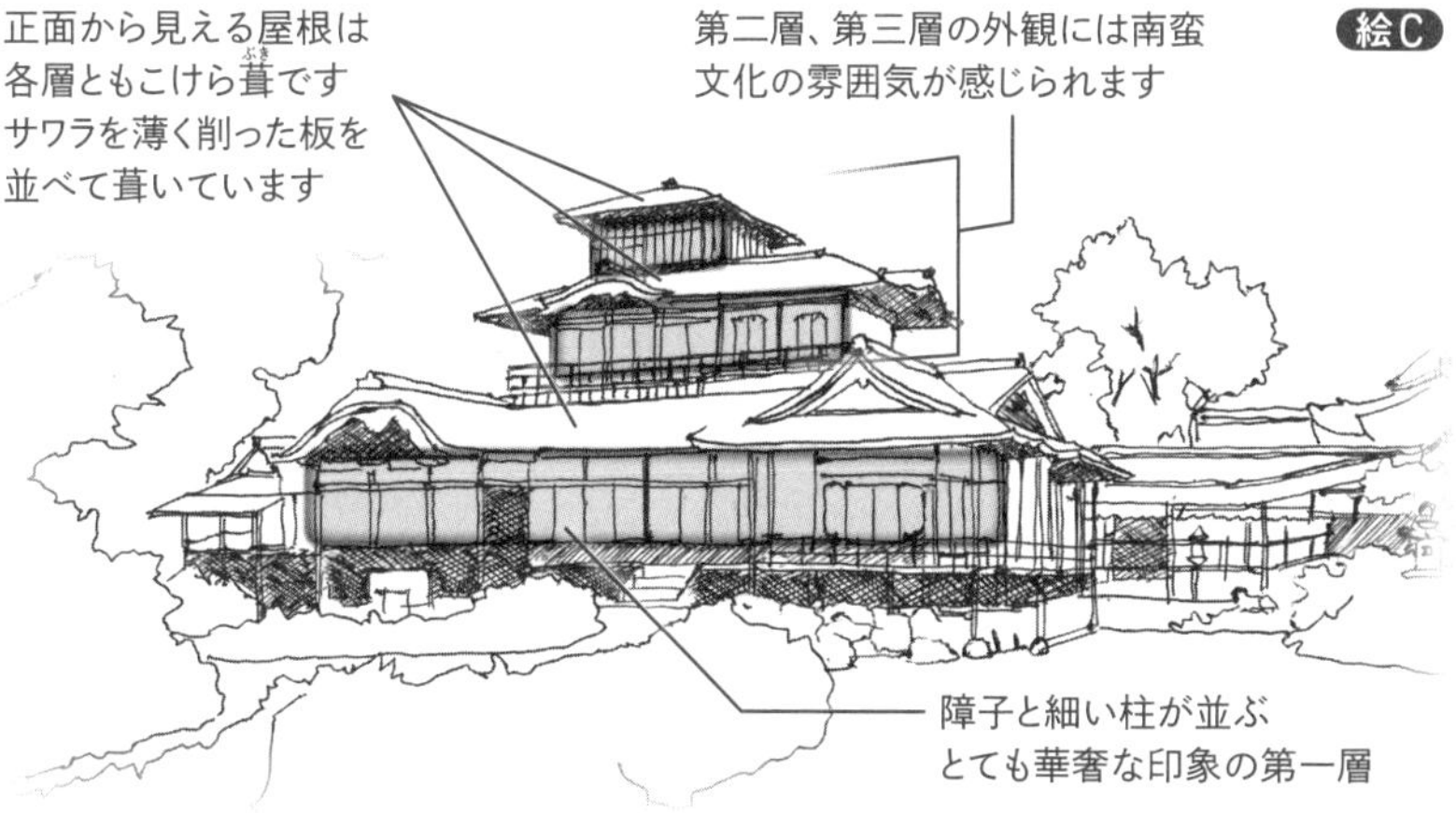
正面から見える屋根は
各層ともこけら葺《ぶき》です
サワラを薄く削った板を
並べて葺いています
第二層、第三層の外観には南蛮
文化の雰囲気が感じられます
障子と細い柱が並ぶ
とても華奢な印象の第一層

絵D

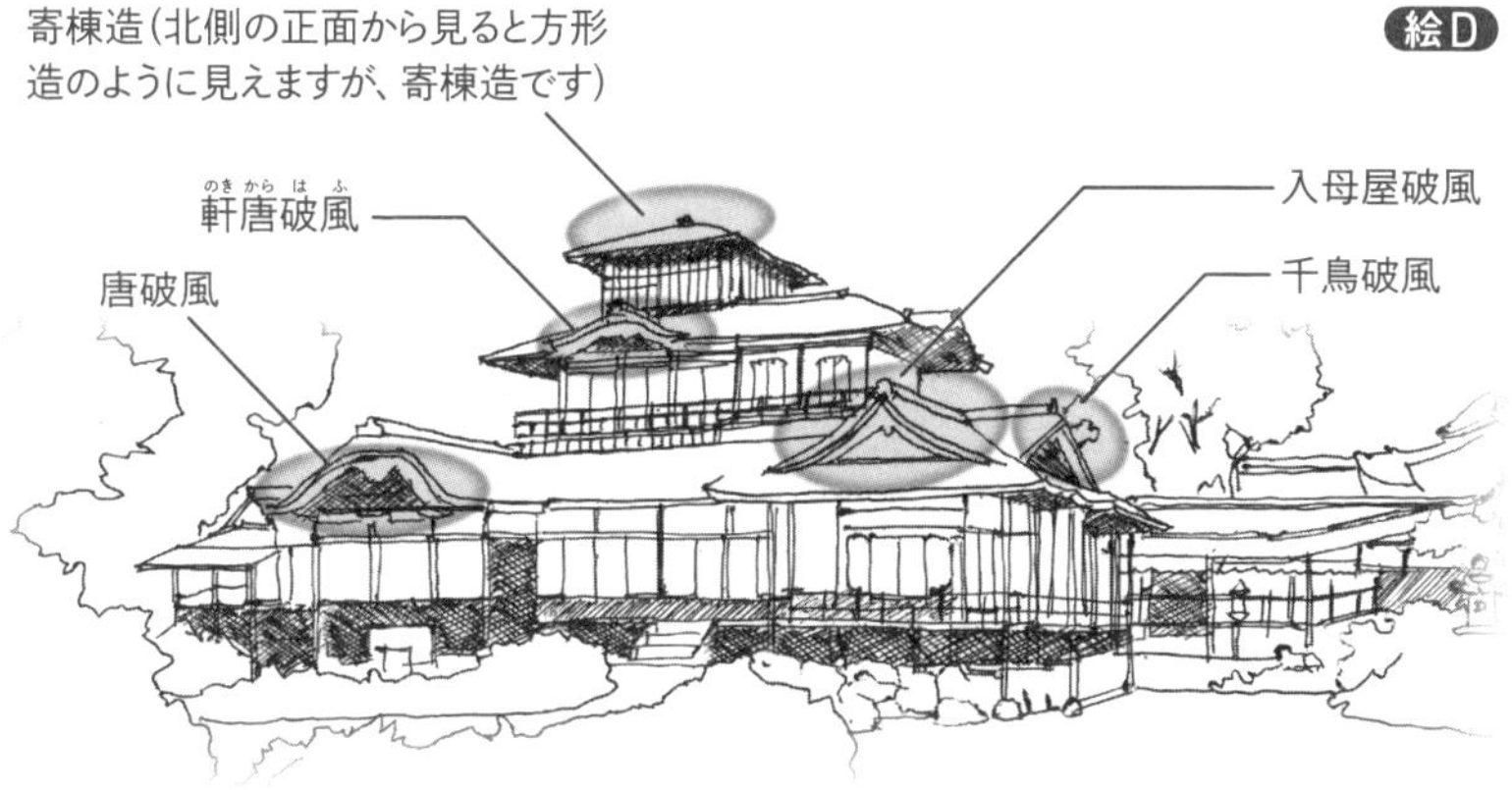
寄棟造（北側の正面から見ると方形
造のように見えますが、寄棟造です）
軒唐破風《のきからはふ》
唐破風
入母屋破風
千鳥破風

の用途区分についても、原則は共通しており、内外の仕上げのルールも共通です。例えば内陣の天井の仕上げは、どちらも折上格天井《おりあげごうてんじょう》です。

細部意匠に着目してみましょう。実にさまざまな工夫が見られます。一例を挙げますと、屋根で一般的には鬼瓦が設けられるところには、獅《し》子口《ぐち》や鳥衾《とりぶすま》が瓦屋根を引き締めています（絵B）。間近で見ることのできない部分ですが、獅子口ひとつとっても存在感があります。

●飛雲閣

境内の南東の隅に位置するのが、飛雲閣です。豊臣秀吉の聚楽第の遺構ともいわれています。当時、伝統的な木造建築は、一層（平屋）を基本としており、二層あるいは三層の建

絵E

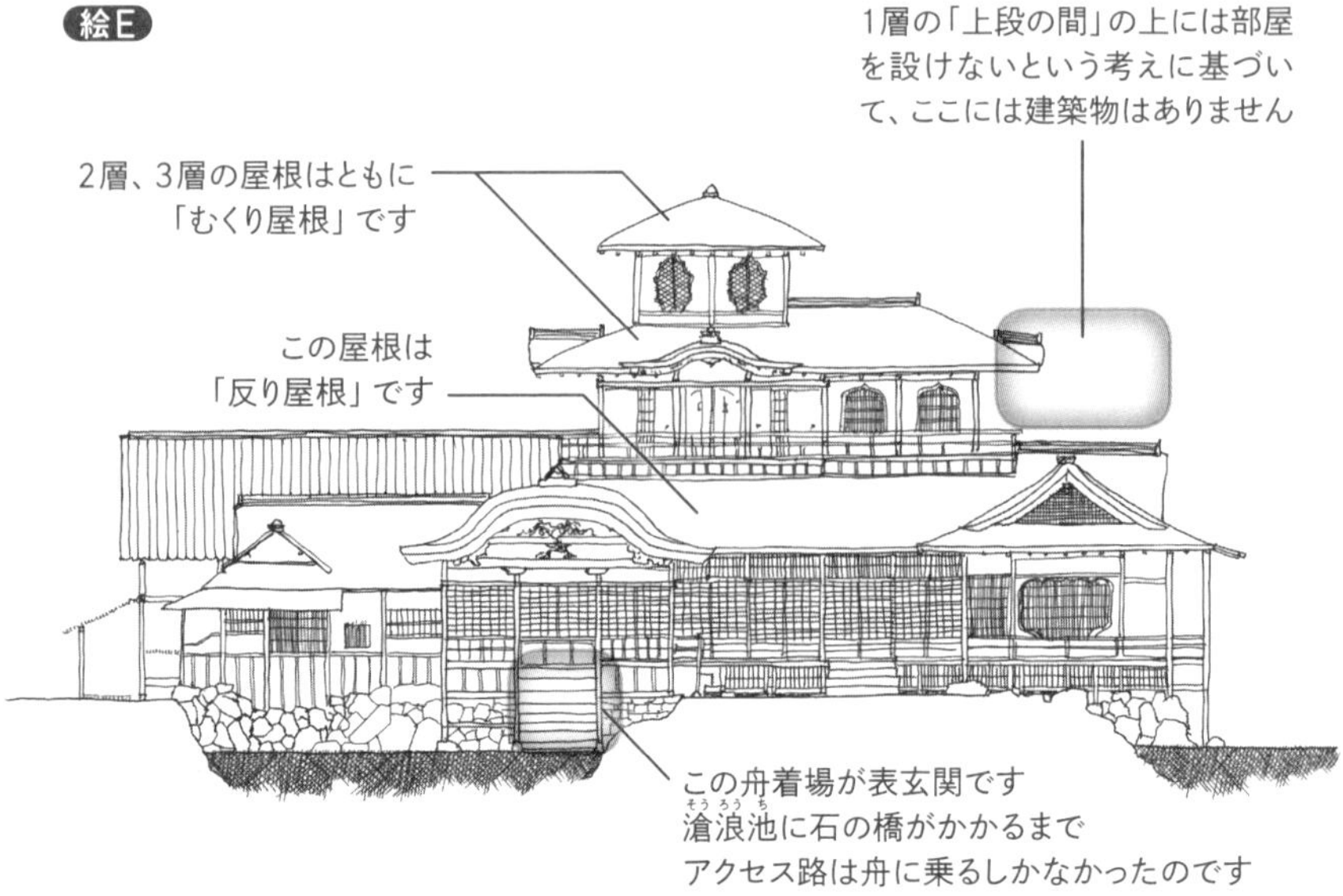
1層の「上段の間」の上には部屋を設けないという考えに基づいて、ここには建築物はありません
2層、3層の屋根はともに「むくり屋根」です
この屋根は「反り屋根」です
この舟着場が表玄関です
滄《そう》浪《ろう》池《ち》に石の橋がかかるまで
アクセス路は舟に乗るしかなかったのです

1階の平面図 絵F

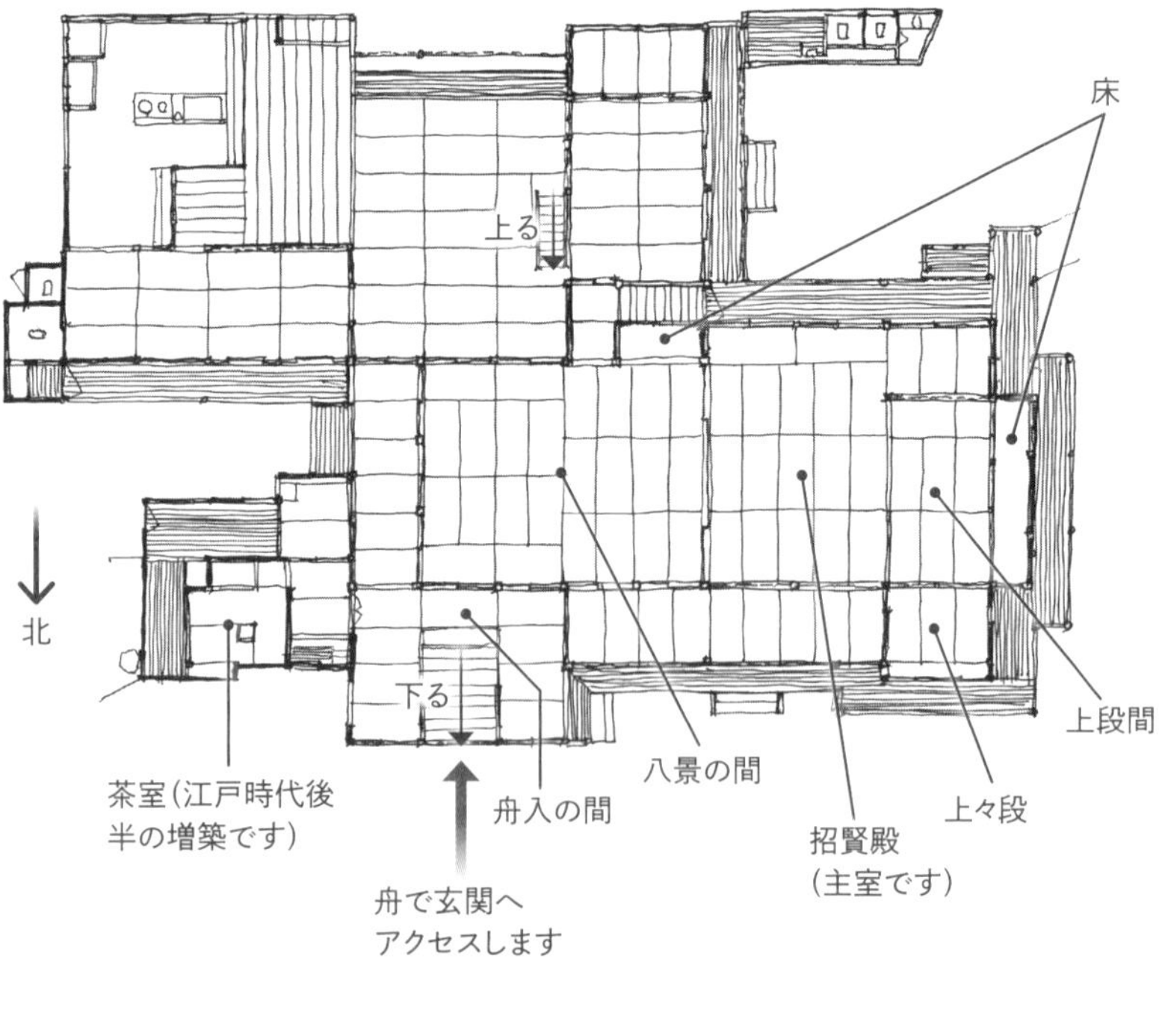
床
上る
北
下る
上段間
八景の間
茶室（江戸時代後半の増築です）
舟入の間
上々段
招賢殿（主室です）
舟で玄関へアクセスします

絵G
取りはずせば、下階(池のレベル)へ
通じる階段が見えます
玄関が閉じている
状態を1階で見た
姿図です

物は非常に珍しかったのです。京都では、金閣・銀閣・飛雲閣の3つの楼閣を「名三閣」と呼びます。

この建物は、外観、内部空間の両方で、独特です。その意味するところは、当時、常識的とされた建物の左右対称性を踏まえていません。**絵C**が正面側の外観です。3層のそれぞれの階の関係が対称性とは関係なくみえます。また、さまざまな破風が配置されており、屋根も「むくり」や「反り」が組み合わされており、自由奔放な意匠です。窓も花頭窓や丸窓など複雑ですね。見ていて飽きることがありません。

絵Dに、屋根形状や破風などの名称について説明しています。この建物への入り方は、なんと池を舟でわたっていくのです。**絵E**に、玄関の位置を示していますが、唐破風の屋根のところが玄関になります。そこで舟を降り、階段を上がったところが1階です。風流ですね。

このような玄関を閉じるときはどうするかですが、絵Gに示すように、床の一部が木戸になっています。左右に開ければ、下階の玄関に通じますが、説明を受けなければ気が付かないかもしれません。

1階の開口部は、2階、3階とは異なり、障子が大部分を占めています。主たる北面は、その北に池があるため、太陽光が池面に反射して室内に入り込むことは考えにくいですが、西面では、夕方には、水面を乱反射した光が室内(招賢殿など)に入ってくるでしょう。やわらかい光の動きが体現されます。

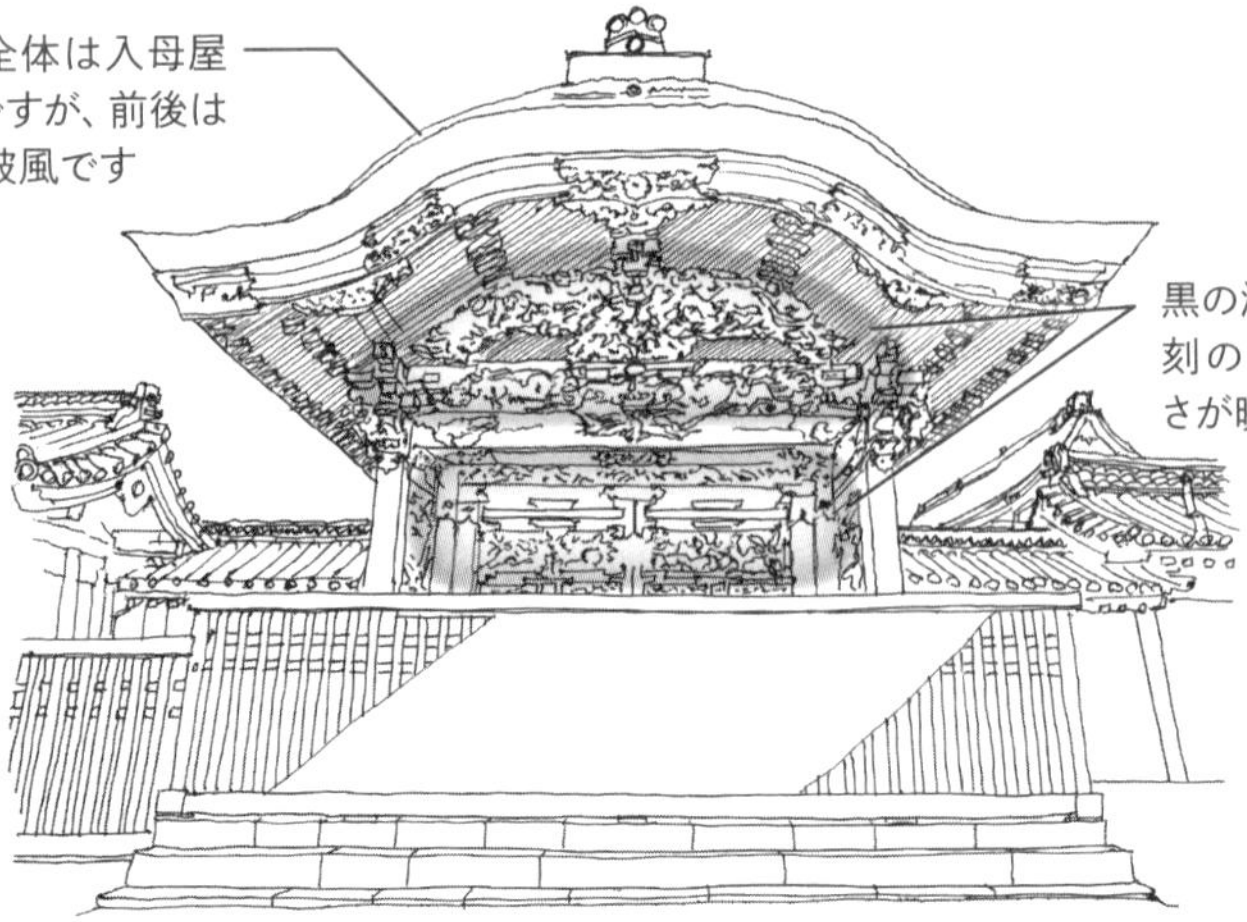
絵H
屋根全体は入母屋造りですが、前後は大唐破風です
黒の漆塗りに、彫刻の彩色の美しさが映えます

1階の床面積にくらべて、2階はかなり小規模ですし、3階はさらにこじんまりとしています。これには理由があり、1階の右方向（方角では西）の部屋は上段の間など、格式の高い部屋であったため、その真上には部屋を設けない考えが働いたと考えられます。このあたりの手がかりになる、1階の平面図を絵Fに示しています。

　塔のような高い建物も古代からありましたが、一般的には2層、3層の建物はとても珍しい時代でした。そのなかで、3層構成の飛雲閣は、その名前の通り、雲が浮かぶような軽快な造形、左右非対称で動的な構成など、日本建築にはとても珍しいものです。

　建設された当初は、まさに水面に浮遊する建築だったでしょう。今にも飛び立ちそうな外観から、意表をつく大胆な建築であることが理解できます。

●唐門

　境内の南側、北小路通に沿って歩くと、桃山時代の代表である唐門《からもん》に着きます（絵H）。動植物の浮彫の美しさに見とれて、眺めていると日が暮れるのも忘れてしまうところから、「日暮らしの門」とも呼ばれます。それにしても、建築物というより、華麗な美術工芸作品というべきかもしれません。

●能舞台

　西本願寺には、本格的な能舞台が2つあり、珍しいです。北能舞台は国宝、南能舞台は重要文化財（重文）

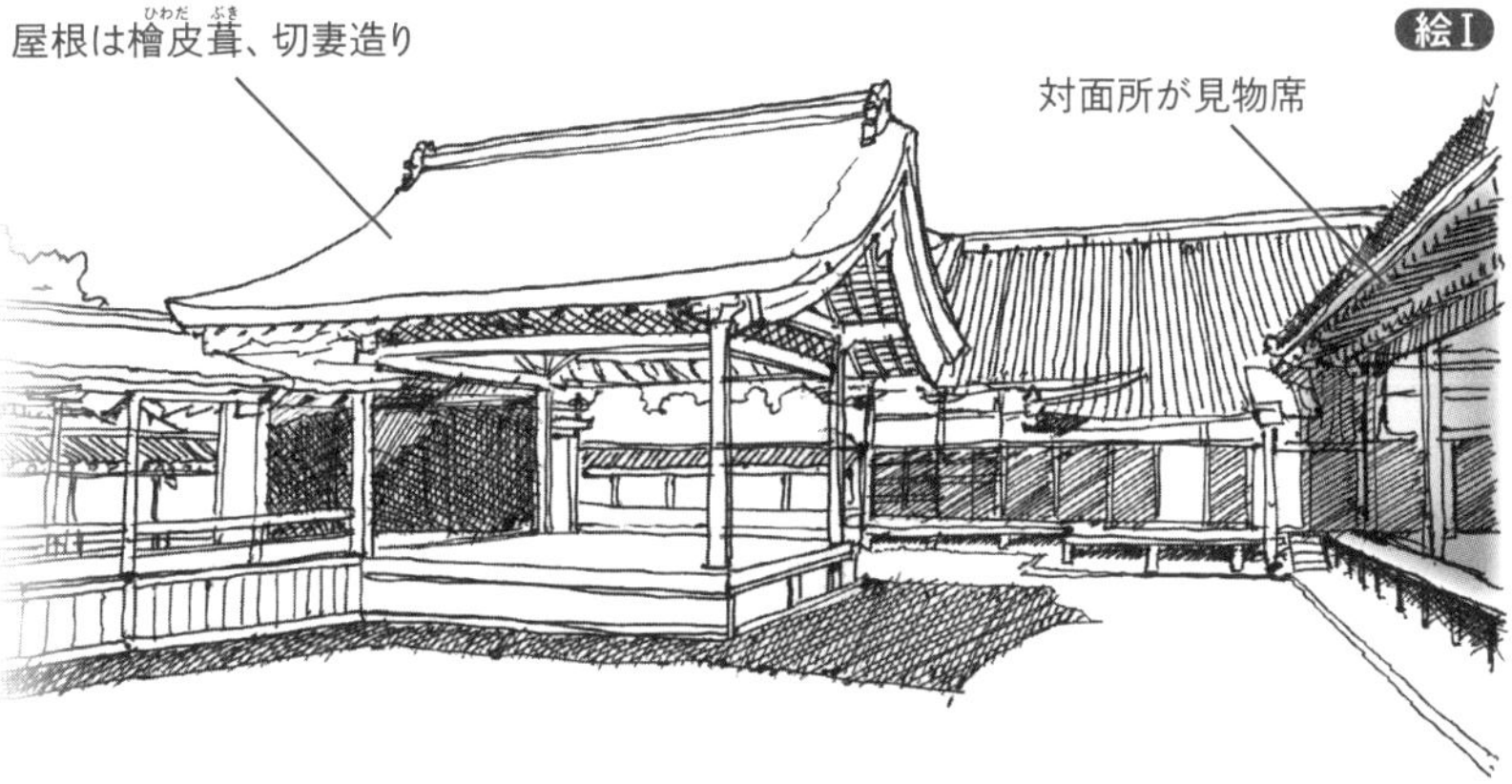

に指定されています。人々を教え導くための環境として、能舞台が大いに活用されてきたことの証でもあります。ちなみに、北能舞台は現存する最古の能舞台で、全体に簡素な佇まいで、古式です。**絵Ⅰ**は、南能舞台です。右側にみえる対面所が見物席にあたります。

●書院

桃山時代から江戸時代にかけて、代表的な建築の一つに挙げられ、白書院対面所、黒書院ともに国宝に指定されています。とりわけ書院の主室とされる一の間《いちのま》、別名、紫明の間《しめいのま》は、書院づくりの代表的な様式美を備えています。二条城の白書院の「一の間」と、よく比較されます。

京都MEMO

洛中、洛外の範囲

室町末期から江戸時代初期にかけて、市内や近郊の人々の賑わいを屏風にとても緻密に描いた作品が多く残っています。洛中洛外図と一般的にいわれています。京都に向かうことを「上洛」というように、「洛」は京都を指しますし、洛中洛外図が京都の街を題材にしていることもわかります。ところで、洛中と洛外は京都市内のどこを指すのでしょうか。京都の人であれば、共通認識としてあのあたりが洛中ですよ、とエリアが浮かぶのでしょうね。専門書をみますと、いくつかの説があり、説明もそれぞれ合理的ですが、洛中、洛外というエリア一つとっても奥深いです。

平等院鳳凰堂 20

The Phoenix Hall of Byodoin Temple

絵A

所在地：京都府宇治市宇治蓮華116
建立：天喜元(1053年)

10円硬貨には、池に面して、中堂を中心に北翼廊から南翼廊まで外観全体が描かれています。また、建物ではありませんが、1万円札に、鳳凰堂の名前のもとになっている想像上の鳥である「鳳凰」が描き込まれています。このお堂の知名度は説明を要しないでしょう。平安時代の、極楽浄土を地上に再現したとされる壮麗なお堂で、中堂には国宝の阿弥陀如来坐像が金色に輝いています。藤原道長が宇治に設けた別荘を、子の頼通が寺に改めたのが平等院鳳凰堂です。

所在地は、京都市内ではなく、南の宇治市内で、宇治川のほとり（西側）に建っています。

ざっと基本的な事柄を…。

平安時代後期から鎌倉時代にかけて流行した「末法思想《まっぽうしそう》」をまず理解しましょう。平安時代には、その末法が１０５２（永承７）年に訪れるという説が広まりました。貴族は不安にかられ、穢《けが》れたこの世を厭《いと》い、あの世に行きたいと願うようになったのです。「欣求浄土《ごんぐじょうど》」という言葉は、心から喜んで浄土に往生することを願い求めることをさしますが、平等院が建立されたのは１０５３（天喜元）年です。末法の時代に入ってすぐの年にできたのです。

藤原頼通は、極楽浄土である「あの世」を、「この世」に実現させようとしました。重要な点は、だれもみたことのない世界が「浄土」です。今風にいえば地上に、極楽という「仮想浄土」を出現させたのです。

本尊の阿弥陀如来坐像をはじめ、お堂も、類例のない造形が要求されたに違いありません。実際、阿弥陀堂（鳳凰堂）は、当時としては型破りの形態を有していました。阿弥陀堂の周囲に池を設け、中島を構築し、建築、彫刻、絵画、工芸、造園などのあらゆるノウハウを集めて作り上げた世界は、浄土庭園の世界そのものだったに違いありません。

建物について、見ていきましょう。このお堂の建立は１０５３年ですが、境内のほかの建物は何度も火災などで失われました。今日まで残ったのは、鳳凰堂と、鎌倉前期に本堂跡に建立された観音堂のみです。もちろん、その間に、大規模修復も含めて、何度も修理がされました。

鳳凰堂という名称ですが、実は、江戸時代に入ってから鳳凰堂と呼ば

絵B

鳳凰堂の4棟の建物配置

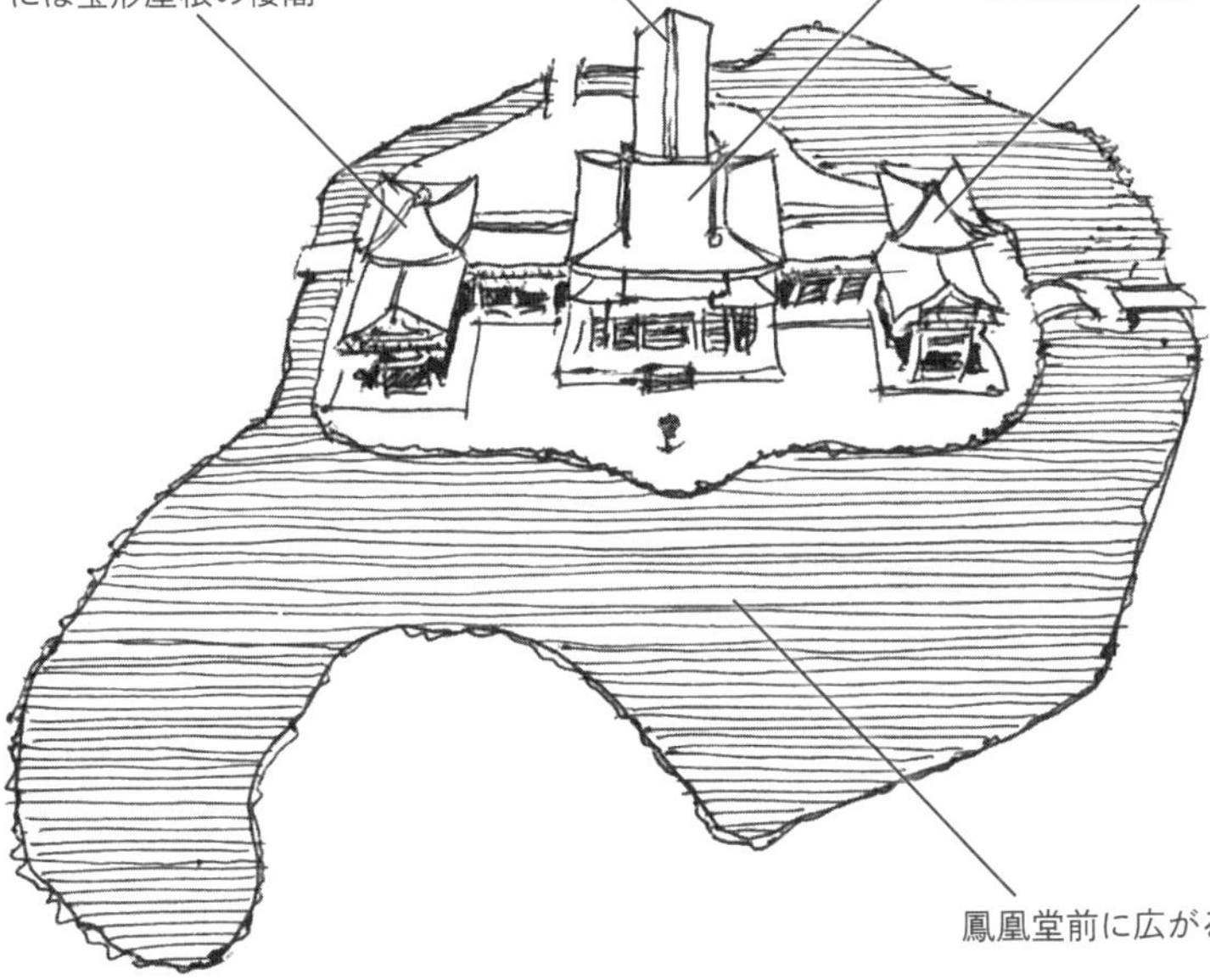

れるようになりました。それまでは平等院阿弥陀堂と呼ばれていたといわれています。

鳳凰堂の配置のラフスケッチを絵Bに示しました。中央に阿弥陀堂である中堂、左右（方位では南北）に同じ規模と形態をもつ翼廊《よくろう》をもち、L型のそれぞれの翼廊の隅部には宝形屋根の楼閣《ろうかく》が立ち上がっています。また、背部には尾廊《びろう》を設けています。

中堂内部には、阿弥陀如来坐像が東を向き安置されています。

次に、鳳凰堂の建物仕様、規模などを、中堂、翼廊については絵Cに、尾廊については絵Dに紹介します。絵といいましたが、正面外観を素直に立面風に描写するだけでも絵になる景観なので、ここでは、図面風の絵に、コメントを記入します。

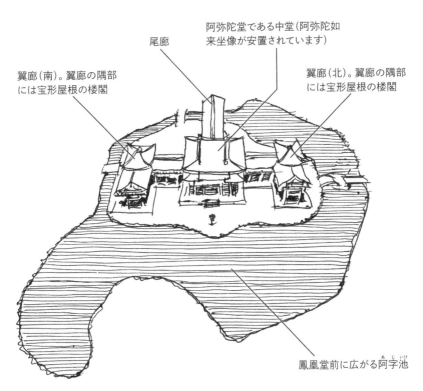

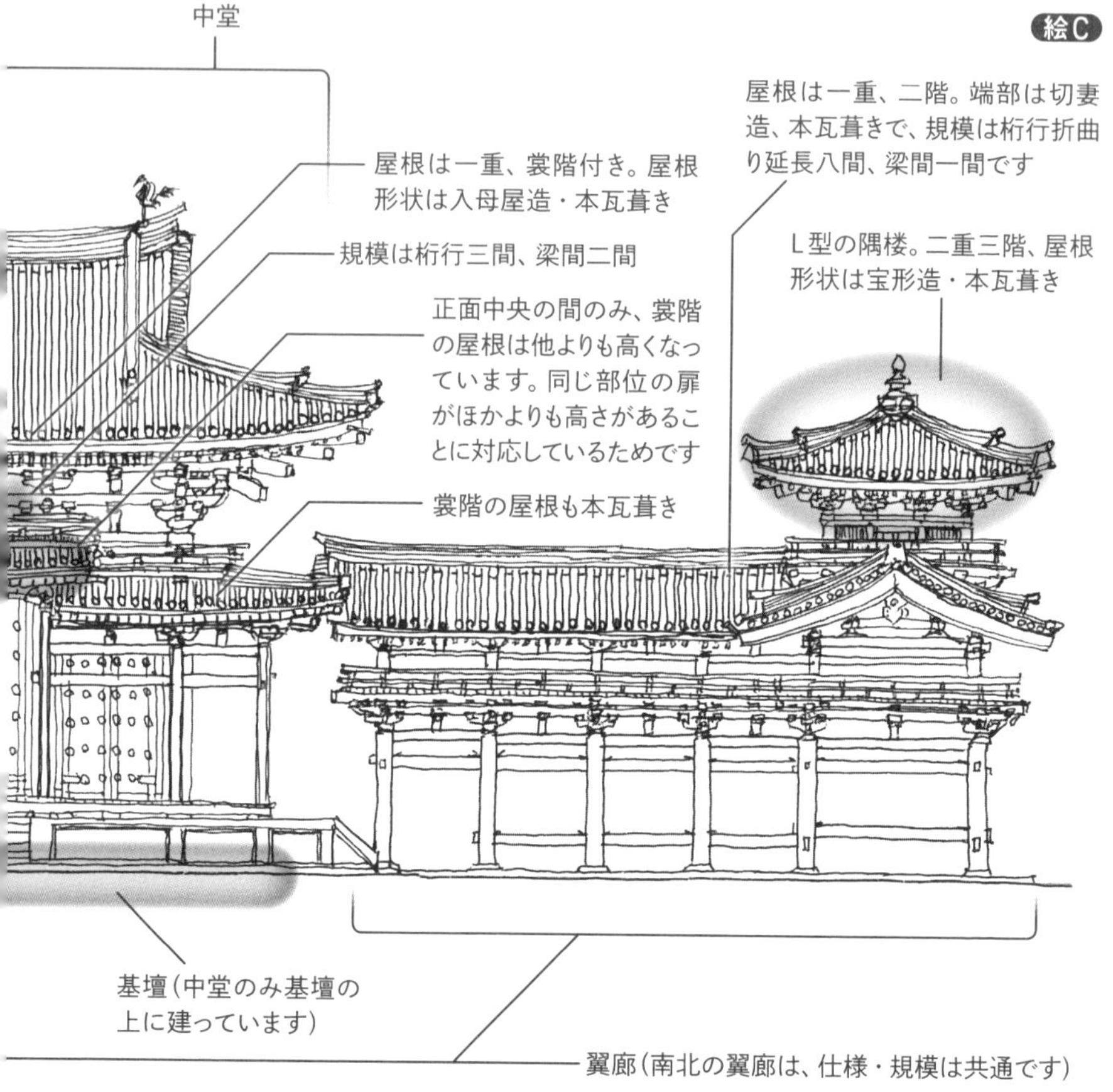
絵C
中堂
屋根は一重、裳階付き。屋根形状は入母屋造・本瓦葺き
規模は桁行三間、梁間二間
正面中央の間のみ、裳階の屋根は他よりも高くなっています。同じ部位の扉がほかよりも高さがあることに対応しているためです
裳階の屋根も本瓦葺き
屋根は一重、二階。端部は切妻造、本瓦葺きで、規模は桁行折曲り延長八間、梁間一間です
L型の隅楼。二重三階、屋根形状は宝形造・本瓦葺き
基壇（中堂のみ基壇の上に建っています）
翼廊（南北の翼廊は、仕様・規模は共通です）

絵Dのように、北側外観を描写してみると、中堂の屋根、翼廊の楼閣の屋根、そして尾楼の切妻の長い屋根とが、微妙なバランスを保ちつつ、立面的に重なり合っています。メインの正面外観がどうしても取り上げられますが、この北側外観も、どこかにありそうで、実はとても珍しい構成の美しさを漂わせています。

次に、中堂の細部を見てみましょう。**絵E-1**は、1階平面を示します。関係性を重視したいので、翼廊と尾廊の1階平面も併記しています。

中堂の中心に須弥壇《しゅみだん》が置かれているとみなせば、**絵E-1**でエリア表示した身舎《もや》と、その周囲の庇部分は素直な関係になります。ところが、骨組みから考えると、不思議な関係にあります。

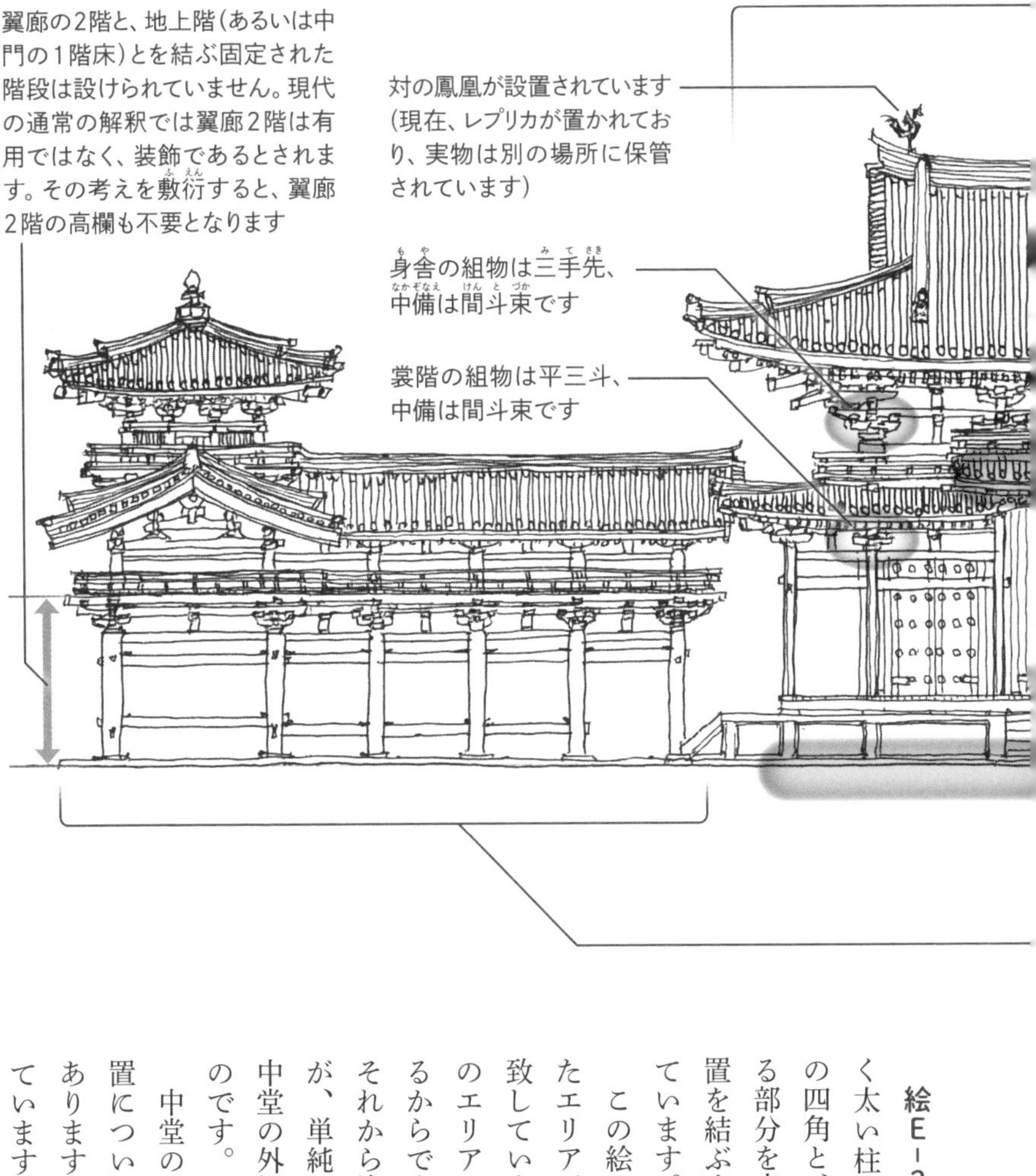
翼廊の2階と、地上階（あるいは中門の1階床）とを結ぶ固定された階段は設けられていません。現代の通常の解釈では翼廊2階は有用ではなく、装飾であるとされます。その考えを敷衍《ふえん》すると、翼廊2階の高欄も不要となります
対の鳳凰が設置されています（現在、レプリカが置かれており、実物は別の場所に保管されています）
身舎《もや》の組物は三手先《みてさき》、中備《なかぞなえ》は間斗束《けんとづか》です
裳階の組物は平三斗、中備は間斗束です

絵E-2は、主たる構造体の「丸く太い柱」位置を結ぶ線（青い実線）の四角と、屋根でいえば裳階にあたる部分を支える「四角い細い柱」位置を結ぶ点線（破線）の四角を表示しています。

　この絵からは、丸い柱列で囲まれたエリアが身舎の範囲とは一部で一致していません。四角い柱列が身舎のエリアの西側の位置を規定しているからです。原則を当てはめると、それから逸脱した平面ではありますが、単純な秩序ではないことから、中堂の外観に変化をもたらしているのです。

　中堂の、主要な骨組みや部材の配置についても理解しておきたい点があります。**絵F**、**絵G**に断面を示しています。**絵F**は、南北軸に沿う断

絵D

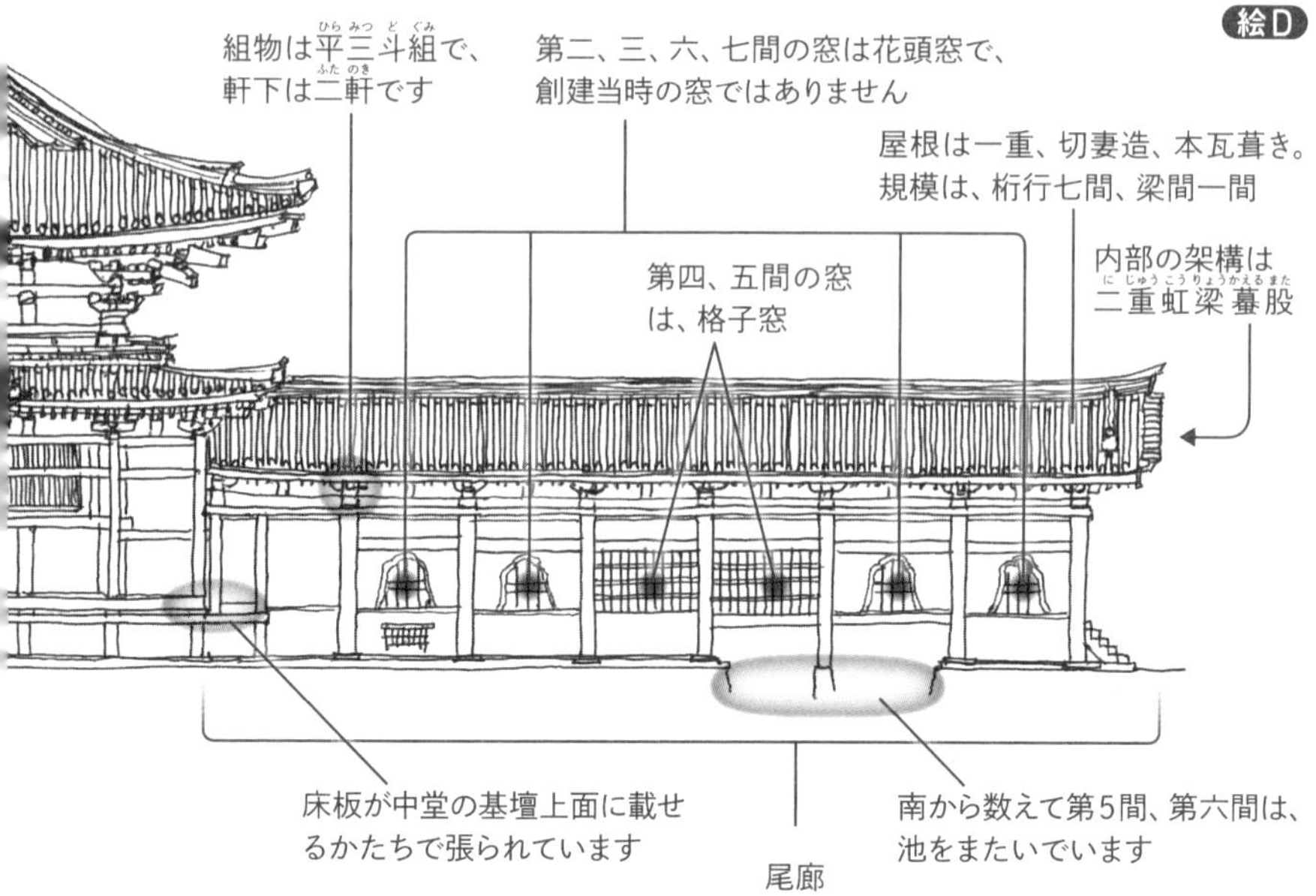
組物は平三斗組《ひらみつどぐみ》で、
軒下は二軒《ふたのき》です
第二、三、六、七間の窓は花頭窓で、
創建当時の窓ではありません
屋根は一重、切妻造、本瓦葺き。
規模は、桁行七間、梁間一間
第四、五間の窓
は、格子窓
内部の架構は
二重虹梁蟇股《にじゅうこうりょうかえるまた》
床板が中堂の基壇上面に載せ
るかたちで張られています
南から数えて第5間、第六間は、
池をまたいでいます
尾廊

絵E-1

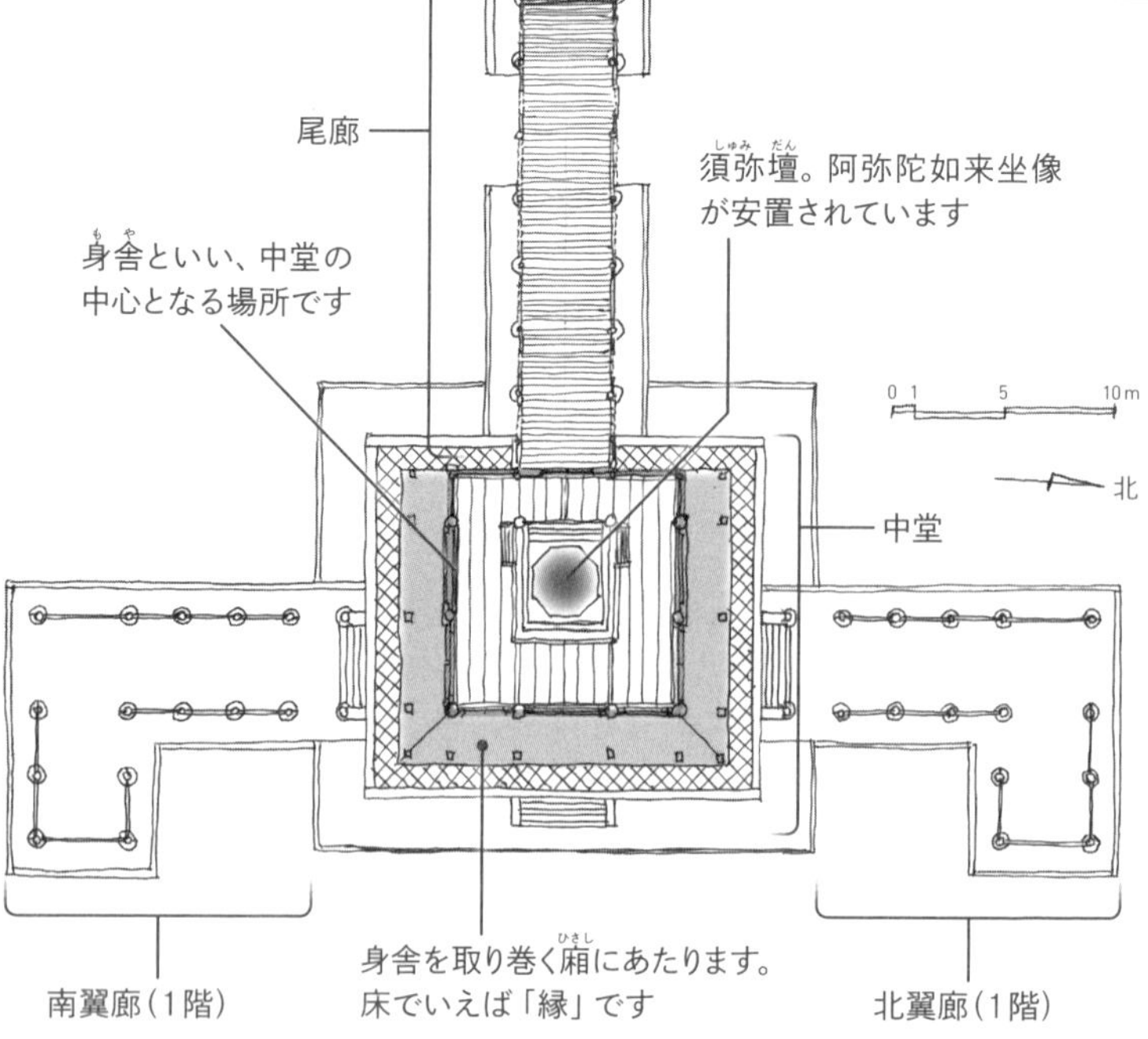
尾廊
須弥壇《しゅみだん》。阿弥陀如来坐像
が安置されています
身舎《もや》といい、中堂の
中心となる場所です
0 1 5 10m
北
中堂
身舎を取り巻く廂《ひさし》にあたります。
床でいえば「縁」です
南翼廊（1階）
北翼廊（1階）

面を示しています。専門的な言い方では「桁行《けたゆき》断面」です。絵Gは、絵Fに直交する軸（東西軸）に沿う断面を示しています。こちらは「梁行《はりゆき》断面」といいます。

伝統的建造物では、たとえば組物のように、構造材と仕上材（化粧材）を兼ねている場合もあります。それを理解するには断面を見るのがもっとも適しています。

建物の格式を表す部位の一つが斗《と》栱《きょう》です。三手先組物がもっとも高い格式を示すとされています。絵Hにその進化の過程を示します。そこに

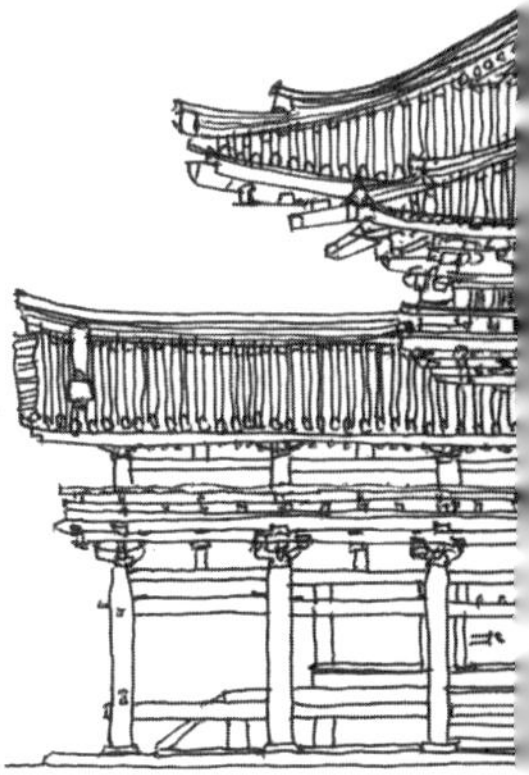

絵E-2

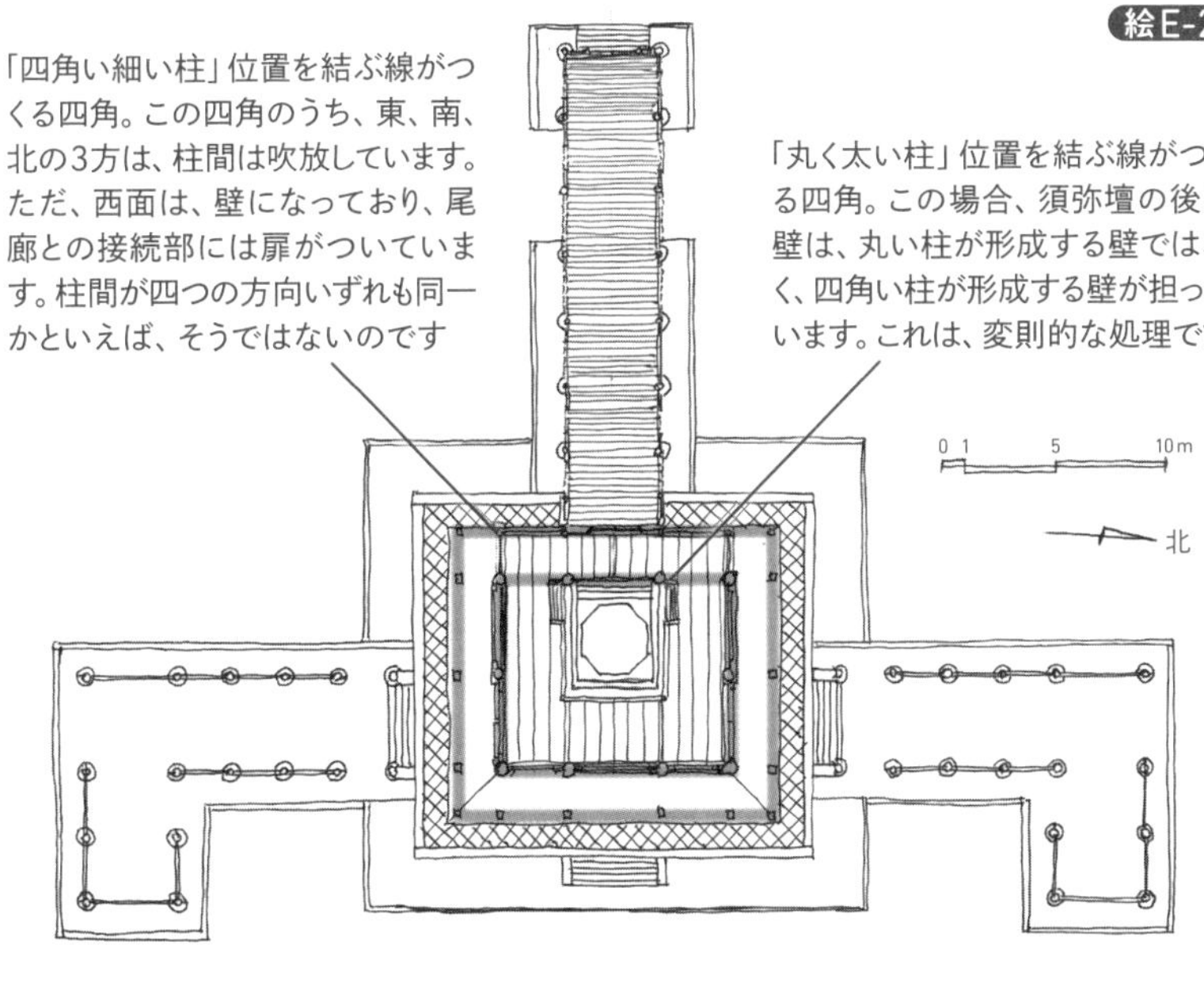

「四角い細い柱」位置を結ぶ線がつくる四角。この四角のうち、東、南、北の3方は、柱間は吹放しています。ただ、西面は、壁になっており、尾廊との接続部には扉がついています。柱間が四つの方向いずれも同一かといえば、そうではないのです
「丸く太い柱」位置を結ぶ線がつくる四角。この場合、須弥壇の後ろ壁は、丸い柱が形成する壁ではなく、四角い柱が形成する壁が担っています。これは、変則的な処理です
0 1 5 10m
北

絵F

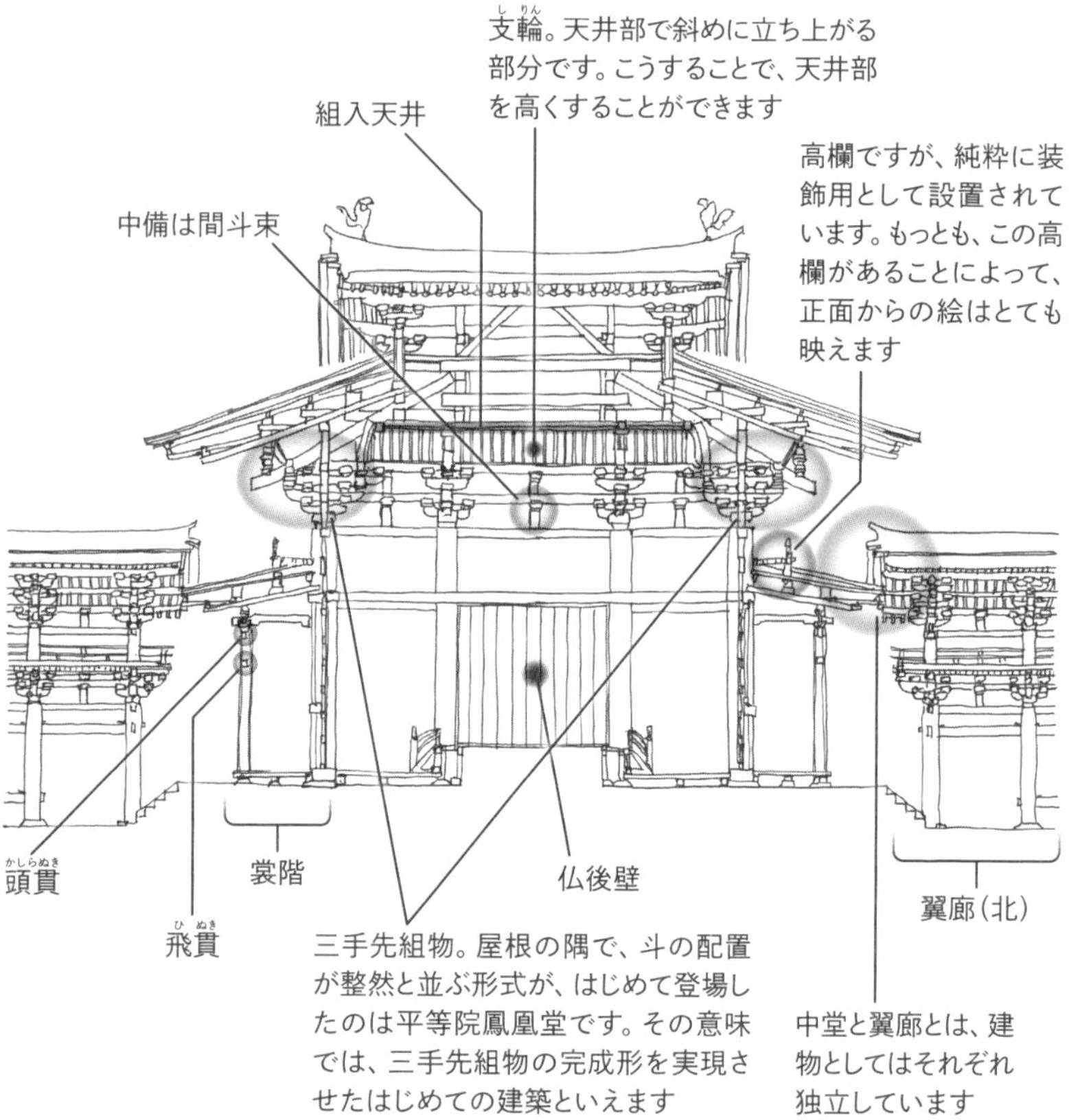
支輪《しりん》。天井部で斜めに立ち上がる部分です。こうすることで、天井部を高くすることができます
組入天井
高欄ですが、純粋に装飾用として設置されています。もっとも、この高欄があることによって、正面からの絵はとても映えます
中備は間斗束
頭貫《かしらぬき》
裳階
仏後壁
翼廊（北）
飛貫《ひぬき》
三手先組物。屋根の隅で、斗の配置が整然と並ぶ形式が、はじめて登場したのは平等院鳳凰堂です。その意味では、三手先組物の完成形を実現させたはじめての建築といえます
中堂と翼廊とは、建物としてはそれぞれ独立しています

は、唐招提寺金堂、醍醐寺五重塔、平等院鳳凰堂の組物と、軒裏の隅部分の部材配置を関係づけて示しています。斗《ます》が次第に整然と並ぶように進化していくことが理解できます。

平等院鳳凰堂中堂の三手先組物は、完成形を具現化した最初の事例です。以後の和様の建築では、この完成形を踏襲することとなりました。

平等院鳳凰堂のとらえ方に、翼廊の2階部分の評価が挙げられます。2階部分は床こそ張ってありますが、翼廊の二重虹梁蟇股の下から床まで1mほどしかなく、人が通れないことを理由に、南と北の両翼廊は全体が装飾の域を出ないと記述された文献が多いです。

この件に関しては、もうひとつ、翼廊の2階へ上がる階段が設けられ

絵G

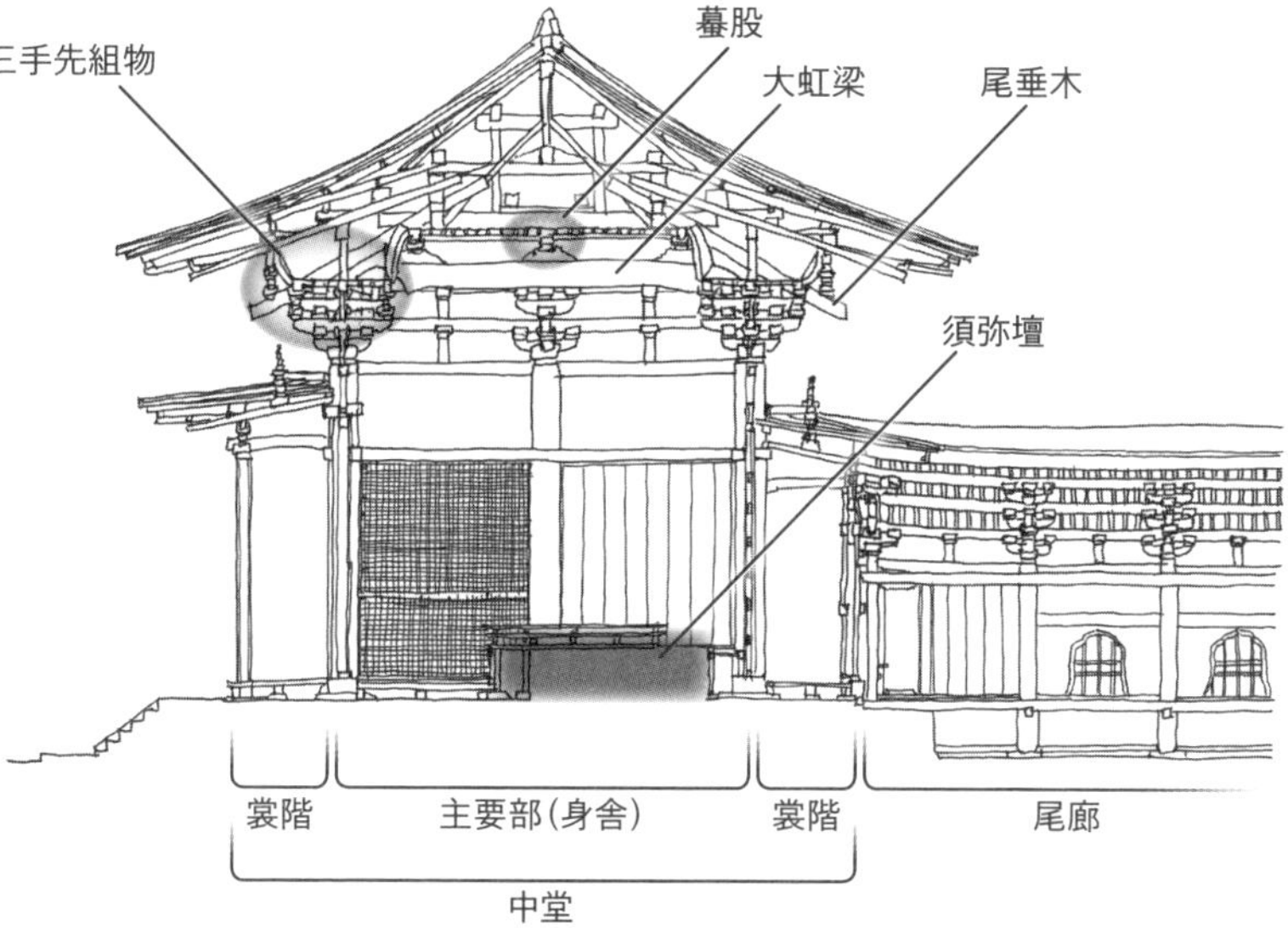
三手先組物
蟇股
大虹梁
尾垂木
須弥壇
裳階
主要部(身舎)
裳階
尾廊
中堂

ていないこともその根拠となっています。たしかに、現代の建築物を評価する上で、機能の裏付けのないものを価値がないとする考えが基準の一つとなっていることは事実です。ですが、人が通れないことが、古い時代の建築物の評価にそのまま通じるかどうか、は同じとは限らないと私は考えます。

　平等院鳳凰堂の時代、地上に極楽浄土を作り上げるという、頼通の強い意志が働いたことは確実です。当時、描かれた曼荼羅《まんだら》を私も見ていますが、そこに描かれている光景は、おだやかで華やかな世界です。花が咲き乱れ、心地よい音楽が奏でられ、池には、船首に大きな飾りを設けた舟が浮かんでいるのです。こうした空間構成において、建物はあたかも

三手先組物の進化と完成形　絵H

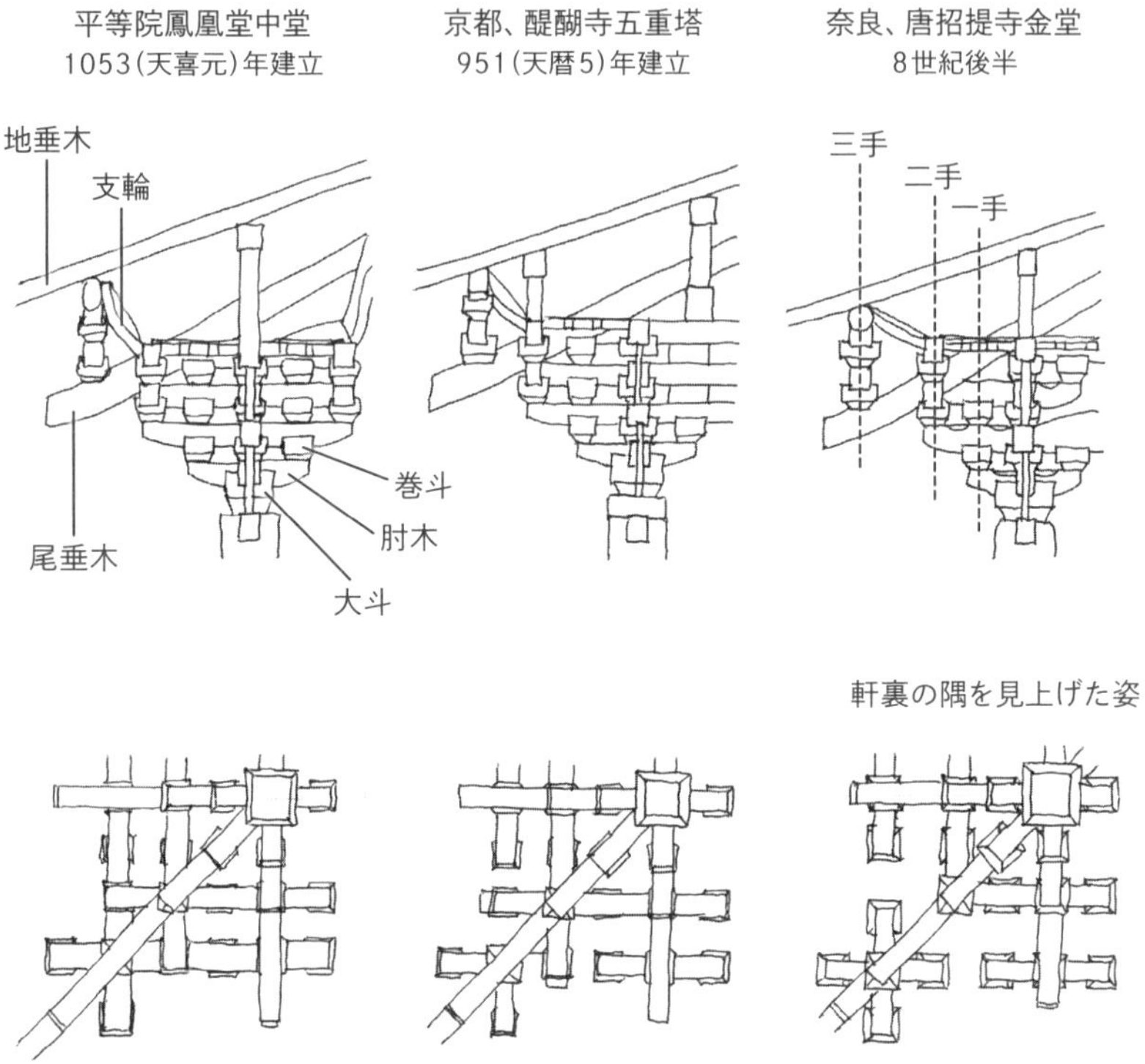

平等院鳳凰堂中堂
1053(天喜元)年建立
京都、醍醐寺五重塔
951(天暦5)年建立
奈良、唐招提寺金堂
8世紀後半
地垂木
支輪
尾垂木
巻斗
肘木
大斗
三手
二手
一手
軒裏の隅を見上げた姿

浮遊するかのようなイメージが自然に浮かびます。

南と北の両翼廊の2階部分は、確かに人が歩くには不便ですが、天井が張られていませんから、梁に気をつければ、中央部を移動することはできます。それより、たとえば、2階から仏に供養するために花などを散布したりするのに適しています。また、楽人の演奏場所としても、座するならばふさわしい場所といえます。2階に至る簡易の階段を、仮設的に設けるスペースはありますから、2階への昇降も不可能とはいえません。

そのようなことを考えると、用途の裏付けのない2階部分、という評価には疑問がつくのではないでしょうか。

これに関連して、極楽浄土におけ

現在の鳳凰堂の、水面と建物外観の構成　**絵I**

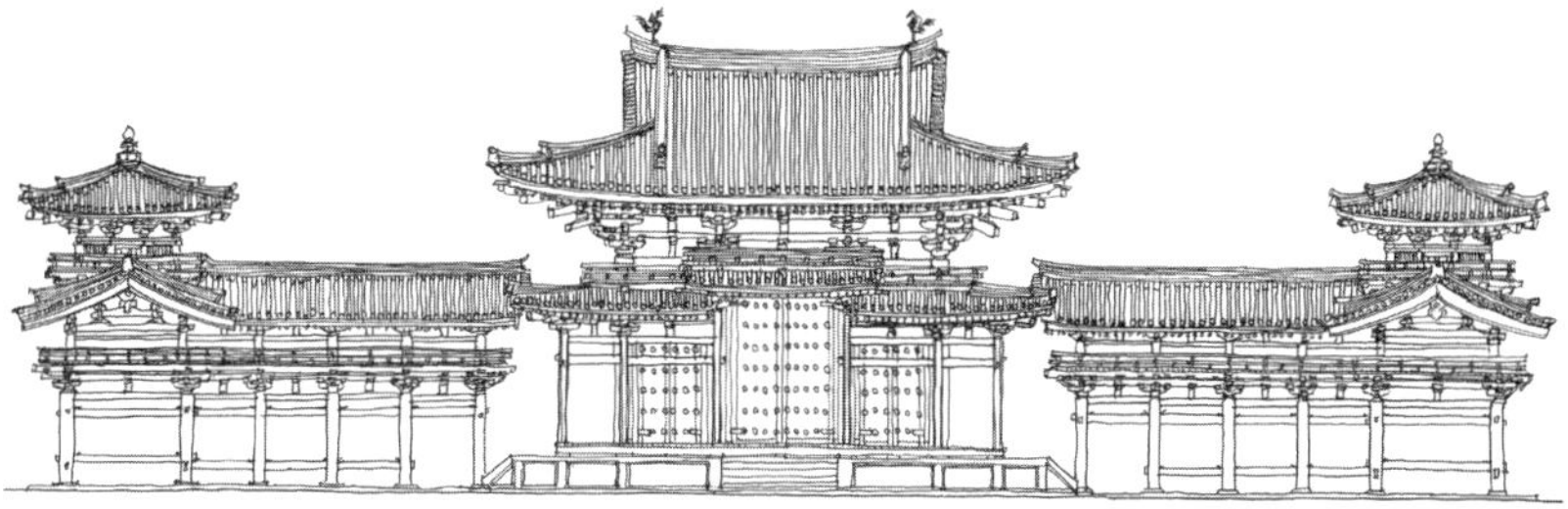

可能性として、創建時の水面と建物の関係　**絵J**

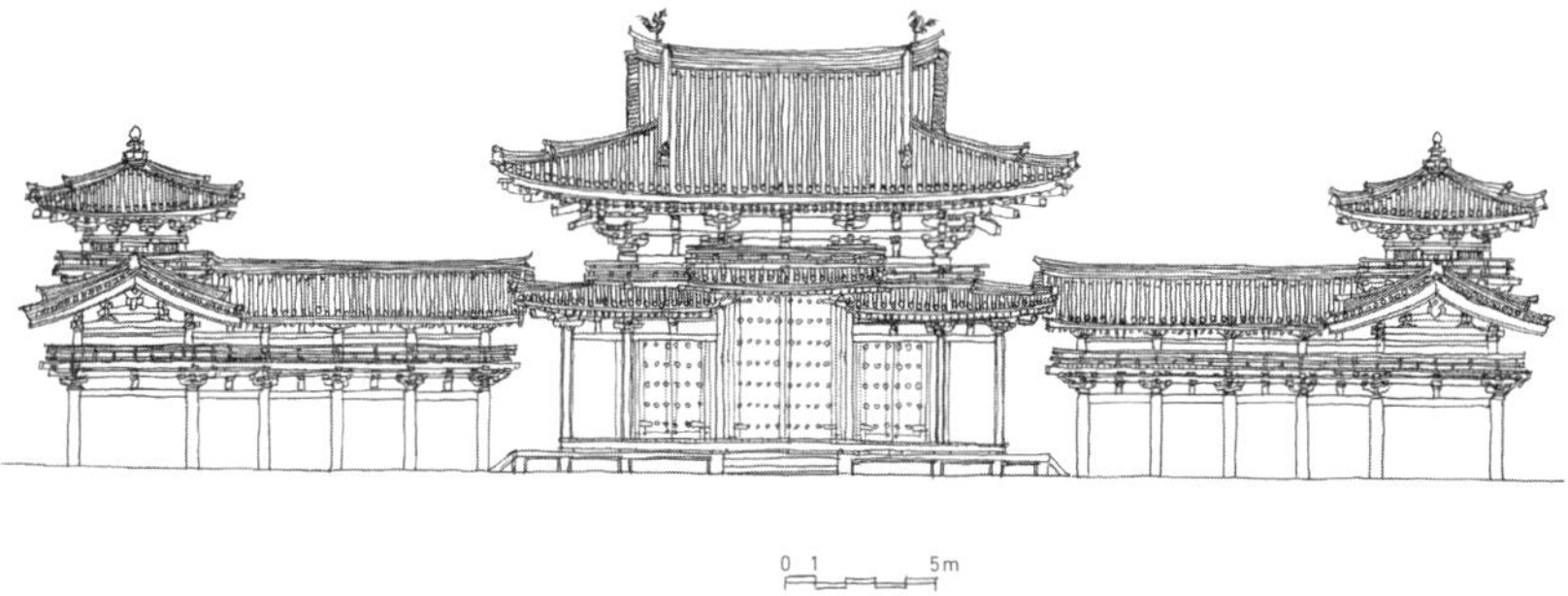

る池のあり様についても熟考する余地があるのではないか、と思います。**絵I**は、正面からみた鳳凰堂の外観ですが、左右の翼廊部分には、柱間に腰貫と飛貫が通っています。もちろん、なにがしかの人の通行を意識し、貫のない箇所もありますが、基本的には、翼廊の1階床部分（外部です）で通行できそうなルートとゾーンはかなり限定されます。

　ですが、腰貫と飛貫が加わったのは、鳳凰堂が建立されてから、かなり経過した時期です。ということは、創建当初は腰貫と飛貫がないわけです。

　この補正に加え、鳳凰堂建立のころの、池の水位についても、現在、私たちが見る水位よりも高かった可能性があると思われます。このテーマは、河川工学などの成果や時代考証も必要になりますから複雑な話ではありますが、宇治川が琵琶湖という巨大な水がめを源流としている河川である点も考慮すべきでしょう。ここでは、かりに50～60㎝ほど、いまよりも池の水位が高かったとしてみましょう。

その状態を、比較するために作成したのが**絵J**です。この絵をご覧になると、まさに、舟を浮かべ、そこでのさまざまな催しや観劇などが行えるだけでなく、翼廊の近く、あるいは翼廊を通りぬけることも舟でOKだった可能性が出てきます。

ここからは、想像力を掻き立てる参考になるように、非常にラフですが**絵K**と、それをふまえた水面に映る建物、その浮遊感覚をご覧ください。**絵L**がそれです。翼廊の柱列（今ふうにいえば、ピロティ）の中へも舟で往来できるイメージです。理想的には絵の中に、楽人や飛翔する天女、翼廊からの散華の光景、あるいは簡易ステージでの演舞などに加えて、いくぶん、大型の舟が浮かべられている様子も加えられるとよいのでしょう。本書では建物に光を当てて解説していますが、景観を左右する要素の一つとして、彩色についても、非常にきらびやかであったことがわかっています。

現在、中堂の正面で、池に接する場所は、復原工事により、洲浜《すはま》が復活しています。12世紀初頭の、典型的な王朝様式が採用されています。

注意したいのは、創建時から50年ほど経過した頃の姿なのですね。私の極楽浄土のイメージは創建時の姿に立脚しています。

鳳凰堂が建立されてから115年後の1168（仁安3）年に、平清盛が厳島神社社殿を建立しました。両者の間には年月が経っていますし、中堂と社殿との違いはありますが、立地環境に対する独創性は類をみないものです。水面あるいは海面に出現する中堂あるいは社殿は、この世とは思えない世界を実現させているからです。

極楽浄土を地上で作り出したいという願いが、鳳凰堂の、水面に浮かぶ建築、あるいは飛翔する建築を指向したと考えても不思議ではありません。

絵K

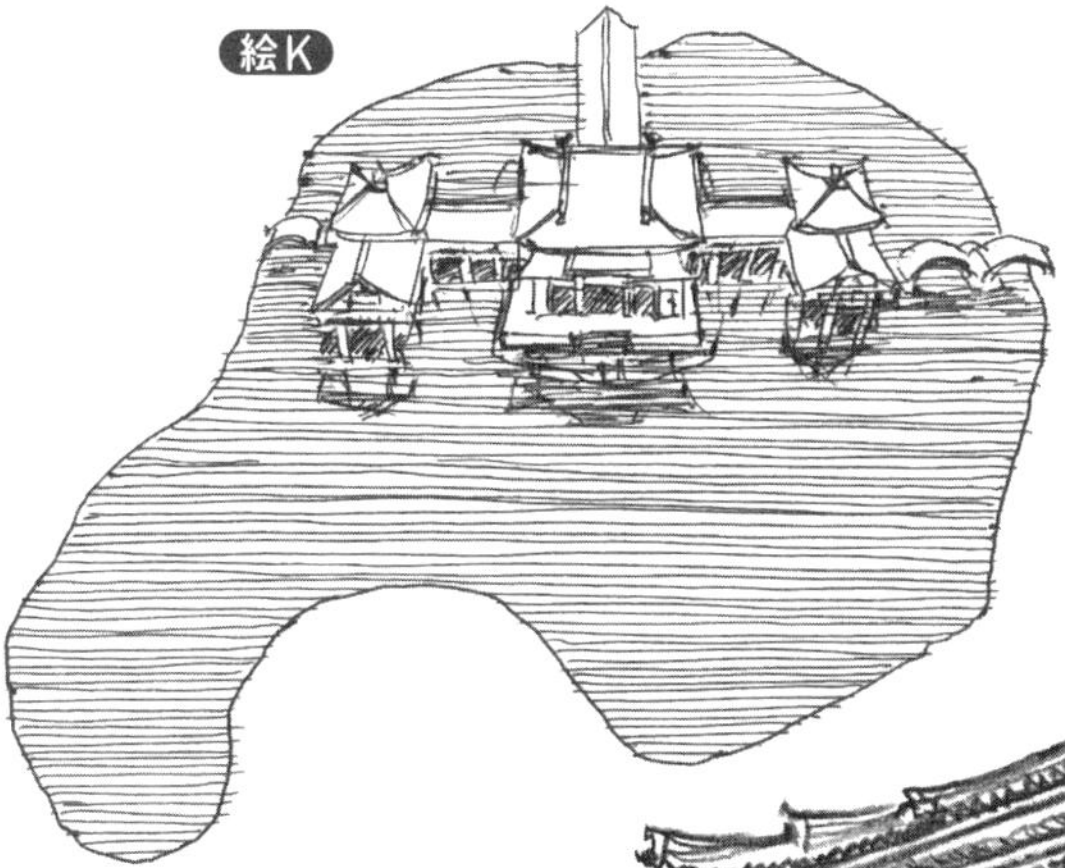

絵L

●中堂の改造

今日までに1000年以上の歴史を背負う建物では、さまざまな手直しや改修、改築がなされています。鳳凰堂中堂も、創建時から現在まで、大きな改造が4回ありました。**絵M**は、中堂を見下ろした等角図法です(柱の上部から先は、組物も含む屋根を省いています)。

ここから少し類推してみましょう。現在はないのですが、創建当初の中堂には須弥壇《しゅみだん》の背後、裳階《もこし》の壁には連子窓《れんじまど》があったのです。おそらく、夕刻、その窓から夕陽がお堂にさし込むタイミングがあったに違いありません。その時、お堂の正面側にいた人は、背後から光が阿弥陀如来坐像を包むようにさし込んだのではないでしょうか。

絵M

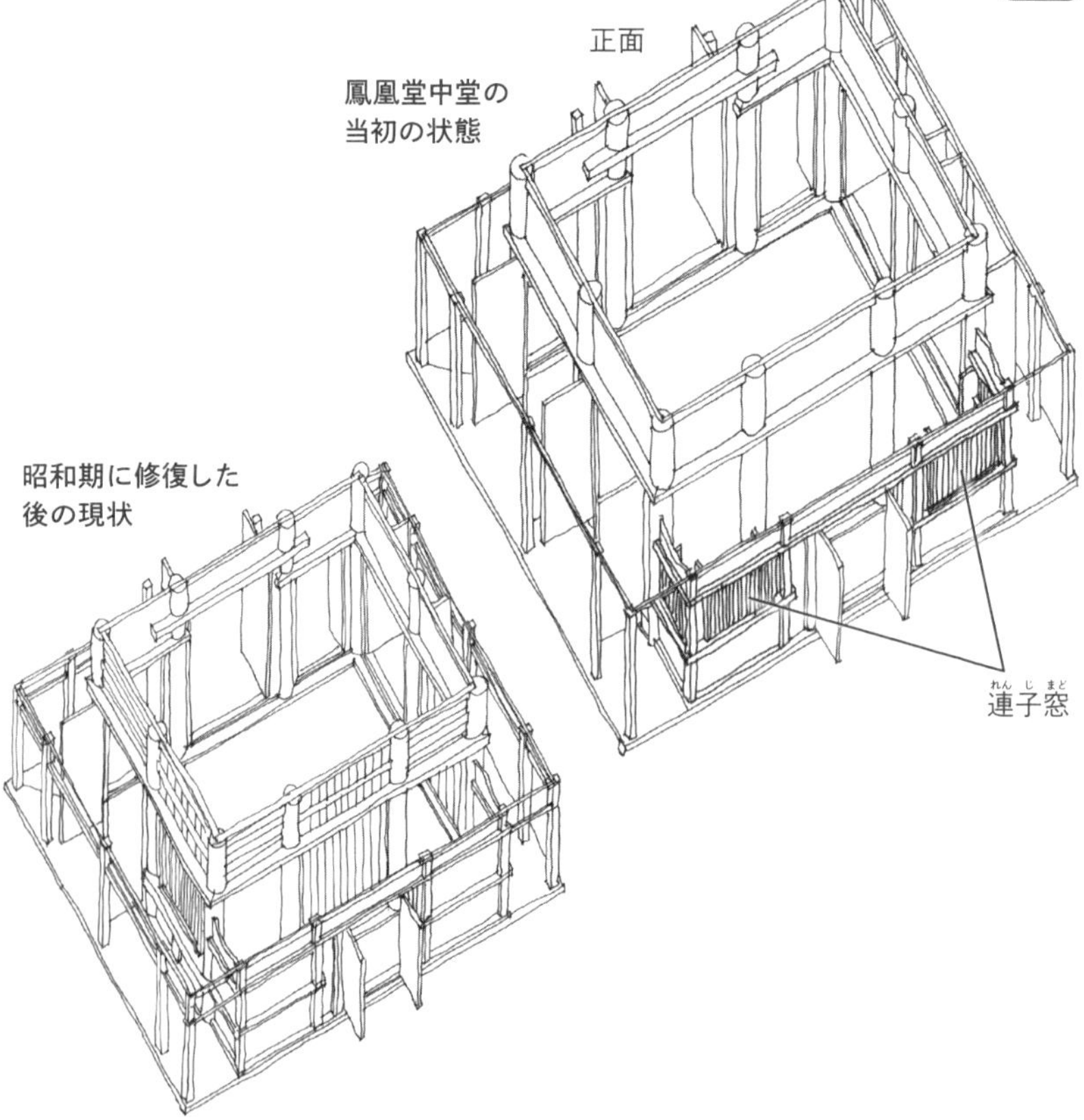
正面
鳳凰堂中堂の当初の状態
連子窓《れんじまど》
昭和期に修復した後の現状

21 延暦寺

Enryaku-ji Temple

所在地：滋賀県大津市坂本本町4220
創建：延暦7年（788年）

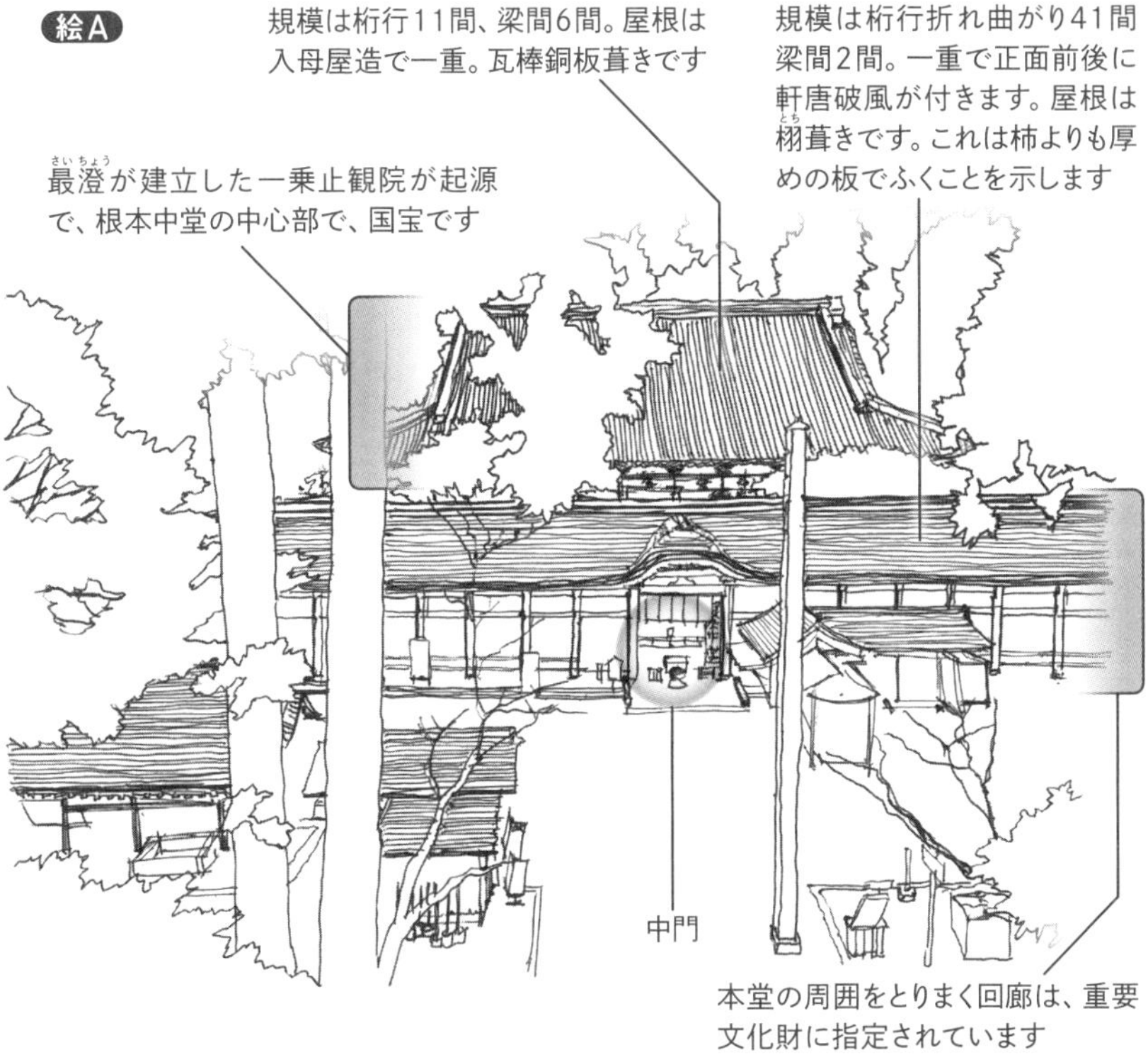

絵A
規模は桁行11間、梁間6間。屋根は入母屋造で一重。瓦棒銅板葺きです
規模は桁行折れ曲がり41間梁間2間。一重で正面前後に軒唐破風が付きます。屋根は栩《とち》葺きです。これは柿よりも厚めの板でふくことを示します
最澄《さいちょう》が建立した一乗止観院が起源で、根本中堂の中心部で、国宝です
中門
本堂の周囲をとりまく回廊は、重要文化財に指定されています

比叡山延暦寺の建立者は、最澄《さいちょう》です。日本天台宗の開祖ですね。出身地は琵琶湖のほとり、現在の坂本あたりとされ、三津首《みつのおびと》という性をもつ、渡来人の家系に生まれています。

スタートは彼が薬師如来を本尊とする仏堂とその左右に経蔵《きょうぞう》と文殊堂《もんじゅどう》を建立します。根本中堂のはじまりですが、第5世座主《ざす》の円珍が3堂を1堂にまとめ、887（仁和3）年、伝統的な建築記述方式に従えば「九間四面正面孫庇」の立派な本堂が完成しました。

その後、焼失と再建を繰り返しますが、織田信長による全山焼き討ち（1571、元亀2年）により、ほとんどすべての建物（例外は西塔区域の瑠璃堂）が焼失したのです。したがって、今日の私たちが延暦寺で見る建物は、

焼失後の復興になりますから、年代的には比較的新しいといえます。

延暦寺が一般的な寺院と大きく異なる点として、次の3点を挙げることができます。一つめは寺域が桁違いに広いこと、二つめは、修行がきわめて厳しいことです。許された出家僧にのみ許される千日回峰行《せんにちかいほうぎょう》はその代表例といえます。

三つめは、比叡山で学んだ修行僧の中から、数多くの名僧を輩出したことです。たとえば、法然、親鸞、栄西、道元、日蓮など新たな宗派の宗祖は、みな天台宗で学んでいます。これは現代の表現でいえば、比叡山は宗教界の総合大学、といえるでしょう。

寺域の広さについてはもう少し詳しくみていきます。全体で、1700ヘクタールあります。山地と平地とでは比較しにくいですが、平坦地にある東京ドームの建築面積が4・7ヘクタールですから、1700ヘクタールという規模は、東京ドームが362個も入る大きさなのです。とほうもない広さだとわかります。

京都市の北東に標高848mの比叡山がそびえています。その山に点在する建物は約150といわれますが、これらの総称が延暦寺なのです。現在は、広大な寺域は3地域に分けて呼ばれており、東塔《とうどう》、西塔《さいとう》、横川《よかわ》といいます。それぞれの地域には本堂がありますが、延暦寺の総本堂と言われるのは、東塔にある「根本中堂」です。**絵A**は、その正面を、根本中堂の東側にある階段の上から見ています。

焼失後の復興に秀吉の援助で1584（天正12）年に建立されたのですが、現在の根本中堂は徳川家光の代に建て替えを行って1640（寛永17）年に完成したものです。正面から眺めると、回廊部分のさらに向こうに位置するため、全体像がわかりにくいのですが、正面が37・6m、側面が23・9m、高さが24・3mで、実に堂々たる建物です。

根本中堂の内部構成がどうなっているのかを見てみましょう。**絵B**には、断面構成と、柱配置などの平面が示されています。回廊が「コ」の字型に配置されており、堂宇の中は、内陣・中陣・外陣の構成になっています。断面と関係づけてご覧ください。内陣は土間敷きで、そこから中陣の板敷きまでの高さは、人の背を

絵B

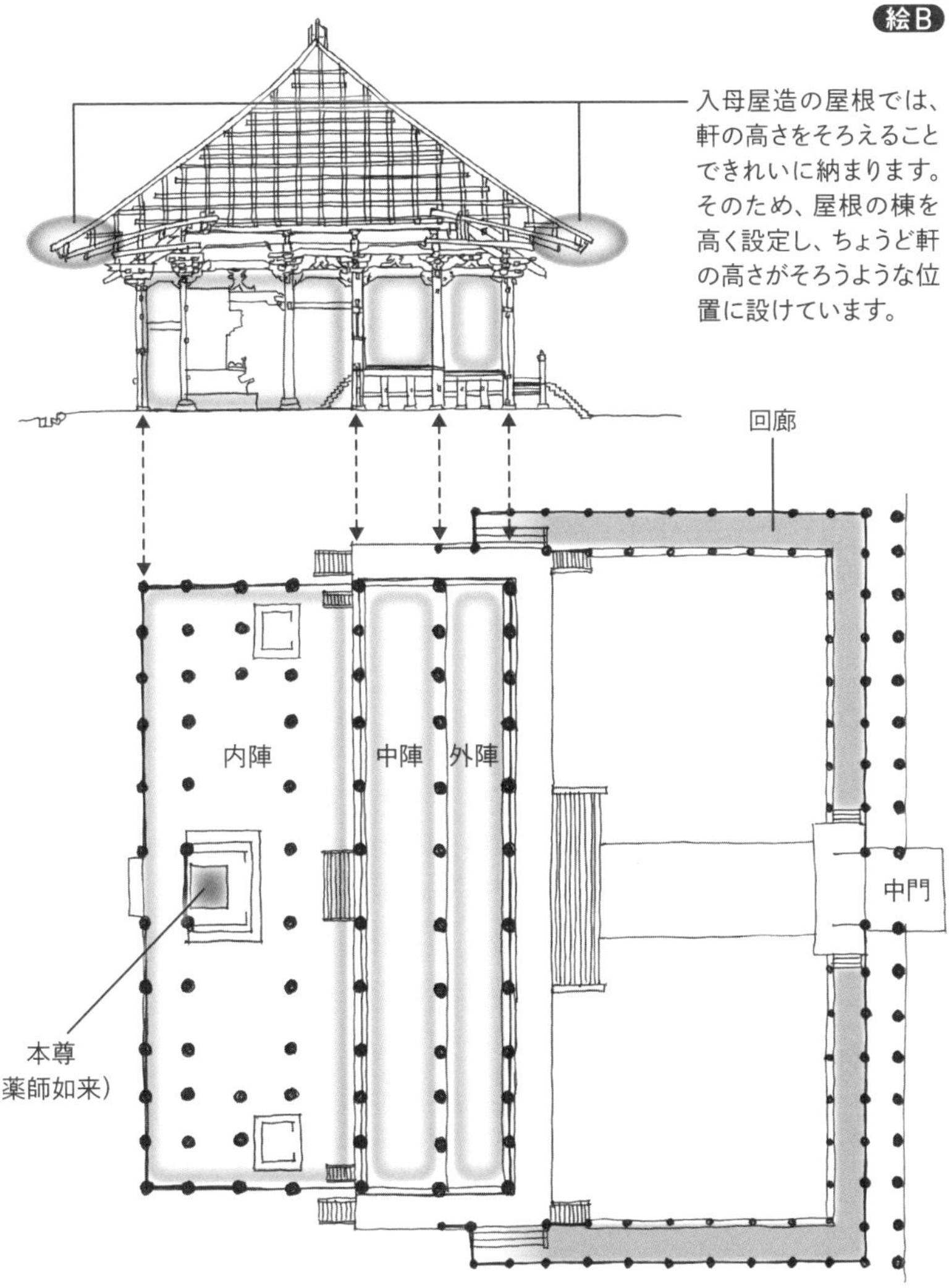
入母屋造の屋根では、
軒の高さをそろえること
できれいに納まります。
そのため、屋根の棟を
高く設定し、ちょうど軒
の高さがそろうような位
置に設けています。
回廊
内陣
中陣
外陣
中門
本尊
（薬師如来）

絵C

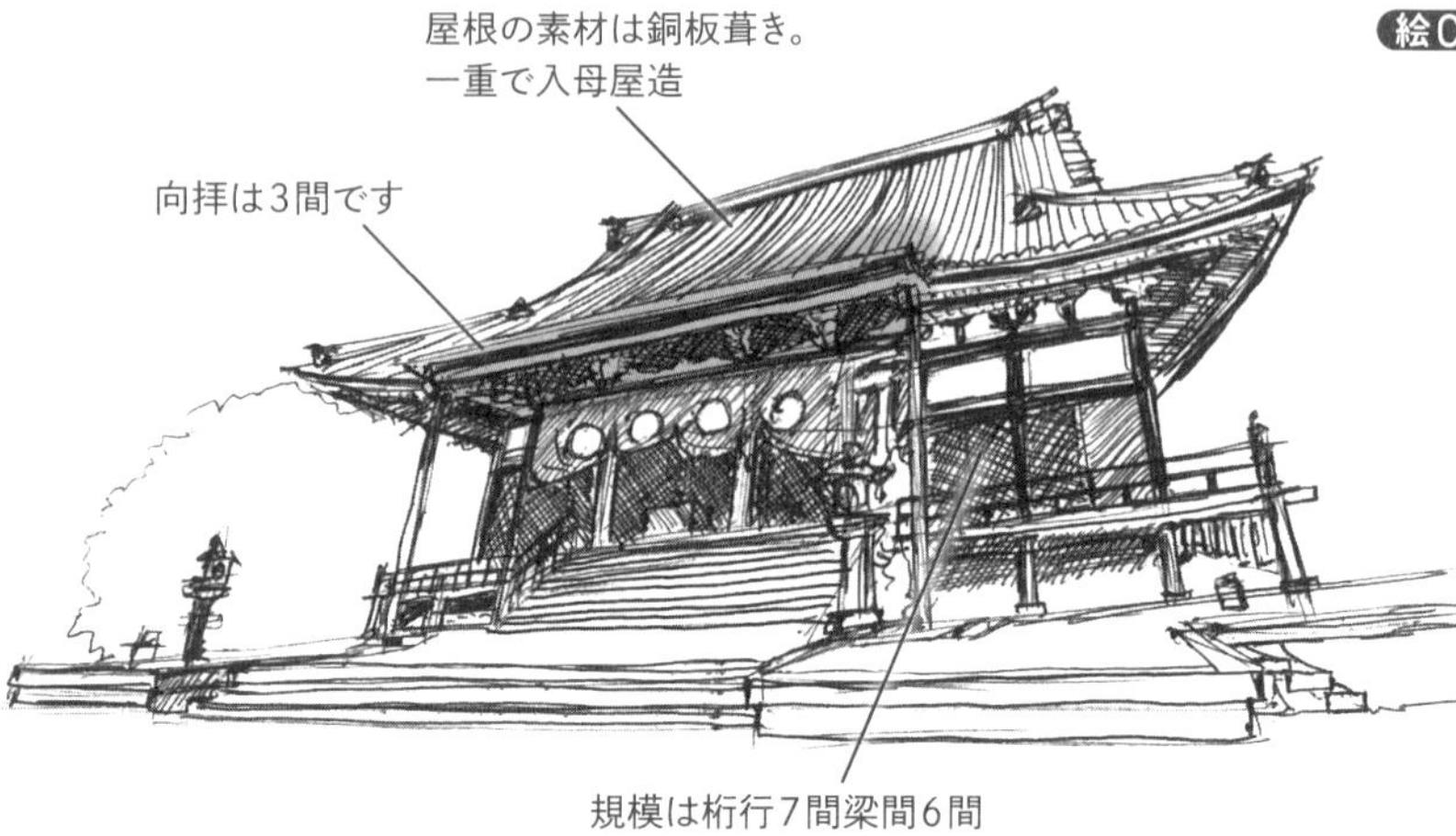
屋根の素材は銅板葺き。
一重で入母屋造
向拝は3間です
規模は桁行7間梁間6間

絵D

屋根は入母屋造で一重。
銅板葺き瓦棒《かわらぼう》付き

大きく超えます。このことは、仏の空間と、信者や参拝者の空間とが明確に分けられていることを示しています。

また、1200年以上、燃え続けている灯《あかり》である「不滅の法灯」は、内陣の、本尊が祀られている前に置かれています。

東塔区域には、根本中堂をはじめ、大講堂、文殊楼、戒壇院、阿弥陀堂、東塔、鐘楼《しょうろう》などの主要施設が集まっています。**絵C**は、大講堂の正面側をみています。僧侶の学問研鑽の根本道場となっており、大日如来が本尊として祀られています。なお、現在の大講堂は1956(昭和31)年に焼失したあと、比叡山山麓の坂本の讃仏堂を1963(昭和38)年に移築再建された建物です。

西塔区域には、釈迦堂(西塔本堂あるいは転法輪堂ともいう)、にない堂、浄土院、瑠璃堂、また横川区域には横川中堂(本堂)、四季講堂などが立地します。

絵Dは正面からみた釈迦堂です。最澄自作の釈迦如来(秘仏)が本尊で、堂内の内外陣の構成などは、根本中堂と同じで、天台仏堂の典型事例です。現在の建物は、信長の焼き討ちのあと、豊臣秀吉の命令で、三井寺園城寺の弥勒堂(金堂)を1595(文禄4)年に移築したものです。建物様式は鎌倉時代の純和様で、延暦寺最古の建築物になります。

京都MEMO

本尊を安置する場所

寺院で本尊を安置する場所として、建物名称を拾い出すと、金堂、仏殿、根本中堂(比叡山延暦寺)、阿弥陀堂(浄土宗)、御影堂(浄土真宗)と、違いがあります。逆に、名称やその読み方から、宗派が分かるともいえます。一般名称は、おそらく「本堂」でしょう。どこから本堂という名前が定着したのか、はっきりしません。比叡山延暦寺で、金堂の名前を避けて根本中堂とよび、それが本堂へと変化した、という説や、本尊を安置するお堂、という意味から「本」と「堂」とが結びつき、本堂になったという説など、本堂の名称ひとつとっても奥深いです。

三井寺（園城寺） 22

Onjo-ji Temple (Mii-dera)

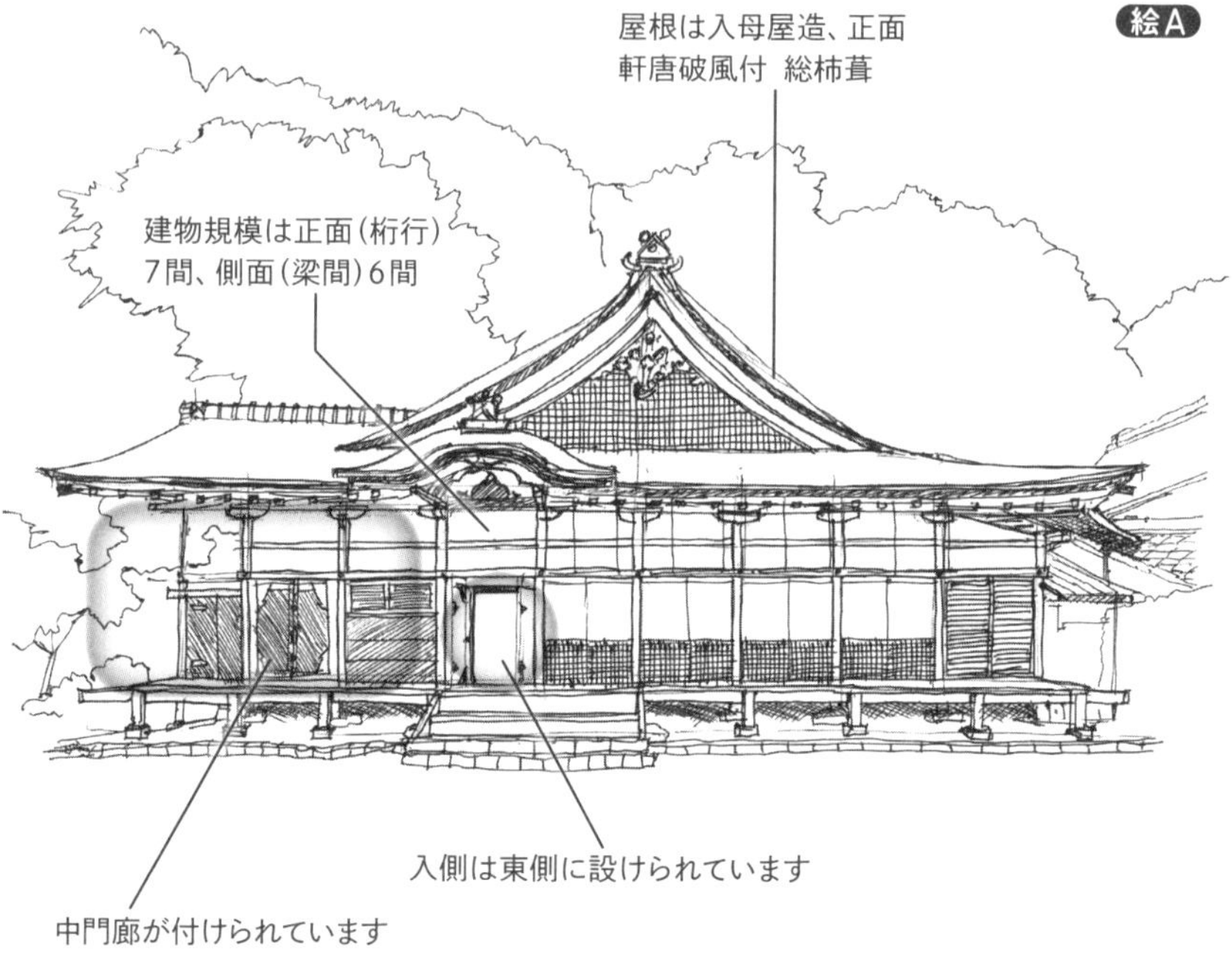
絵A
屋根は入母屋造、正面
軒唐破風付 総柿葺
建物規模は正面（桁行）
7間、側面（梁間）6間
入側は東側に設けられています
中門廊が付けられています

所在地：滋賀県大津市園城寺町246
創建：7世紀

園城寺《おんじょうじ》は、天台寺門派の総本山で、最澄の死後に起きた派閥抗争により離別した円珍《えんちん》派が、琵琶湖の南部に位置する長等山《ながらさん》のふもとにあった寺院に移りました。９９３（正暦4）年のことです。その寺院が、園城寺なのです。

園城寺の名前ですが、天武天皇が「園城」という勅願《ちょくがん》を授けたといわれています。その理由は、7世紀中頃になりますが、６７２（壬申元）年に起きた壬申《じんしん》の乱で、一か月後に大友《おおとも》皇子《おおじ》が自殺しましたが、その霊を慰めるための勅願です。壬申の乱は、古代史では律令制が確立する端緒となった大きな出来事です。

また、通称として三井寺《みいでら》と呼ばれる理由も知っておくとよいでしょう。天智・天武・持統天皇の産湯に使われた井戸が、この寺院の境内にあったことによるとされています。「御井《みい》の寺」と呼ばれたことに由来します。

このように、園城寺は、古くから延暦寺や興福寺などに匹敵するような大寺院だったわけです。広大な境内からの、琵琶湖方面の眺望もすばらしく、建築物や各種の寺宝が数多い寺院です。

建築としてぜひ紹介したいのが、光浄院《こうじょういん》客殿です。桃山時代の標準的な武家住宅の形式を示すとても貴重な事例だからです。同じ観点から同じ境内にある、勧学院客殿も見逃せません。両者とも国宝の指定を受けています。客殿という名称がそれぞれついています。光浄院客殿は武家の客を応接する殿舎なのに対し、勧学院客殿は学問をするために設けたところ、講学の場所です。両者とも園城寺子院の一つです。

絵Aは、光浄院客殿の東側、建物の正面（妻側）の外観です。本書のほかの事例で取り上げている建物と単純に比較すると小規模ではありますが、住宅建築の発展系譜における重要性からとらえているためです。

ちなみに、住宅建築の点で歴史を追うと、平安時代には貴族住宅として「寝殿造」が特徴的な様式として挙げられています。また、近世には、武家政権のもとで武家屋敷に広く普及した「書院造」という様式があります。

その考えからすると、中世（鎌倉時代から室町時代まで）は、寝殿造から書院造への過渡期、といえなくもありません。ただ、はっきりと両者の境界が認められるわけではありません。ほぼ間違いないのは、内乱により、京都の中心部をほぼ焼き尽くした「応仁の乱」以降、公卿などの没落とともに寝殿造はほぼ消滅したといえることです。

寝殿造については、絵巻やさまざまな文献などから得られる情報は少なくないものの、肝心の建物が、一つとして現存しないのです。その点では、日本の住宅建築のはっきりした出発点となった書院造の遺構である「光浄院客殿」の価値は非常に高いのです。

室内の構成をみてみましょう。**絵B**をご覧ください。室内はどの部屋も畳が敷き詰められています。南北に2列に部屋が配置されており、南

絵B

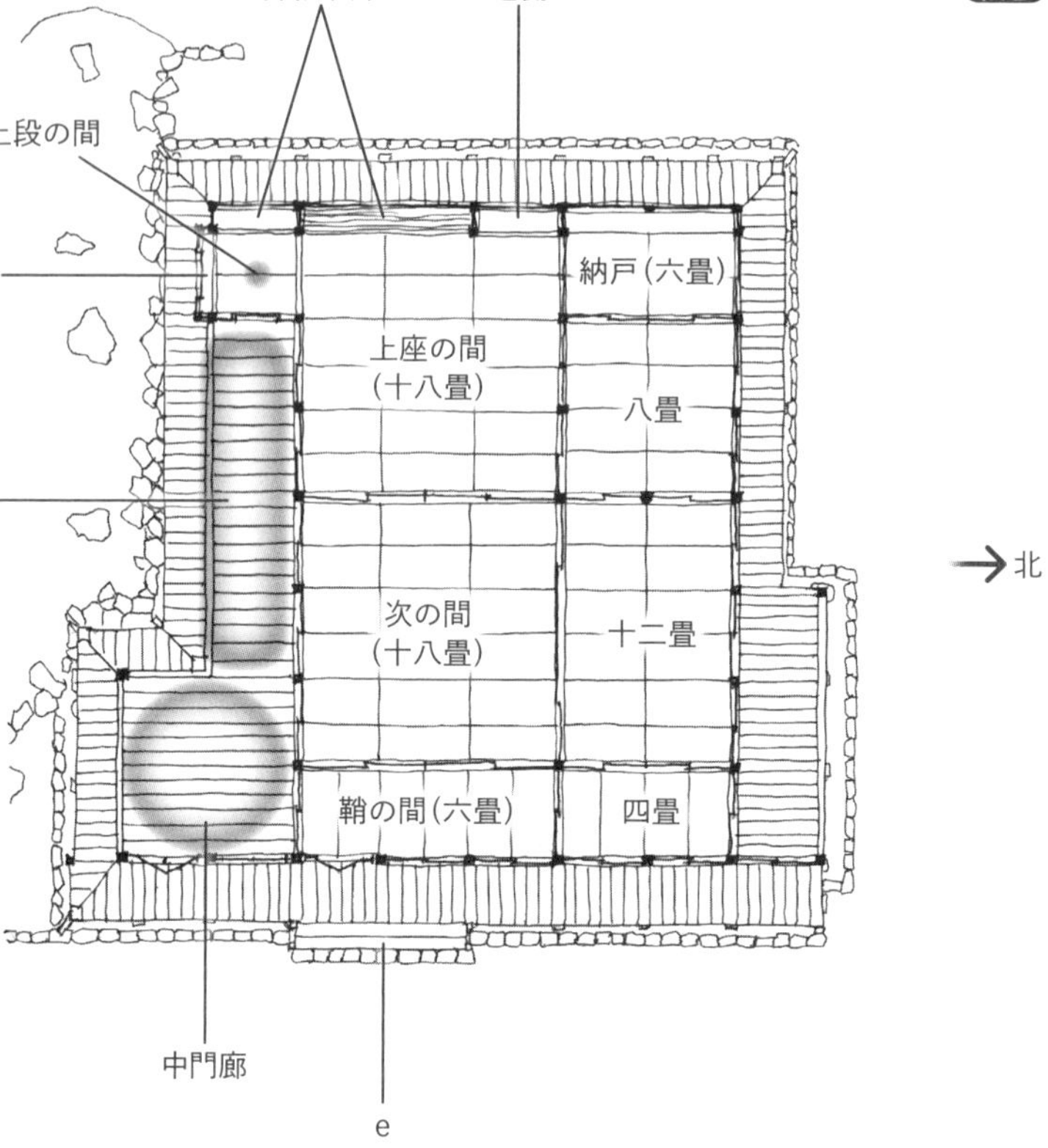
押板（床）
違棚
上段の間
付書院
納戸（六畳）
上座の間
（十八畳）
八畳
広縁
北
次の間
（十八畳）
十二畳
鞘の間（六畳）
四畳
中門廊
e

側には庭園に面して広縁が確保されています（絵C参照）。上座の間には、床・違い棚・帳台構が設けられ、2畳の上段には床・付書院がみられます。

上座の間と上段の間（一部、みえています）を描いたのが、**絵D**です。諸室の壁や襖には障壁画が描かれていました。現在は、一部のみ残っています。

なお、天井は竿縁《さおぶち》天井です。蟻壁《ありかべ》が天井と壁との境目を、帯幅は狭いですが、ぐるりとまわっています。これはディテールとして巧い処理です。

というのは、竿縁天井では、一定間隔で竿縁が並びますが、壁の柱位置などが竿縁の位置とぴったり一致するとは限らないからです。微妙に位置がずれるくらいならば、蟻壁の

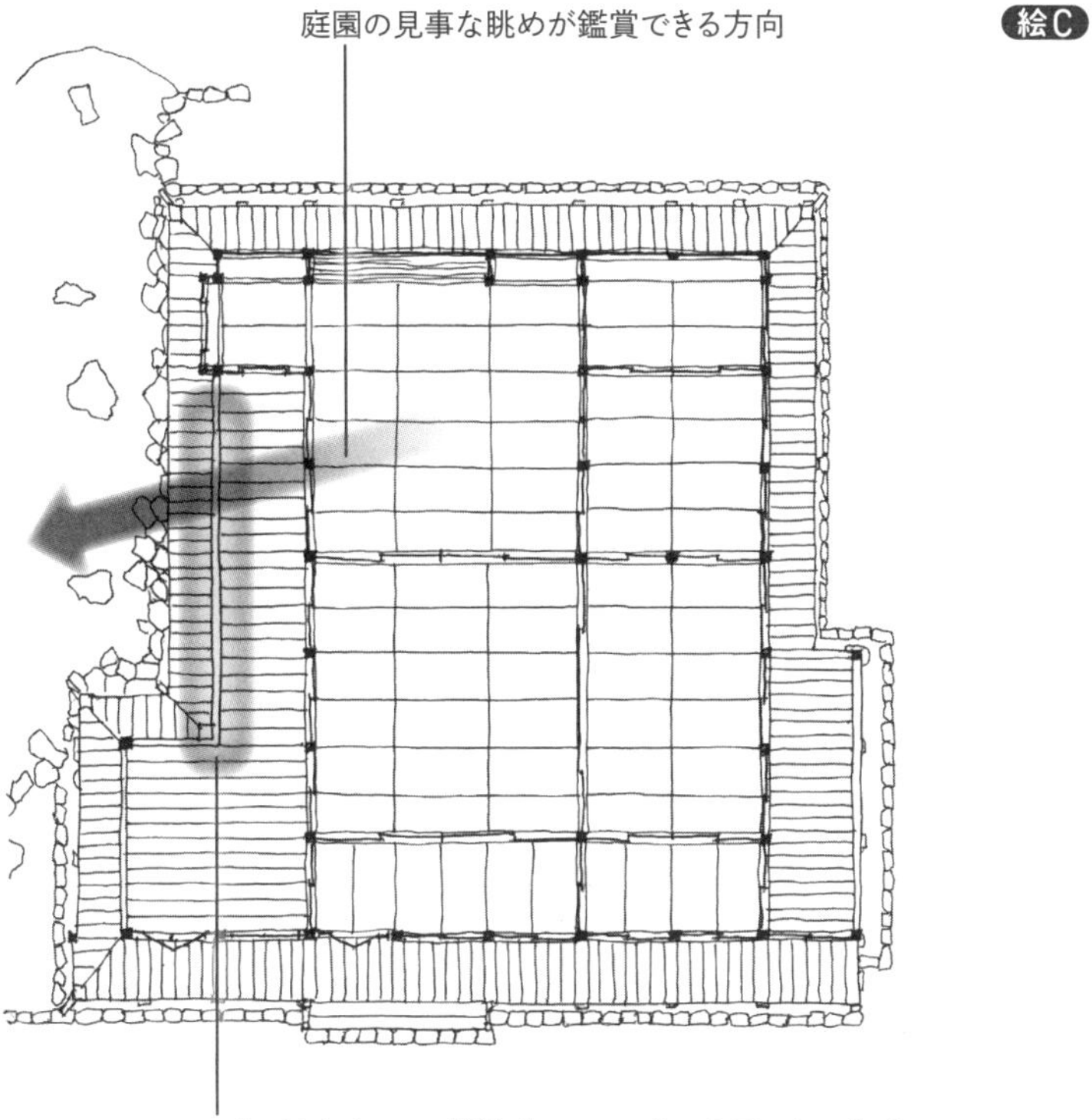
絵C
庭園の見事な眺めが鑑賞できる方向

このエリアには、柱がありません。構造的には、2本ほど配したほうが合理的と考えられます。それでも、柱を設けなかった理由は、広縁から南方向にすばらしい庭園が見渡せます。広縁や室内から庭園への眺望を阻害する位置に柱を設けたくなかったからでしょう

ような工夫で、そのずれを意識させないようにするほうが賢明ですね。

書院建築の代表的遺構である「勧学院客殿」も、光浄院客殿と同じように国宝に指定されています。勧学院客殿は、外観については光浄院客殿とよく似ており、いくぶん規模が大きくなっています。内部は、3列に並んでいて、上段の間の突出部分はありません。また西側の十畳の間には付書院がみられるといった違いがあります。

南側の2部屋には、狩野光信の代表作で、桃山時代の障壁画の最高傑作といわれる四季花木図もあります。

広大な寺域には、見ごたえのある建築物が数多くみられます。国宝の金堂をはじめ、大門《だいもん》、食堂《じきどう》、一切《いっさい》経蔵《きょうぞう》、鐘楼《しょうろう》、などが挙げられます。

絵D

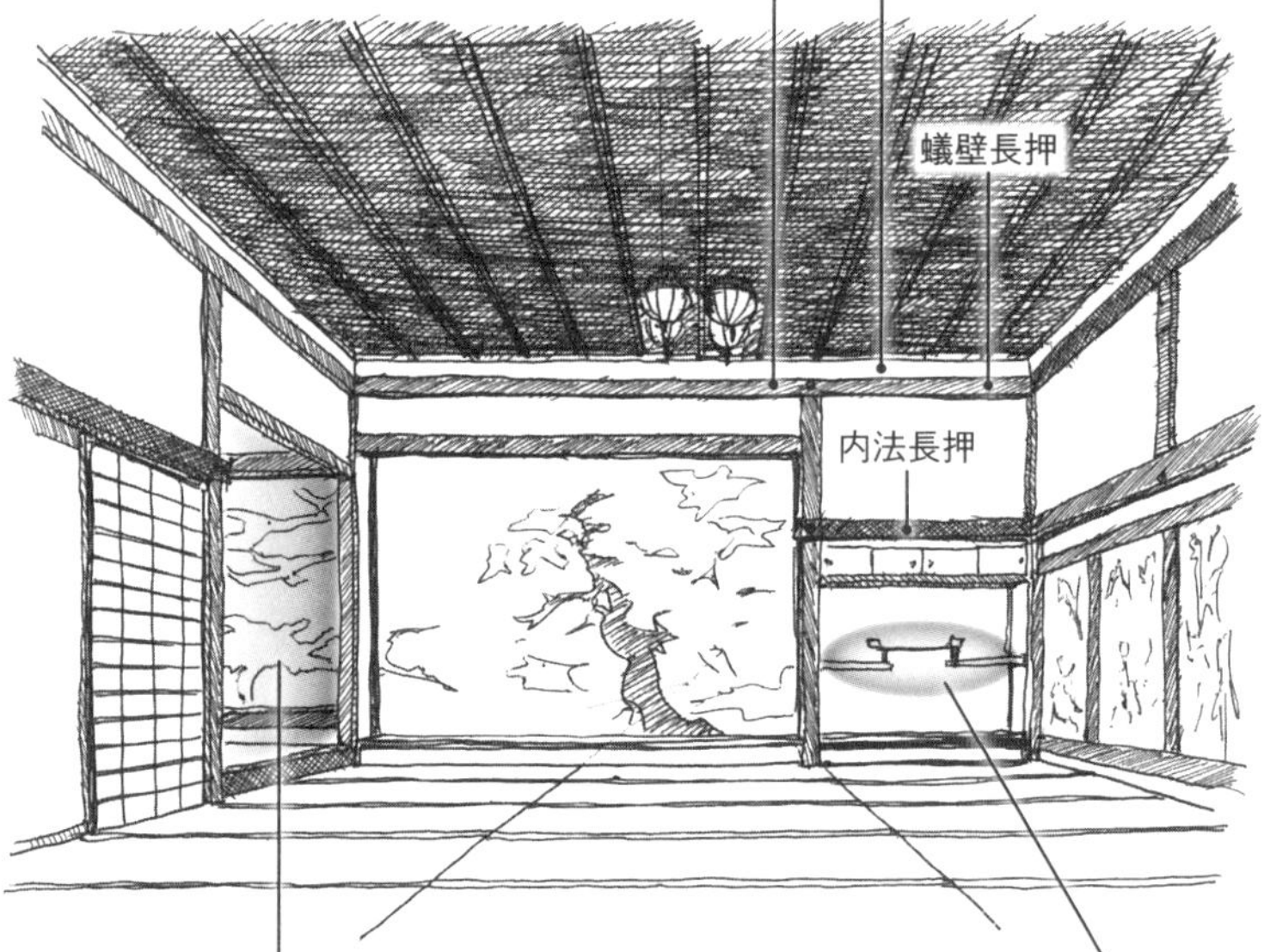
落とし掛け
蟻壁
蟻壁長押
内法長押
上段の間
違い棚

全体に堂々たる外観をもちつつ、檜皮葺の屋根などが軽やかな雰囲気を醸しだしています。

金堂については、外観を絵Eに示します。建物規模は桁行7間、梁間7間です。絵からもわかりますが、正面を見ると、いくぶん見上げることになります。手前の向拝などは、屋根勾配が視線の向きと平行に近くなるため、大きさがわかりにくいですが、向拝の下の階段までくれば、その大きさに驚きます。

屋根の立体形状、とりわけ、軒の軽妙な曲面が建物に開放的な印象を与えるのでしょう。美しいです。日本の伝統建築の究極の美とは何を指すかといわれれば、屋根、そのエレガントな曲線に尽きるといってもよいでしょう。

絵E

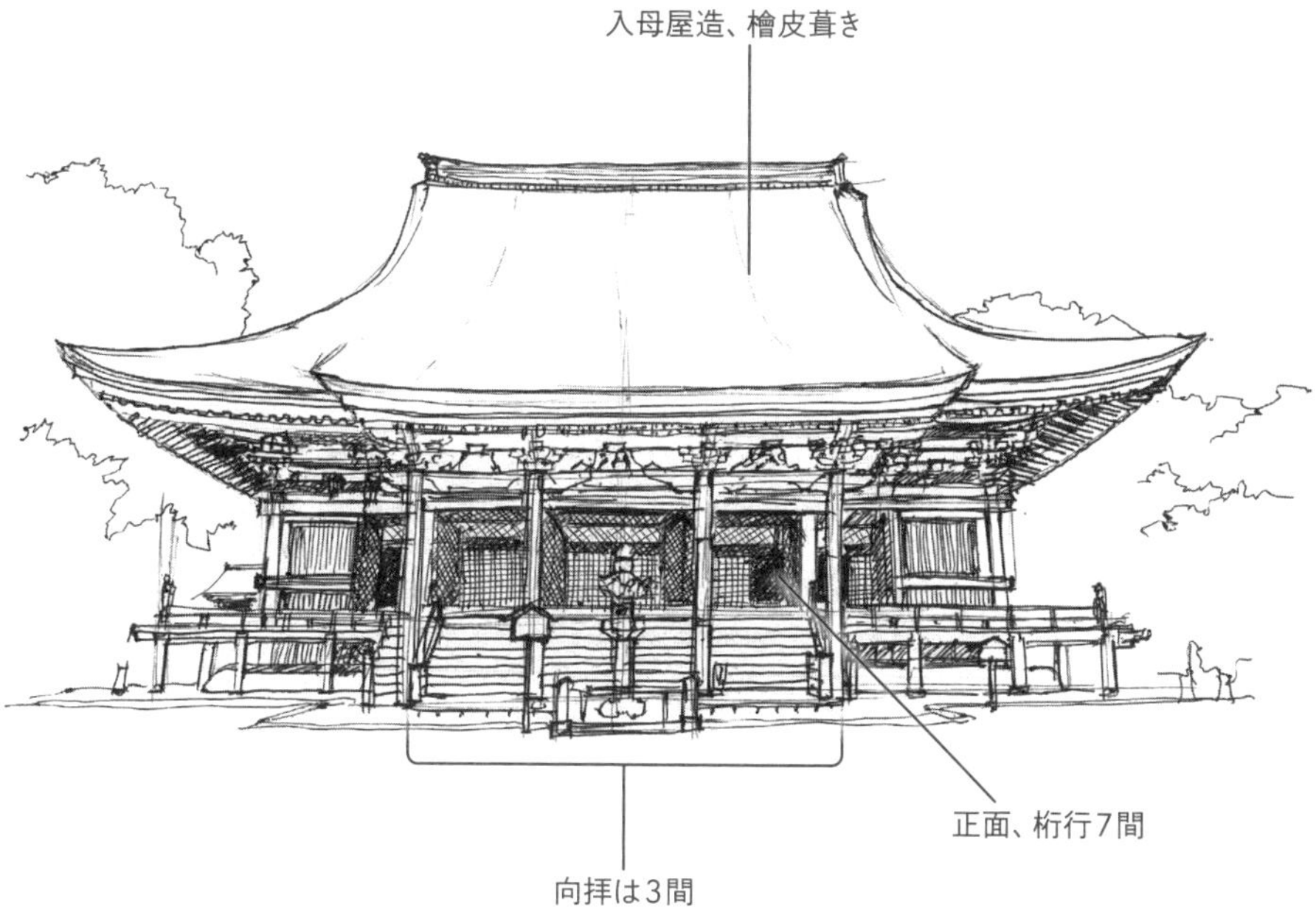
入母屋造、檜皮葺き
正面、桁行7間
向拝は3間

内部については、天台系の密教仏堂の形式を踏襲しており、内陣には床を張っていません。土間のままです。

現在の金堂は、豊臣秀吉の正室、北政所《きたのまんどころ》（高台院）によって1599（慶長4）年に着工されたものです。桃山建築を代表する豪壮な建物ではありますが、豪華絢爛なイメージよりも、装飾を抑えた品のよさが強く意識されます。

なお、金堂の南東に建つ鐘楼には、「天下の三名鐘」の一つといわれる梵鐘があります。三井寺以外の二つは平等院と神護寺です。歌川広重の「近江八景」にも描かれました。

醍醐寺 23
Daigoji Temple

絵A

所在地：京都市伏見区醍醐東大路町22
創建：貞観16年(874年)

通常の京都の市街地の範囲からは離れており、寺全体は、醍醐山《だいごさん》の山すそに広がっています。境内は200万坪に及びます。

醍醐寺といえば、次の2つをまず覚えたいですね。一つは、国宝にも指定されている五重塔です。京都で最も古い木造建造物であり、数ある五重塔の中でも、均整の取れた最も美しい塔との評価もあります。もう一つは、寺域が桜の名所として古くから知られており、豊臣秀吉が有名な醍醐の花見を開いた場所です。

醍醐寺全域はきわめて広大ですが、伽藍建造物の配置は3エリアに大別できます。国宝・重文だけを拾い出しても、山上伽藍と呼ばれる上醍醐に国宝2棟、重文2棟、平地である下醍醐の伽藍に合計6棟の国宝と10

棟の重要文化財の建物があります。時代的にも平安、室町、桃山、江戸の各時代の建造物で、すばらしいものばかりです。ここでは、特に注目すべき建築として五重塔をまず、とりあげます。

醍醐寺五重塔の建立は、平安時代の951(天暦5)年。総門をくぐり、まっすぐに進むと仁王門に到着します。その先には、醍醐寺の中心の御堂である金堂や五重塔が見えてきます。五重塔は、近づいていくと、**絵A**のような光景になります。

五層の軒裏が、覆うばかりに広がっており、遠くからだとすぐに認められる相輪《そうりん》と呼ばれる装飾物は、五層の屋根で隠れがちです。複雑にかみ合った斗栱《ときょう》も迫力があります。意匠も兼ねた構造部材がむきだしになっていますから、複雑な積み木細工の建物という印象でしょう。**絵A**で、二種類の垂木(飛檐垂木《ひえんだるき》と地垂木《じだるき》)の作り出す軒の細部意匠も重要です。もっとも、軒の出が大きいため、日差しの強い日では軒裏部分が陰《かげ》になり、細部はよく見えないのも事実です。

五重塔の魅力を多角的に理解するには、適度に建物から離れて、観察するとよいでしょう。**絵B**は、絵というより図面風ですが、建物高さ(側柱の礎石上端から宝珠の頂部まで)は38・2mで、そのうち、相輪は12・8mですから、全体の33・5%。ざっと、全体の3分の1を相輪が占めていますね。

醍醐寺五重塔は、総高と相輪《そうりん》の比率がよいためでしょう。とてもバランスのよい塔です。時代が下るにしたがって、相輪の占める比率が低くなる傾向にあります。

塔の基本的な構成比率を判断する尺度の一つが「逓減率《ていげん》」です。五重の屋根は、上階ほどサイズが一定割合で小さくなっています。その比率を初重の柱間隔に対する五重の柱間隔の数で表現したものです。醍醐寺の五重塔では逓減率は0・617です。ちなみに法隆寺の五重塔は、0・50で、非常に安定感のある理由がそれです。逆に、日光東照宮の五重塔では、0・75です。この数字が高い塔は、近くでみると垂直性が強く感じられる反面、離れて見るとやや構造的な不安定感を与えます。

五重塔を特徴づける一つである組《くみ》物《もの》を見てみましょう。斗栱《ときょう》ともいいますが、大きく分けると「和様」「大

絵B

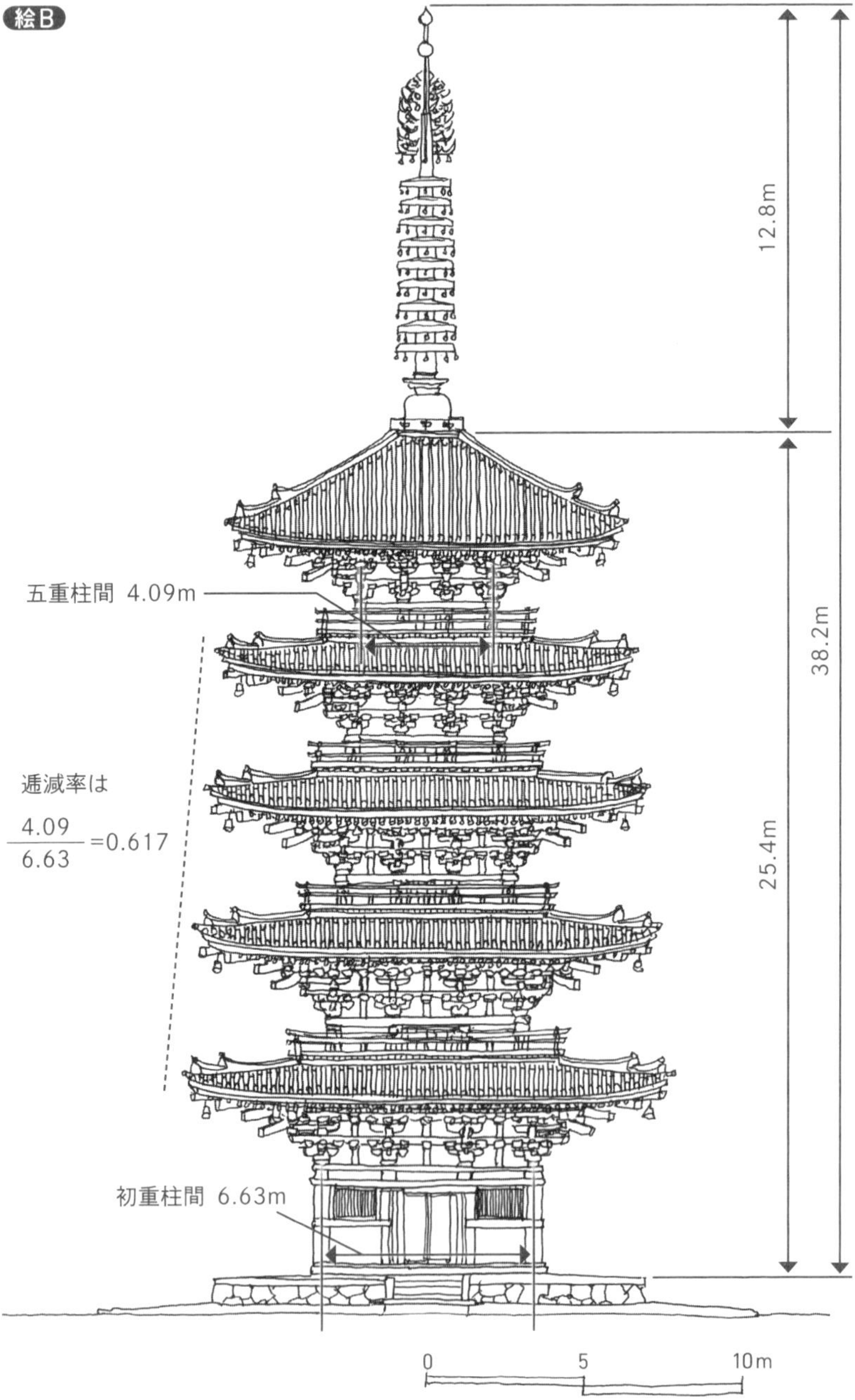
五重柱間 4.09m
逓減率は
4.09 / 6.63 =0.617
初重柱間 6.63m
12.8m
38.2m
25.4m
0
5
10m

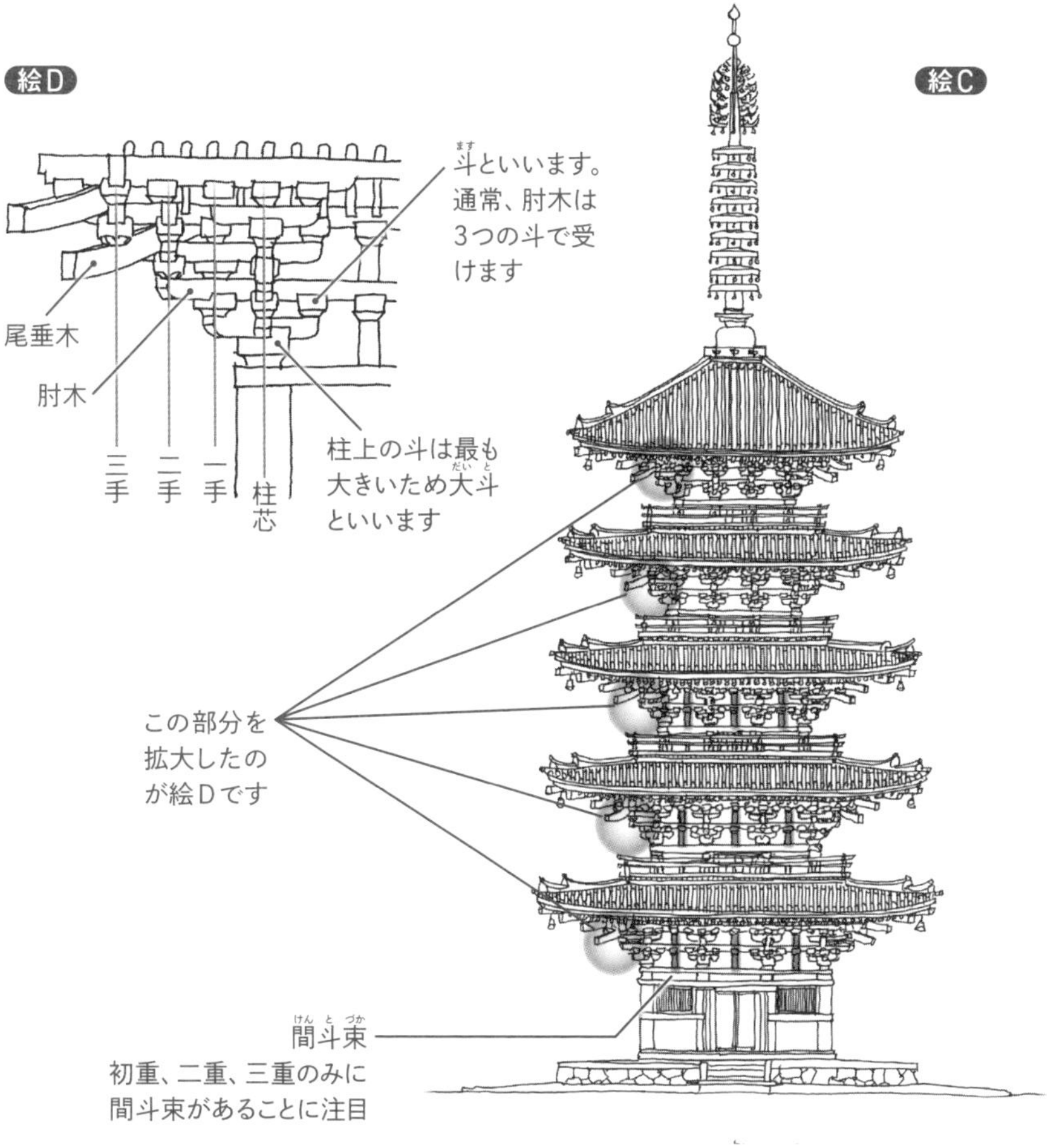
絵D
斗《ます》といいます。通常、肘木は3つの斗で受けます
尾垂木
肘木
三手
二手
一手
柱芯
柱上の斗は最も大きいため大斗《だいと》といいます
絵C
この部分を拡大したのが絵Dです
間斗束《けんとづか》
初重、二重、三重のみに間斗束があることに注目

仏様」「禅宗様」の3つの組物があります。五重の屋根のそれぞれの軒を大きく出すための工夫が、組物を生み出しました。

醍醐寺の五重塔は、その中の「和様」です。

絵Cの丸印の箇所を取り出したのが**絵D**です。柱芯から外に伸びた肘《ひじ》木《き》と斗《ます》の組み合わせに着目しましょう。

順に斗の位置で、一手だすのが出《で》組《ぐみ》といい、二手だすのが二手先《にてさき》、三手出すのが三手先《みてさき》と呼ばれます。格式の高い建造物ほど、三手先の組物になります。五重塔は、したがって原則として、どれも三手先の組物です。

組物の進化の歴史をたどると、すでに奈良時代の唐招提寺金堂などで、三手先の組物が登場しています。た

絵E

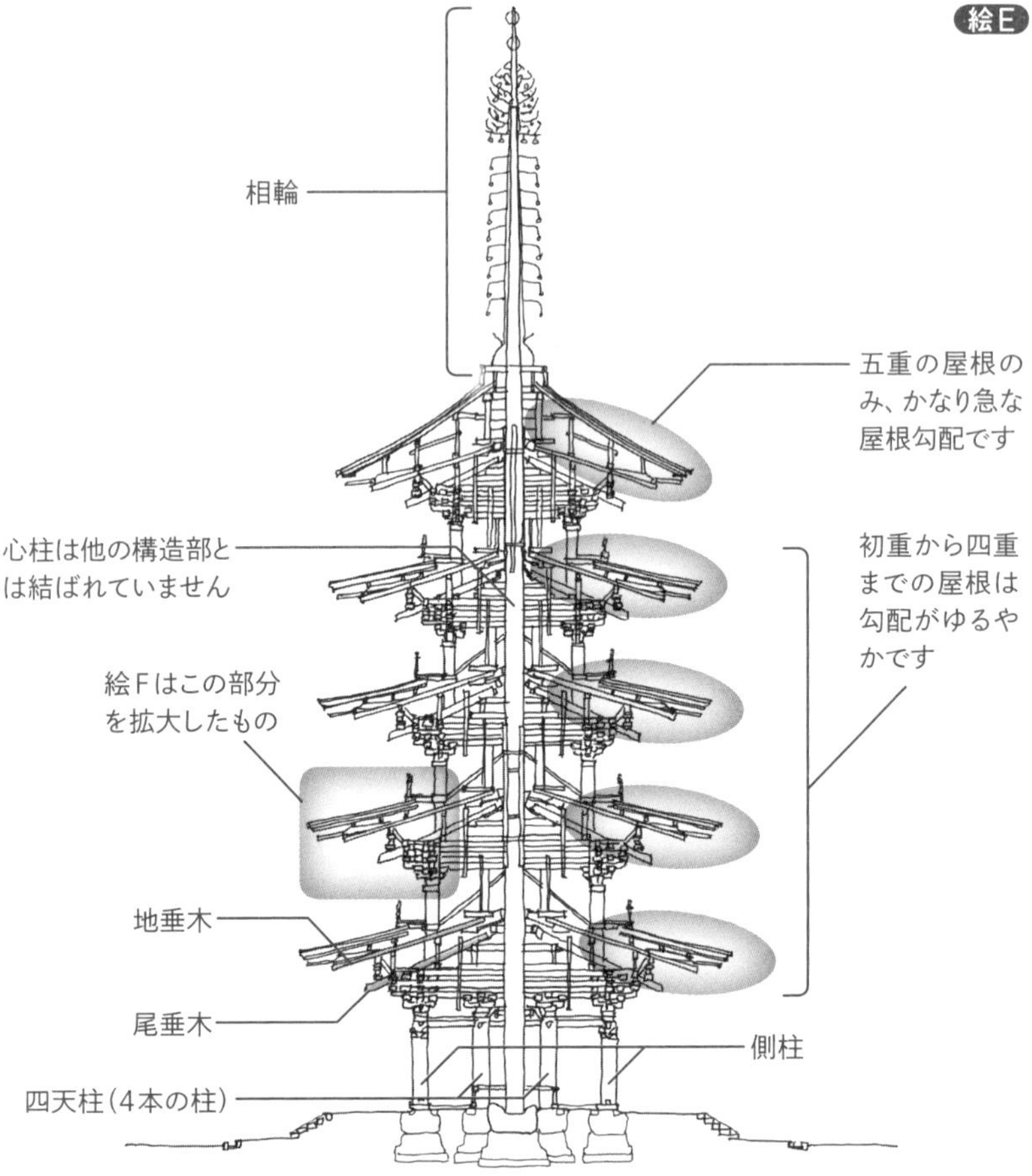
相輪
五重の屋根のみ、かなり急な屋根勾配です
心柱は他の構造部とは結ばれていません
初重から四重までの屋根は勾配がゆるやかです
絵Fはこの部分を拡大したもの
地垂木
尾垂木
側柱
四天柱（4本の柱）

だし、一般部はよいとして、四隅の軒先での荷重支持の方式で、枡と肘木の配置は合理的とはいえません。そうした課題が克服され、和様として完成されるのは、平等院鳳凰堂においてです。

絵Cで、逓減率にかかわることを補足します。上階にいくほど、部材の比率は徐々に小さくなりますが、部材によっては、途中からなくなるものもあります。各層の外観で、柱はそれぞれの面で4本ずつ、初重から五重まで並んでいますが、たとえば間《けん》斗《と》束《づか》の配置をみると、初重、二重、三重にはそれぞれ三か所に設けられていますが、それよりも上の階には設けられていません。こうしたことはほかの五重塔にも見られ、たとえば法隆寺の五重塔では、最上階

絵F

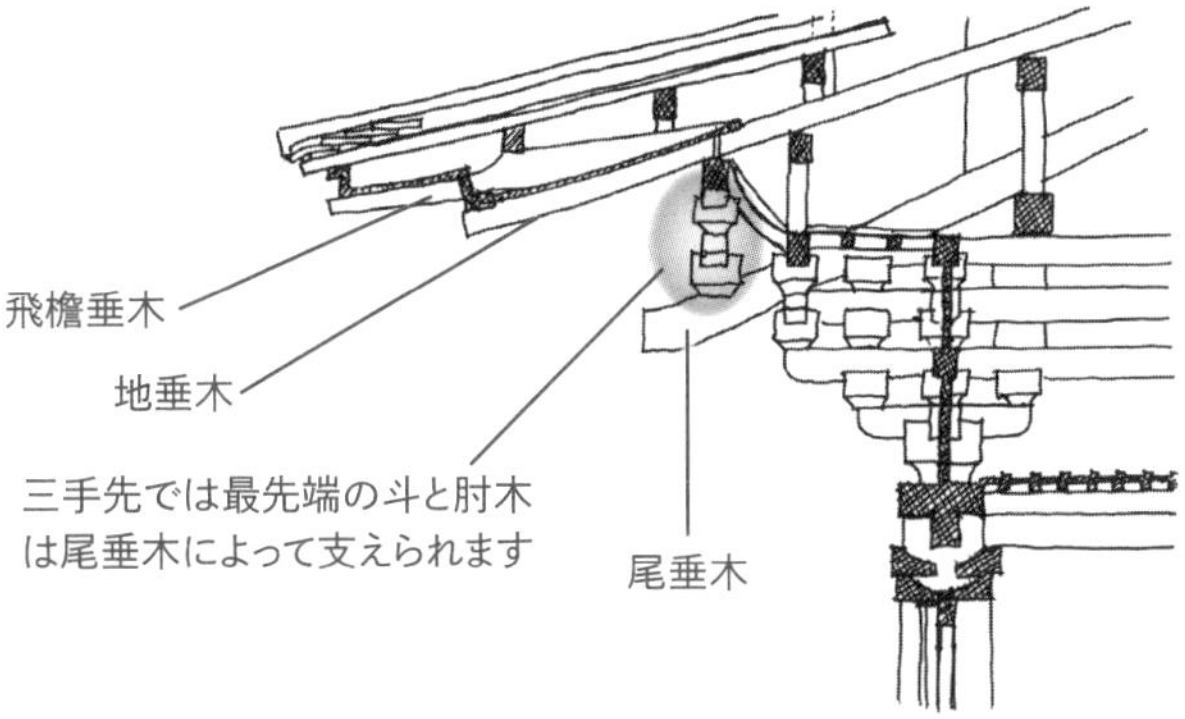
飛檐垂木
地垂木
三手先では最先端の斗と肘木
は尾垂木によって支えられます
尾垂木

絵G

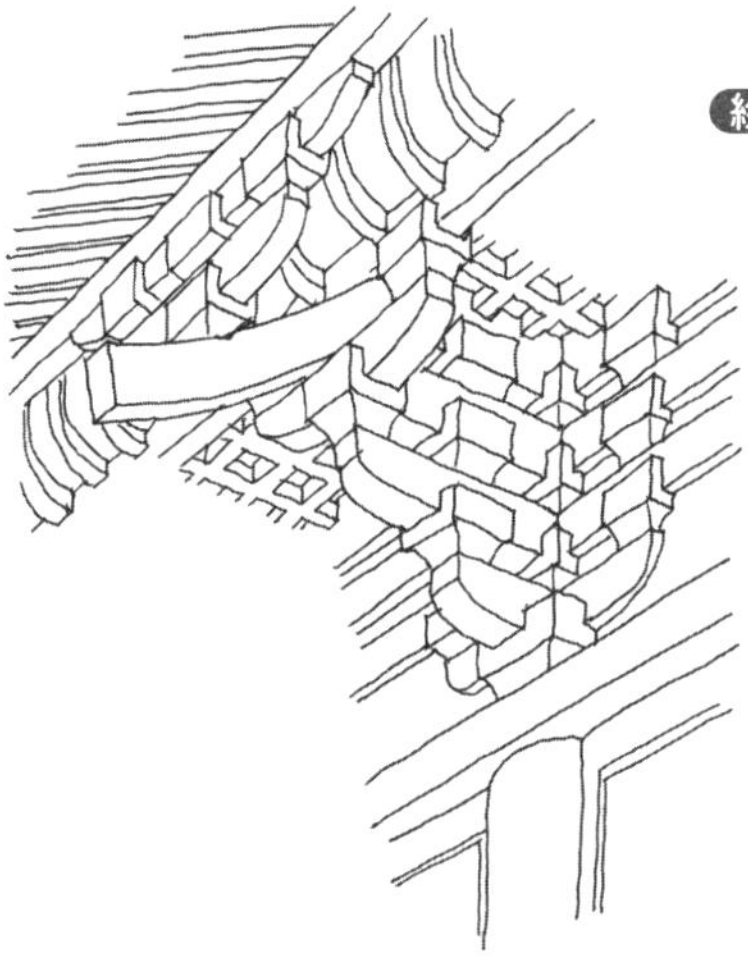

のみ柱は各面とも三本で、ほかは四本です（伝統的な記述に従うと、最上階のみ「二間」、それ以外は「三間」、となります）。

五重の塔が、ほかの建築物と異なる理由の一つは、高層建築であること。近世以前には、五重塔が唯一の高層建築でした。

しかも、建物高は数十mに達するにもかかわらず、現代の建築法規に照らすと、なんと平屋なのです。これは、2層より上には床も天井も作られていないからです。

絵Eは、醍醐寺五重塔の断面を示していますが、屋根を支える部材などが、心柱《しんばしら》を取り囲むように複雑に組み上がっており、階段を設けるのも容易ではありません。

また、**絵E**で、各重の屋根を支える地垂木《じだるき》と尾垂木《おだるき》が、外観を形成する重要部材であると同時に、建物内部にまで深く伸びていることがわかります。これは、「テコの原理」の応用により、屋根荷重を支えているためです。その部分を拡大してみたのが**絵F**です。

絵Fでは組物の立体イメージがわ

正面からみた金堂　絵H

表書院
純浄観《じゅんじょうかん》
三宝院の庭園

絵I

全体は書院造りですが、高欄《こうらん》を巡らしてある点は、寝殿造の特長が加わっています

きにくいかもしれず、参考として絵Gを添えましょう。醍醐寺五重塔の三手先の組物は、かなり完成度が高いですが、完成形は平等院鳳凰堂の組物で実現されます。組物の横同士の関係、とりわけ肘木の連続性が見事に解決されています。

　五重塔の西に位置するのが国宝の金堂です。一重（平屋のことです）入母《いりも》屋《や》造《づくり》で、桁行7間、梁間5間の規模をもち、屋根は本瓦葺きです（絵H参照）。創建時の金堂は2度の焼失のあと、豊臣秀吉の支援により、紀伊国（和歌山県）の満願寺本堂を解体移築したものです。建築様式は平安時代末期から鎌倉時代初期と考えられています。金堂の中央には、醍醐寺の本尊である薬師如来坐像が安置されています。

三宝院の創建は第14世座主の勝覚僧正で1115（永久3）年です。歴代座主が居住する本坊的な存在です。桃山時代の、寝殿造の様式を伝える表書院や、豊臣秀吉が基本設計をしたとされる三宝院庭園、あるいは唐門など、見どころの多い境内です。

絵Iは、表書院の縁側と庭園の一部を示しています。また**絵J**は、桜馬場からみた国宝の唐門です。旧伏見城の遺構といわれており、柱や扉などは黒漆塗りです。

三宝院の唐門　**絵J**

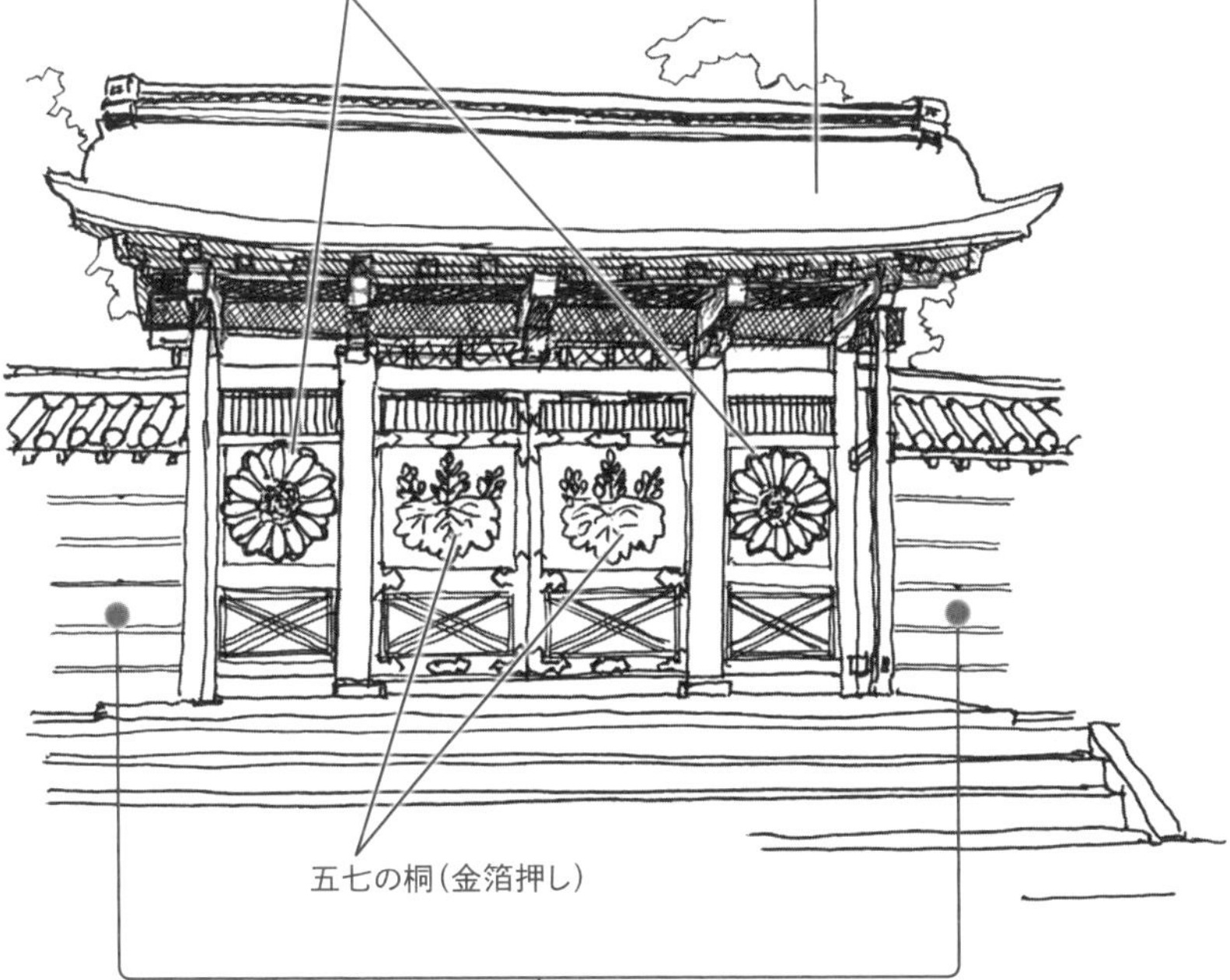

十二弁の菊の彫刻
（金箔押し）
茅葺の平唐門
五七の桐（金箔押し）
瓦屋根の長く続く白壁（●部分）に対して、
この唐門はとてもあか抜けています

五重塔の各部名称

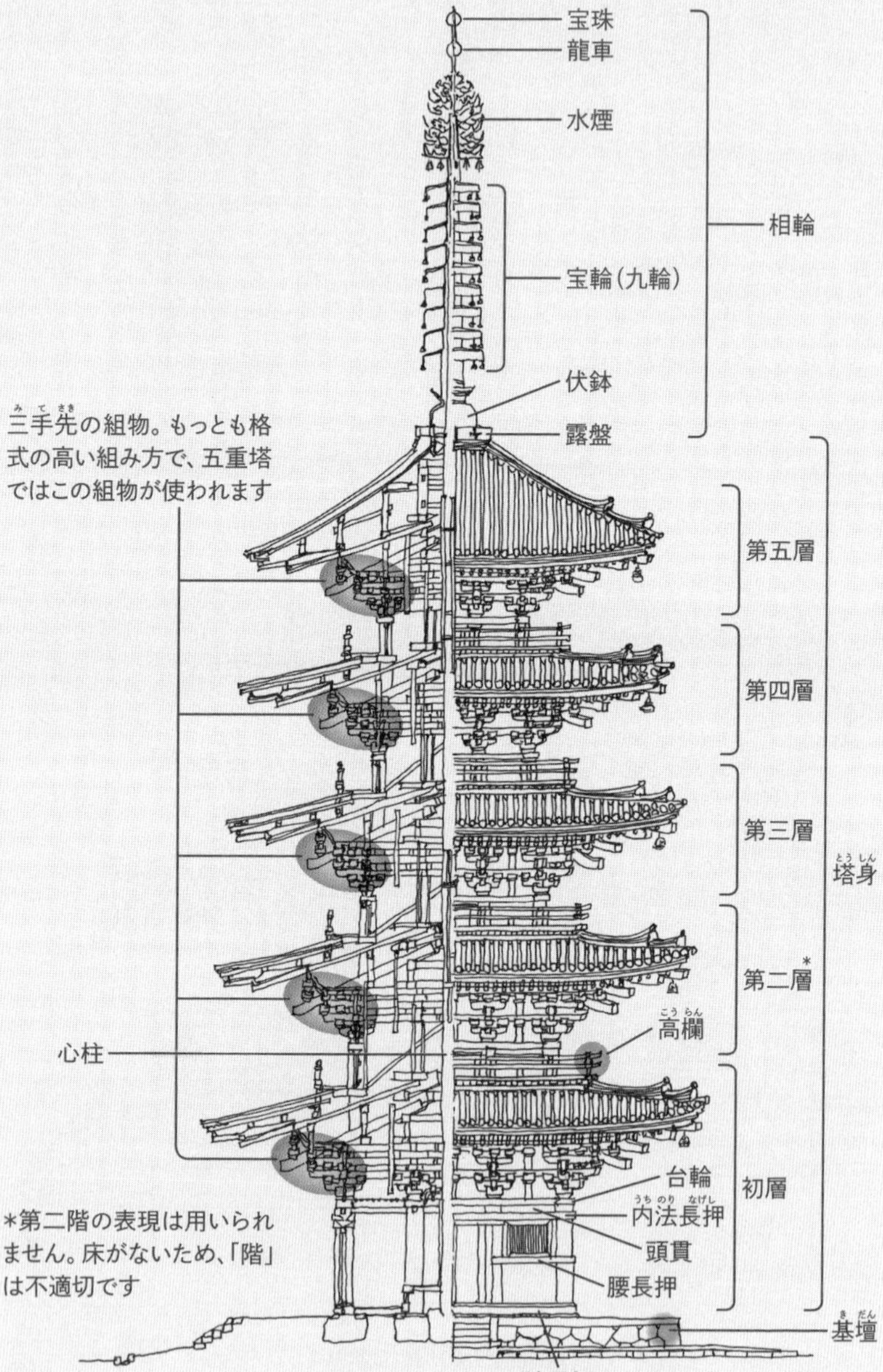
宝珠
龍車
水煙
相輪
宝輪（九輪）
伏鉢
露盤
三手先《みてさき》の組物。もっとも格式の高い組み方で、五重塔ではこの組物が使われます
第五層
第四層
第三層
塔身《とうしん》
第二層*
高欄《こうらん》
心柱
台輪
初層
内法長押《うちのりなげし》
頭貫
腰長押
基壇《きだん》
地長押
*第二階の表現は用いられません。床がないため、「階」は不適切です
0
5
10m

五重塔の各部ですが、思いのほか、知ってほしい名称、用語がたくさんあります。右半分は外観を、左半分は断面を表示しています。事例としては醍醐寺五重塔で示していますが、ほかの和様の五重塔にも共通する名称が多いです。組物や柱・梁による架構の基本的な名称にも当てはまります。

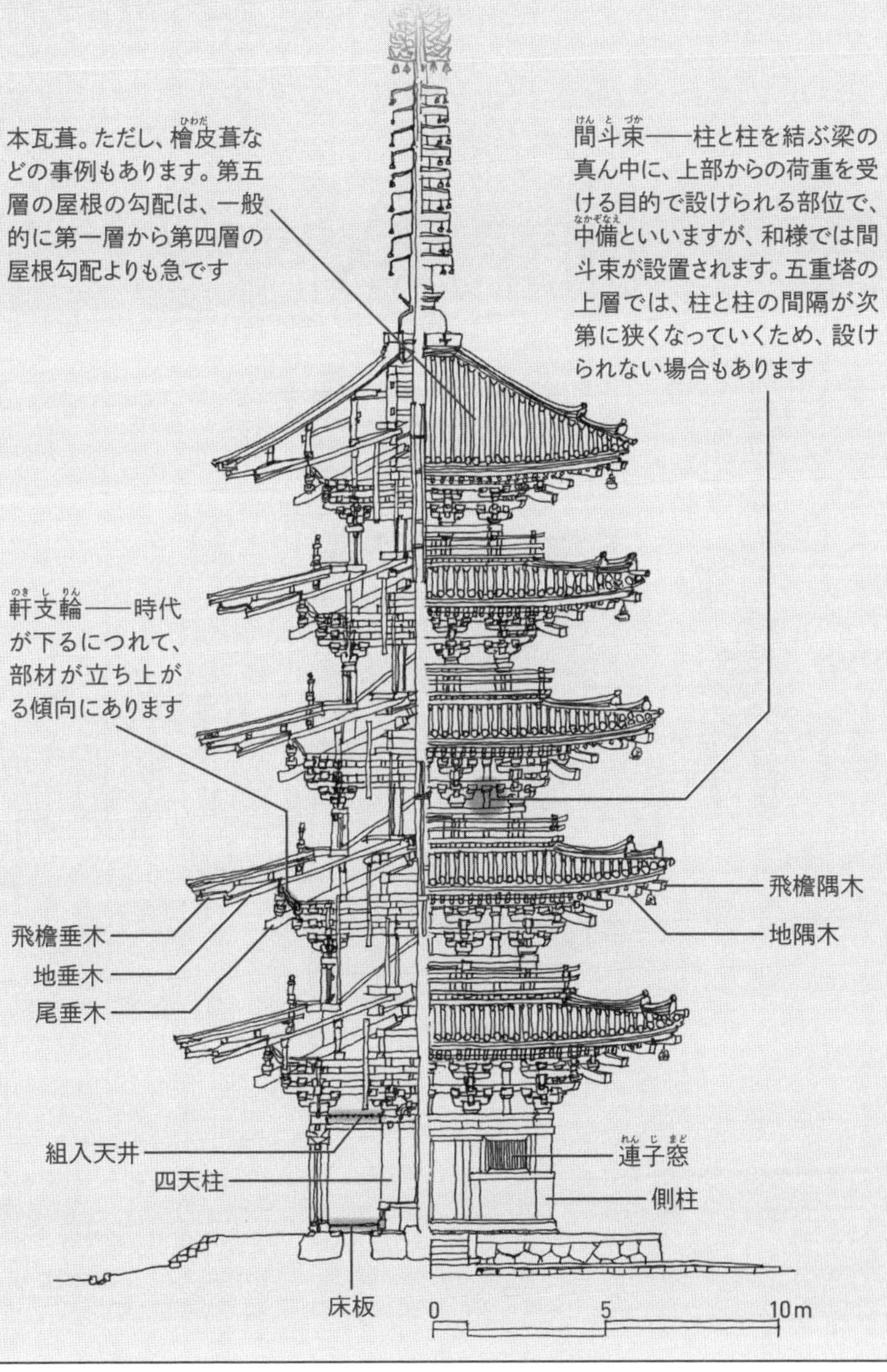

本瓦葺。ただし、檜皮《ひわだ》葺などの事例もあります。第五層の屋根の勾配は、一般的に第一層から第四層の屋根勾配よりも急です
間斗束《けんとづか》――柱と柱を結ぶ梁の真ん中に、上部からの荷重を受ける目的で設けられる部位で、中備《なかぞなえ》といいますが、和様では間斗束が設置されます。五重塔の上層では、柱と柱の間隔が次第に狭くなっていくため、設けられない場合もあります
軒支輪《のきしりん》――時代が下るにつれて、部材が立ち上がる傾向にあります
飛檐隅木
地隅木
飛檐垂木
地垂木
尾垂木
組入天井
四天柱
連子窓《れんじまど》
側柱
床板
0
5
10m

三千院 24

Sanzen-in Temple

所在地：京都市左京区大原来迎院町540
創建：延暦年間（782年-806年）

屋根は柿葺《こけらぶき》き、入《いり》母《も》屋《や》造《づく》り

高欄の端部には
菊の御紋が認め
られます

絵A

この建物に安置されている本尊の国宝、阿《あ》弥《み》陀《だ》如《にょ》来《らい》坐《ざ》像《ぞう》は、小規模なお堂ゆえ、天井をフラットに設けると、像を設置しにくかったのでしょう。屋根中央を山形にする舟底《ふなぞこ》形状で対処しています

建物の周囲にはしっとりとした苔が広がり、さながら緑の絨毯のようです

往生極楽院阿弥陀堂は1148（久安4）年建立で、平安時代の阿弥陀堂の主な遺構の一つです。阿弥陀三尊像や勢至菩薩坐像が安置されているこの建築物で、入母屋造りの屋根になっています

京都の市街地から北東に十数キロ、比叡山の西麓の大原に位置する、天台宗の寺院が三千院《さんぜんいん》です。重文の「往生極楽院阿弥陀堂」に安置されている「阿弥陀三尊坐像」は国宝でよく知られています。往生極楽院阿弥陀堂は１１４８（久安４）年の建立で、平安時代の阿弥陀堂の主な遺構の一つといわれています。**絵Ａ**はその外観を示しますが、杉やヒノキなどの樹林の中に佇む、小さなお堂です。

阿弥陀三尊像や勢至菩薩坐像が安置されているこの建築物で、入母屋造りの屋根になっていますが、通常ですと、平入《ひらいり》といって、棟木に平行な外壁面が入口になります。仏像の配置関係と屋根形状との関係からそうなるのですが、このお堂では、妻入り（建物の妻側に入口がある）になっています。比較的めずらしい、屋根形状と入口の関係です。

天台宗の寺院である三千院の理解には、歴史的な背景を知ることが不可欠です。最小限のことを説明します。起源は、７８８（延暦７）年に最澄が比叡山延暦寺を建立したさいに、梨の木の下に建てた小さな庵といわれています。大原の里は当時、念仏行者の隠れ里でしたし、声明《しょうみょう》という仏教音楽の聖地でもありました。三千院は、天台宗の中心寺院として発展しました。

また、堀川天皇の第二皇子が入寺して以来、皇族が住職を務めたため、青蓮院《しょうれんいん》や妙法院《みょうほういん》とともに「三門跡寺《さんもんぜきじ》院《いん》」の一つとなったのです。ただ、三千院と公称するようになったのは、比較的新しく、京都市街地にあった梶井宮本坊《ほんぼう》を大原に明治維新の後の１８７１（明治４）年に移してからです。なお、往生極楽院がそう呼ばれるようになったのは１８８５（明治18）年からで、それまでは極楽院と呼ばれていました。

現在は、青蓮院・妙法院に加えて曼殊院《まんしゅいん》・毘沙門堂《びしゃもんどう》とともに天台宗五《ご》個《か》室《しつ》門跡のひとつです。

境内の主要な建物としては、往生極楽院阿弥陀堂だけでなく、御殿門や客殿・本堂にあたる宸殿《しんでん》などが挙げられます。御殿門の風格のある石垣は、著名な石工《いしく》集団である穴太衆《あのうしゅう》が積み上げています。また、四季折々の花々が作り出す庭園は、境内に浄土世界を見せてくれるようです。

所在地：京都市南区九条町1
創建：延暦15年（796年）

東寺 25
Toji Temple

南大門。東寺の正門になります。広い境内ゆえ、東寺にはいくつもの門があります。時計回りに、南大門・穴門・蓮花門・西門・北大門・北総門・慶賀門（東門）・東大門（不開門）です。その中でも、南大門は幅が18m余、高さが13m余あり、もっとも大きい門です。屋根は切妻造で、本瓦葺、です。門の形式としては三間一戸の八《やつ》脚《あし》門《もん》です。

東寺は正式には教《きょう》王《おう》護《ご》国《こく》寺《じ》と呼ばれます。この名前の命名時期などは正確には不明ですが都を守る国立の寺として、東寺は796（延暦15）年に創建されました。それを、のちの823（弘仁14）年に弘法大師が賜り、真言密教の根本道場となったのです。現在、真言宗総本山となっています。絵Aは、東寺の南大門と背後に五重塔が映る、よくみかける構図の景観です。五重塔は、高さが55mほどあり、伝統建築の塔としては日本最大の高さです。東海道新幹線の車窓からも、京都の市街地の家並みの中にあって、京都らしいシンボル的存在として目に留まります。

　市内の再開発などで高層建築の是非が議論されるさいに、東寺の55mより高い建物を建てないように、という声が挙がる理由もうなずけます。東寺の五重塔は、古都京都の都市景観の保護政策上、重要な意味と価値をもっていることがわかります。

あわせて、**絵A**に描いてある南大門ですが、重要文化財に指定されていますね。この門は移築されたものです。１６０１（慶長６）年に、三十三間堂の西門として建てられた門が、１８９５（明治28）年に東寺に移されました。木造の建築物は、こうした移築が比較的容易であり、本書のほかの寺社仏閣でも、移築された建築が少なくありません。

なお、南大門からまっすぐ北に向かう軸線上に、金堂、講堂、食堂《じきどう》と並びます。伽藍配置は、創建当時の位置を今日まで基本的に保持しています。

建物や仏像など、見どころが実に多く、建物でいえば、国宝の五重塔や金堂。仏像では講堂内の立体曼荼《まんだ》羅《ら》は、密教の世界観を示す仏像として、きわめて有名です。講堂内に設置されている仏像21体のうち、実に16体が国宝に指定されています。

本書では、建築を中心に解説しますので、五重塔や金堂を説明しましょう。

まず五重塔です。現在の塔は、五代目にあたります。創建は１６４４（寛永21）年で、徳川家光が再建しました。４代目の塔まで、いずれも焼失と再建を繰り返した経緯があります。ざっとですが拾い出しますと、そもそも初代の塔の着手時期は８２６（天長３）年頃とされていますが、完成時期は不明です。この塔は雷火により焼失し、二代目の塔は火災で焼失、三代目は落雷で焼失、四代目は火災で焼失、となっています。

このことを列挙したのは理由があります。長い年月の中で、東寺の五重塔は一度も、地震で倒壊してはいない、という点です。現在私たちが見ることのできる五重塔も、創建から数えて３５０年以上、たっています。その構造に対する地震対策は、今風にいえば、耐震・制震よりも、免震に近いと類推されます。

絵B-1はその構造を断面で表示しています。側柱礎石上端から相輪のトップまでの高さ（総高）は54・９mあり、木造では日本一を誇ります。あわせて、屋根は本瓦葺で、重量感もあります。逓減率が０・７０６（醍醐寺のところで解説しています）ですか

絵B-1

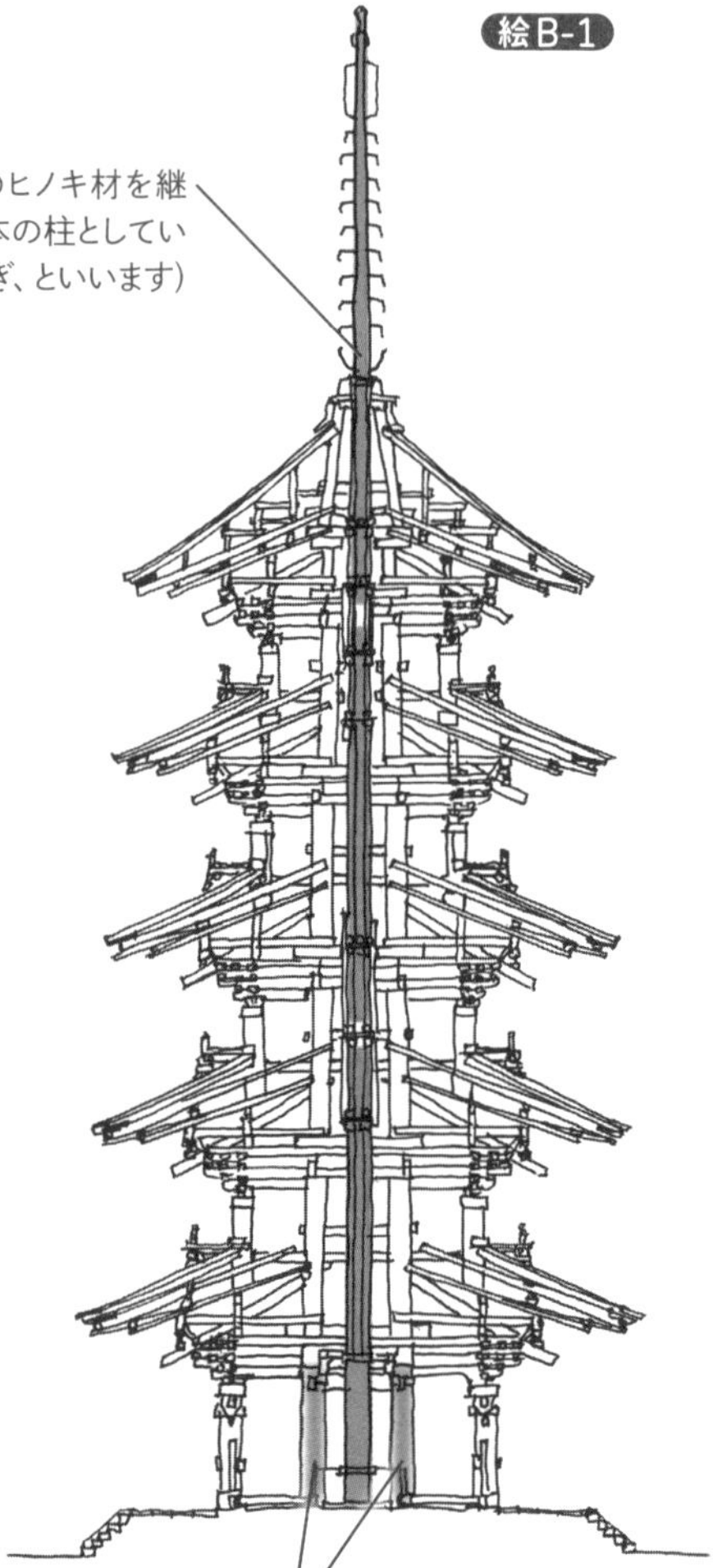
心柱は3本のヒノキ材を継ぎ足して、1本の柱としています（三丁継ぎ、といいます）
心柱を囲むように4本の側柱《がわばしら》が建っています。初層から五層まで一見つながっているようにみえますが、各層ごとに独立して建っています

絵B-2

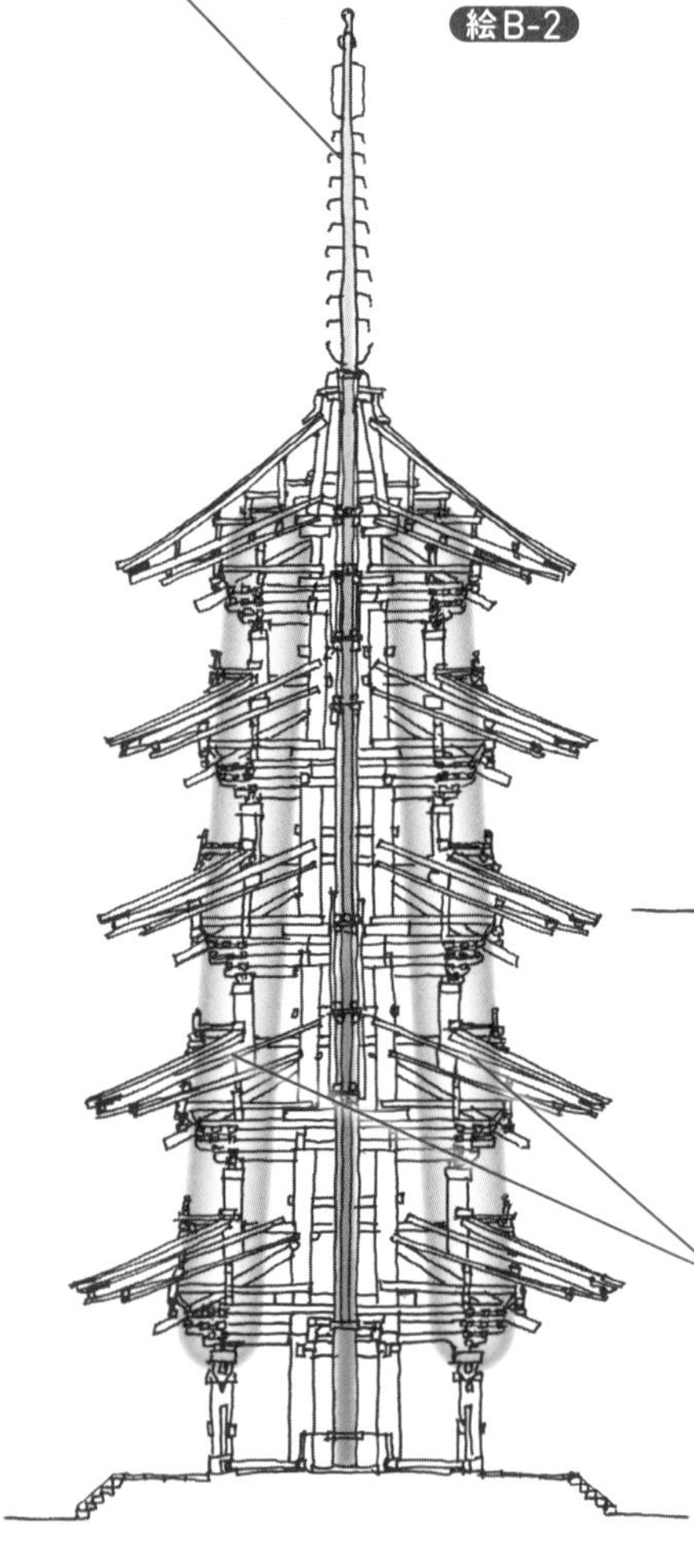
心柱は垂直材ゆえ、圧縮力にも強いため、上下方向の圧縮は小さいです
水平材の積み重ねで、荷重を下へ伝える仕組みのため、経年変化（上下方向への圧縮）が大きいのです

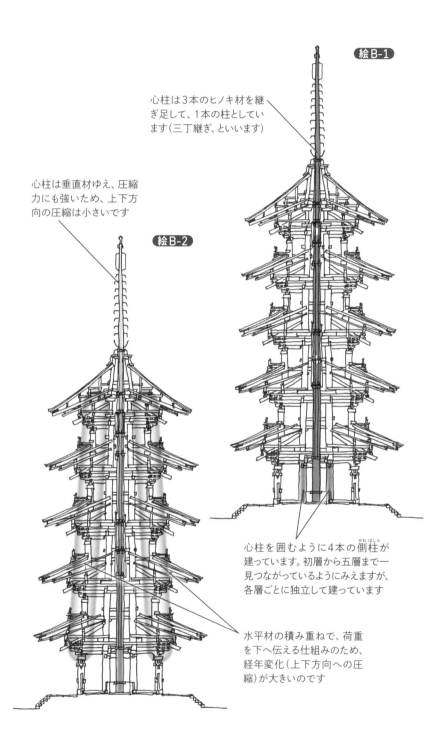

ら、上部の屋根も比較的、屋根面が大きいのが特徴です。下から見上げると、塔の安定感よりも、垂直性を強調した意匠といえます。

これを支持する構造体は、絵に示すように、各層ごとに、あたかもお椀を順次重ねた方式です。

肝心の心柱は、ふつうならば、建物全体の荷重をある程度、受ける支持体と考えますが、実は、心柱は、柱を取り巻くように組まれた構造部とは切り離されています。

このことを示す好例が沈下速度の違いです。**絵B-2**で、心柱よりも何倍も早く、周囲の部材からなる構造部で沈下がおきます。したがって、両者を緊結することは危険で、むしろ、切り離したほうが安全度が高まります。

大地震などのさいには、比喩でいうならば、柳の木の枝がゆらりと外力を受け流すように、地震力(主に横力)を逃がす構造方式といえます。この方式は、東寺の五重塔に限らず、宮大工の長い経験が反映された、ほかの五重塔にも共通していえることです。

以上のような、構造面での特徴を挙げたいと思います。建物外観としては、築造自体は、国宝五重塔の中では、東寺の五重塔は江戸時代ゆえ最も新しいのですが、意匠的には古風です。組物も和風の三手先です。

なお、塔の名前である「東」寺から類推して、平安京には西寺もあったのではないかと推し量りますね。西寺の伽藍は13世紀に焼失し、今日は石碑があるのみですが、平安京の時代には、格子状の市街地を南北に貫く大通りである朱雀大路《すじゃくおおじ》からみて、対をなすように東寺と西寺がありました。芥川竜之介の短編小説「羅生門」は、朱雀大路の南側にあり、都を守る大切な門でした。

金堂は、南大門の北に位置し、南北を通る軸線上にあり、豪放雄大な姿をみせています。桃山時代の空気を体現しています。あまりの大きさに、全体を見るには思いきり建物から離れなければならないほどです。金堂は、桃山時代の代表的な建築で、国宝に指定されています。

絵C-1は、全体像を示しています。南西から建物を見ている構図です。現在の金堂は1606(慶長11)年の再建です。

絵C-1

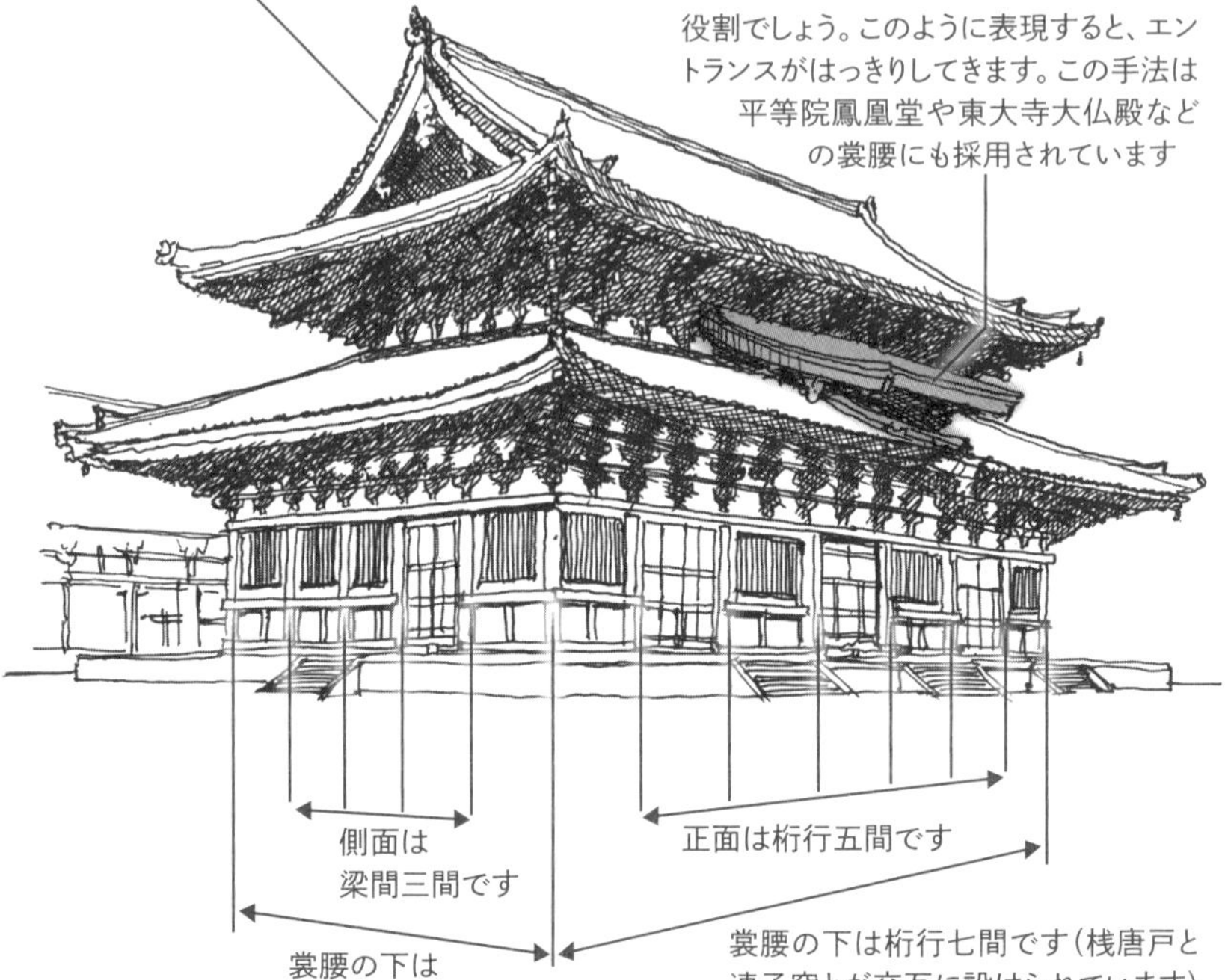
屋根は入母屋造、本瓦葺
正面の中央には、裳腰が途切れて、段違いになっている個所があります。装飾的な役割でしょう。このように表現すると、エントランスがはっきりしてきます。この手法は平等院鳳凰堂や東大寺大仏殿などの裳腰にも採用されています
側面は梁間三間です
正面は桁行五間です
裳腰の下は梁間五間です
裳腰の下は桁行七間です（桟唐戸と連子窓とが交互に設けられています）

絵C-2

中備えは間斗束です
中備《なかぞな》えは平三斗です
組手は三手先。肘木は柱から出しています

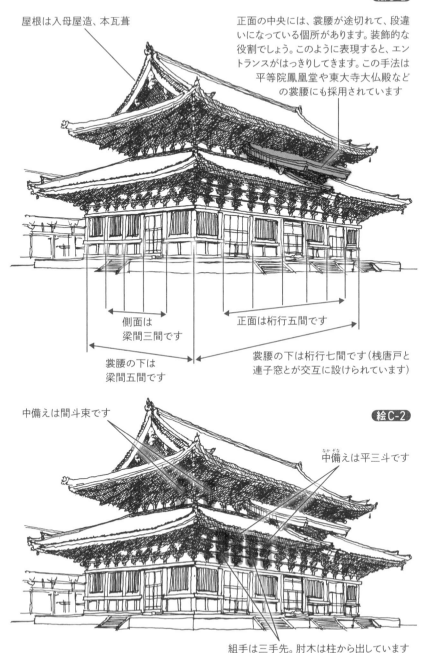

この建物は、一見、2階建てのように見えます。屋根の構成からそのように思いがちですが、下の屋根は「裳腰《もこし》」であって、主な目的は雨風除けです。2階に該当する床がありませんから、巨大な建築ではありますが、いまの表記でいうと平屋、となります。

次に断面を見てみましょう。**絵D**は南北方向に切断した断面です。中央部の吹き抜けの空間が非常に大きなスケールであることに気がつきます。金堂には薬師三尊像や十二神将が安置されていますが、特に三尊の高さは10mあります。そこで三尊が収まるような天井高さに決まったのです。

建築の細部意匠について、説明を加えておきます。**絵C-2**にその一

絵D

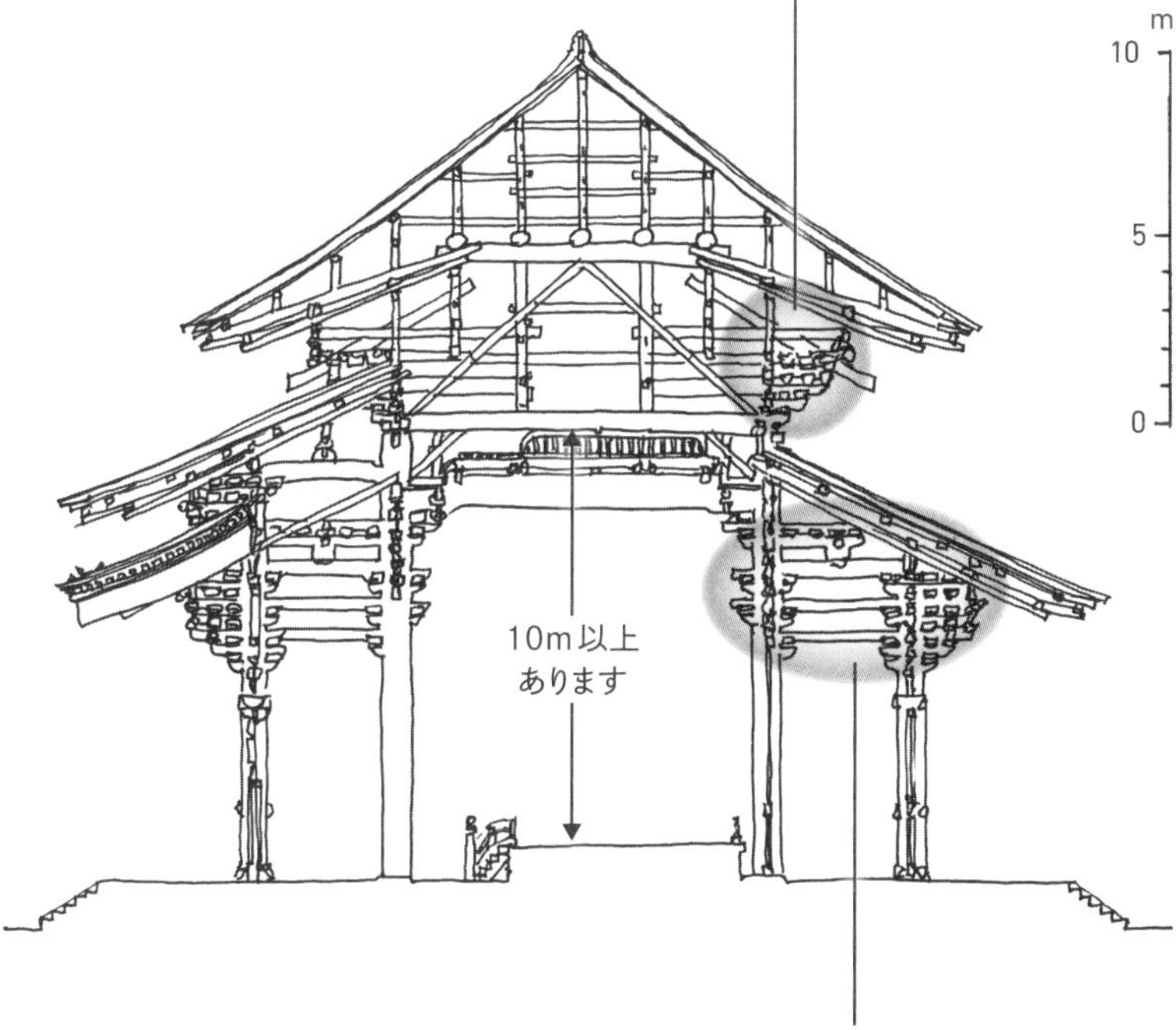

尾垂木と三手先の組物です（和様）
m
10
5
0
10m以上あります
貫や肘木を多用しています（大仏様、あるいは天竺様とも言う）

絵E

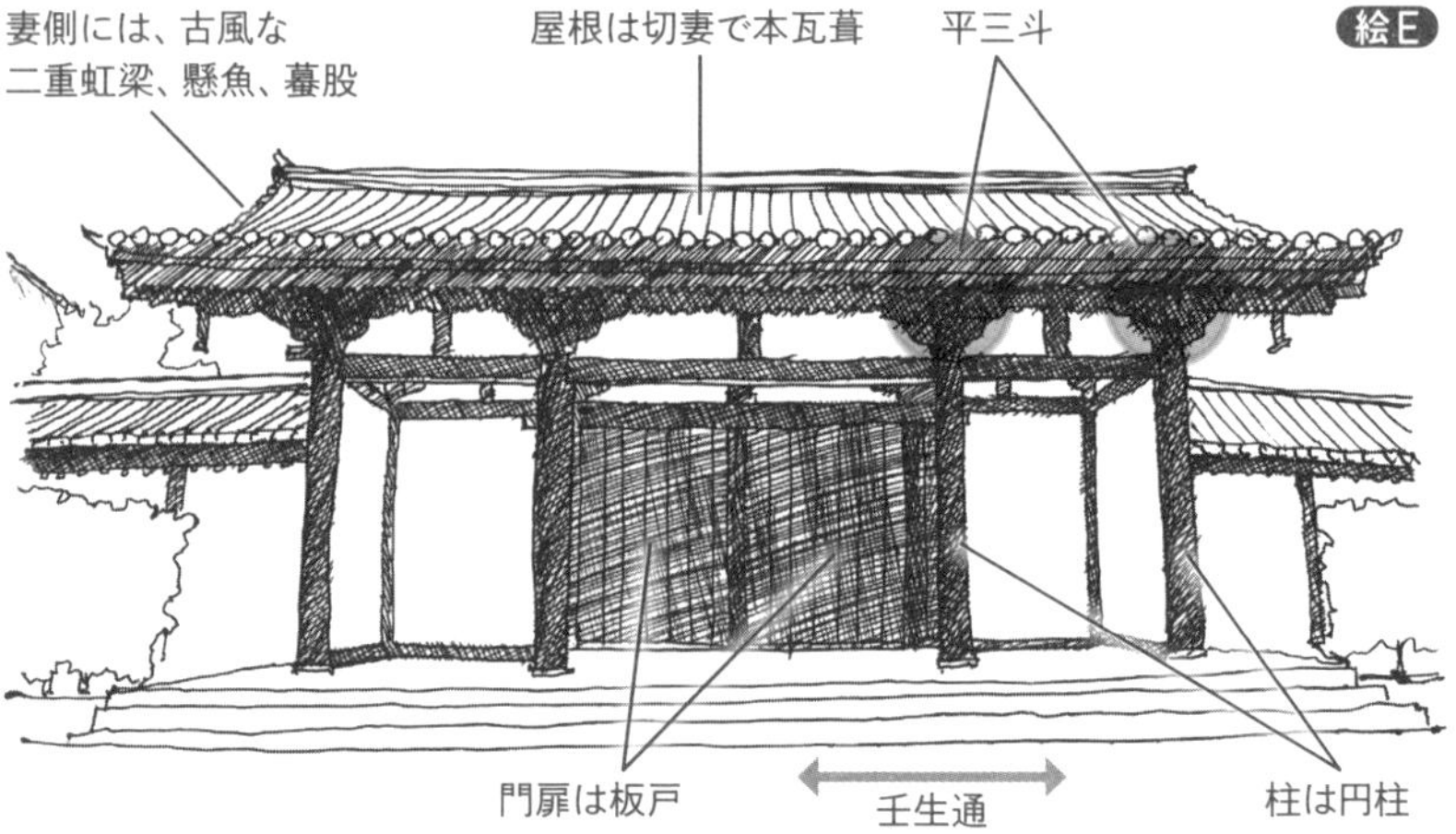
妻側には、古風な
二重虹梁、懸魚、蟇股
屋根は切妻で本瓦葺
平三斗
門扉は板戸
壬生通
柱は円柱

部を示しましたが、建物の中備えに、同じ意匠で統一してよいものを、複数の意匠による使い分けがなされています。組物や妻飾り、木鼻など、さまざまな細部意匠をじっくり観察すると、異なる様式の混在した箇所を発見できます。

東寺の金堂は、和様と天竺様、禅宗様の3つの建築様式が合わさった典型事例といえます。

金堂の北となりに建つ建物が講堂です。むしろ、講堂のほうが一般的には知られているかもしれません。講堂に安置されている立体曼荼羅は必見といえます。

門について、補足しておきましょう。東寺では、数ある門の中で、国宝が1つあります。蓮華門《れんげもん》といい、広大な寺域にあって、西側、壬生《みぶ》通に面する八脚門がそれです。**絵E**がその外観です。この門は、空海が東寺を去り、いよいよ高野山に向かうとき、最後に出た門といわれています。

なお、絵では、手前に設置されている柵を省いて描写しています。

この門の構造は三間一戸で、妻飾りの懸魚や二重虹梁蟇股は創建当時の、奈良時代の古式をよく残しています。また、天井をよく見ると、組入れ天井があります。現在の門は鎌倉時代の建立ですが、創建当時の外観を再現しているともいわれます。

26　伏見稲荷大社

Fushimi Inari Taisha

絵A

所在地：京都市伏見区深草藪之内町68
創建：和銅年間（708-715年）

伏見稲荷大社は、全国に3万以上あるとされる稲荷神社の総本宮です。全国の初詣参拝者数のランキングでは、伏見稲荷大社は約277万人とされ、第5位です（2023年）。ちなみに第1位は明治神宮で、319万人。上位5神社のうち、4社は、首都圏にあります。関西地区では、伏見稲荷大社は初詣参拝者数でトップなのです。人気のある、よく知られた神社であることが、この数字をみるだけで理解できます。

ちなみに伏見稲荷大社の年間参拝者は1000万人に上ります。この数字も、庶民信仰のメッカと呼ばれるにふさわしいですね。

話題にしたい建物については、次の3つの建築、あるいはそれに類するものが挙げられます。①千本《せんぼん》鳥居《とりい》

②本殿③楼門《ろうもん》です。
まず、①の千本鳥居です。屋根と壁のあるものを建築とみなすならば、鳥居の集合体は、景観的には絵Aに示すように、トンネル状の構造物に見えます。ですが、柱や屋根面は隣り合う鳥居を緊結しているわけではありません。その意味では屋根や壁とはみなされませんから、建築物ではありませんが、強烈な「朱色」に塗られた参道は、非常に空間的で、この風景の写真などは、国内外に広く伝わっています。

千本鳥居の朱色にとどまらず、伏見稲荷大社の社殿や楼門など、主要な建物は、木製の柱が朱色に塗られており、強烈な印象を与えます。朱色を塗るのは、景観目的だけでなく、実用的な必要性もあります。朱色の顔料は水銀と硫黄を混ぜ、加熱昇華させてできますが、防腐効果があるからです。

祈願したり、願いが通った感謝のしるしとして鳥居を奉納する習慣は、江戸時代にさかのぼり、現在、約1万の鳥居があります。**絵A**の千本鳥居は、奥宮から奥社まで150mほどの参道にあり、二手に分かれていますが、その先ではまた一つになります。奥社にある奉拝所は、狐の絵馬を奉納する場所でもあります。そこから稲荷山の山頂まで巡拝する「お山巡り」も、約2時間の参拝路ですが山の霊気を樹木や岩に感じることができます。

次に、②の本殿について説明しましょう。前室付きの五間社流造で1494(明応3)年に造営されました。重要文化財に指定されています。

典型的な流造の本殿で、側面から眺めると、檜皮葺きの屋根がつくりだす流造らしい曲面が美しいのですが、残念なことに正面からは全体像はよく見えません。理由があり、1960(昭和35)年に、前方に「内拝殿」が設けられたからです。

絵Bはその内拝殿を正面からみています。ツアーパンフなどで、本殿として紹介されている写真で、この正面が載っているものも見かけます。唐破風造の屋根がとても印象的ですが、正確には内拝殿です。ただし、内拝殿を通して、その奥に位置する本殿の姿を部分的にでも見ることはできますから、広い意味では**絵B**は本殿といってもよいでしょう。正面の細部意匠で、たとえば蟇股の蓮《はす》や

絵B

牡丹、唐獅子などのデザインには文様的な形態が反映されており、しっかり観察したいです。

3つめの楼門は、参拝客が、一の鳥居、二の鳥居をくぐって、境内に入るといやでも目に飛び込んでくる、堂々たる門です。檜皮葺きで、入母屋造の屋根、2層で、上層には高欄も巡らされており、正面の左右には一対のキツネ像が参拝者を見下ろしています。

伏見稲荷大社には豊臣秀吉の「命乞いの願文《がんもん》」が伝わります。1588（天正16）年ですが、生母・大政所《おおまんどころ》の大病が平癒されるよう、秀吉は一万石の立願米をささげるなど、祈願しました。その甲斐もあり大政所は回復がかないました。豊臣秀吉の寄進により、1589（天正17）年に完成したのがこの楼門です。全体の意匠は和様ですが、屋根の軒の出も控え目であるためか、建物規模からすれば感じるであろう威圧感はあまりありません。

境内の主要な建物は再建で、比較的新しい時期にあたります。ですが、稲荷大社の創祀はとても古く、708～715（和銅年中）と伝えられています。中世には稲荷山全体に上中下の3社を構えるほどの勢力になりましたが、応仁の乱で焼失しました。現在の堂宇は、そのあと、山麓を中心に社殿などが再建された歴史をもちます。

平安神宮 27

Heian Jingu Shrine

所在地：京都市左京区岡崎西天王町97
創建：1895年（明治28年）

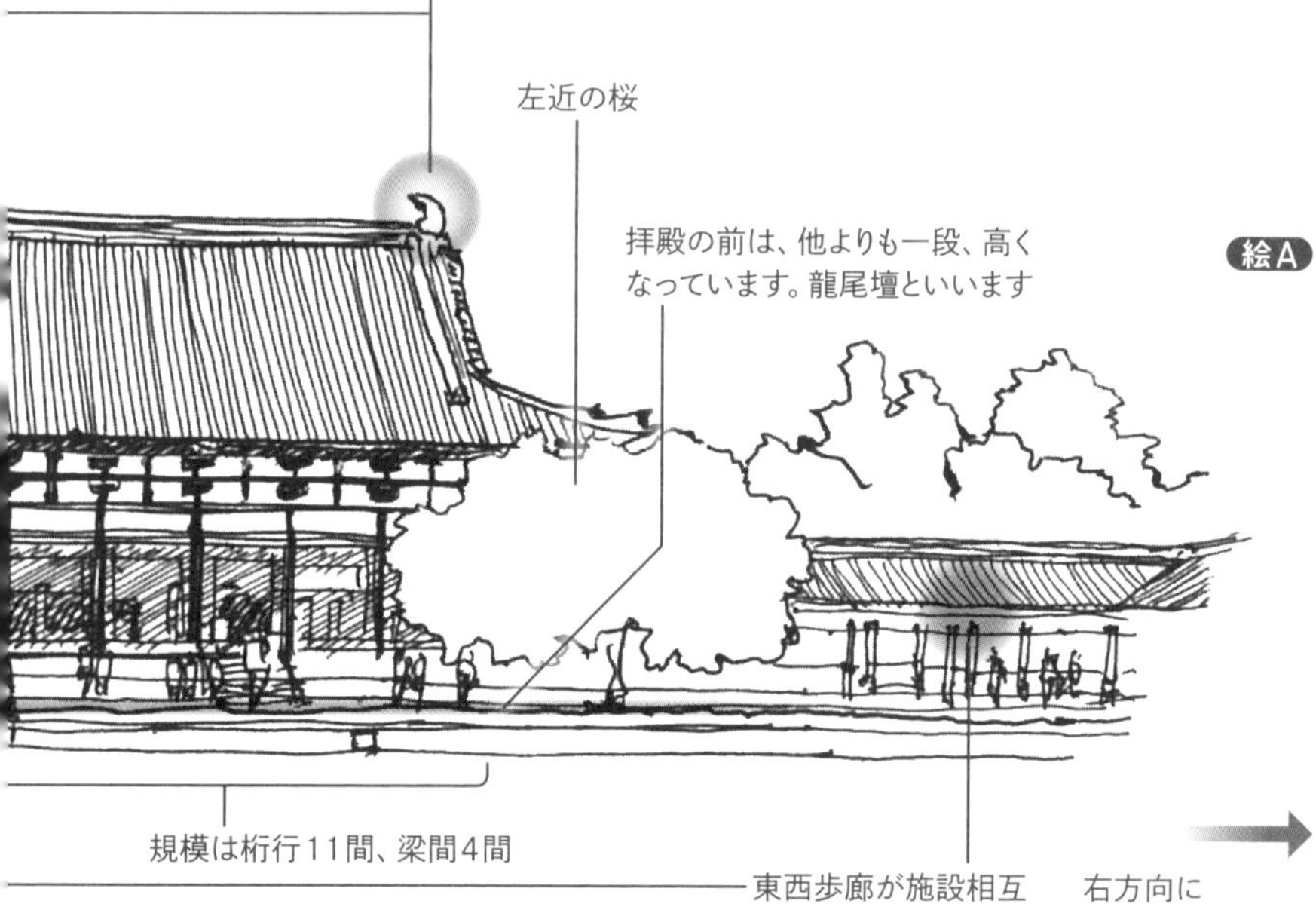

屋根の棟の左右に鴟尾《とびのお》が金色に輝いています
左近の桜
拝殿の前は、他よりも一段、高くなっています。龍尾壇といいます
絵A
規模は桁行11間、梁間4間
東西歩廊が施設相互を結んでいます
右方向に蒼龍楼があります

平安神宮の社殿にまつわる話から始めましょう。

1895（明治28）年の平安遷都1100年を記念して、平安宮大極殿（外拝殿）を模した記念殿の建築が計画されました。工事に着工したあとに、桓武天皇を祀る本殿を建設することになり、記念殿が神社であることが決まったのです。設計監督は木《き》子《ご》清敬《きよよし》と伊東忠太で、竣工は1895（明治28）年です。

絵Aは、応天門《おうてんもん》を模した楼門をくぐった先から、北方面に社殿を見ています。拝殿の左右には、蒼龍楼・白虎楼と名づけられた楼閣が設けられています。楼閣を結ぶ回廊もそうですが、これらの諸施設は、いずれも創建当時に造営されました。また、楼門も含めて、平安宮朝堂院の主だ

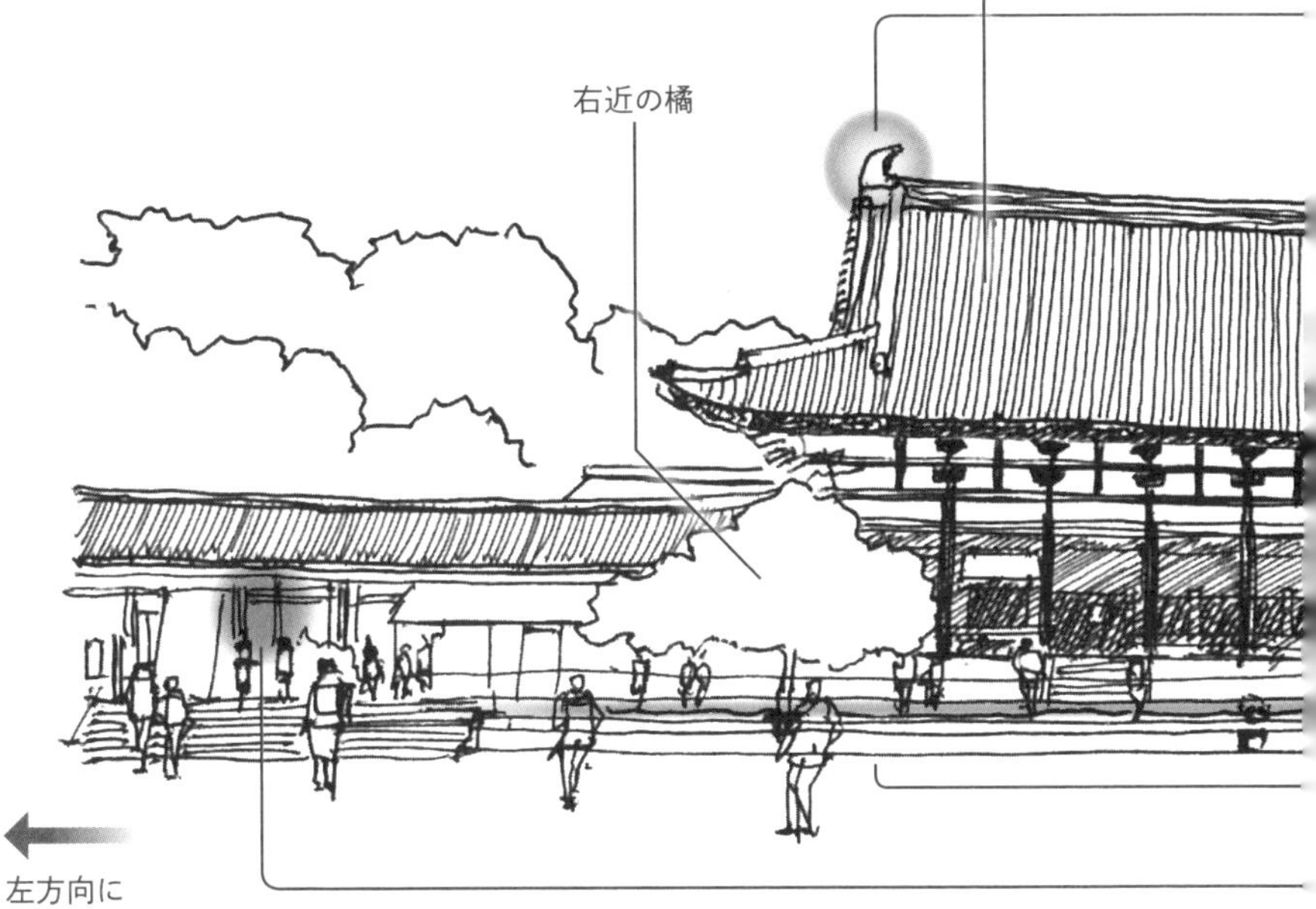
屋根形状は入母屋造・碧瓦《へきがわら》本葺き。現在、碧瓦が屋根全体に葺いてありますが、お手本にした建物では、棟など一部に使われていた可能性があります。はっきりしない部分もあり、建築家が推定した部分を含んだ設計に基づく外観であることを理解してご覧ください
右近の橘
左方向に
白虎楼があります

った施設が８分の５に縮小され、復元されました。

平安遷都１１００年を記念した大イベントとしては、第４回内国勧業博覧会が京都の岡崎地区で開催されたことに触れておきましょう。ちょうど平安神宮の敷地も含まれますが、南側にかけて広がる一帯が博覧会会場地になりました。

この博覧会は、第１回から第３回までは東京で開かれており、非常に大勢の人で賑わったのです。京都市や大阪市からは、この博覧会をぜひ関西でも開きたいと明治政府に働きかけを行い、結果的に、はじめて京都で第４回の勧業博覧会が開催されたのです。この博覧会は大成功をおさめ、入場者数も１００万人を超えました。ちなみに、第５回は大阪で

開催されています。

　応天門についても補足しておきましょう。平安神宮に向かうルートとして、南側にそびえる朱塗りの大鳥居をくぐり、まっすぐに北に向かうと、正面にみえてくる門が応天門です。入母屋造で碧瓦本葺きの堂々たる門です。石積みの基壇に建っています。この門には上層があり、とても狭い階段ですが左右に一か所ずつあり、らせん状に上層まで繋がっています。ただし、上層に上がることは禁止されています。

　建物を中心に解説すると、どうしても重要文化財の建築群などの紹介が主になりますが、平安神宮には、国の名勝にも指定されている、池泉回遊式庭園である神苑が、季節ごとに豊かな表情を見せてくれます。神

絵B

苑の池に、八重紅しだれ桜が咲く光景はみごとです。また朱塗りの社殿としだれ桜のピンク色の競演はいかにも春らしい景色です。この回遊路に沿って進む中で東神苑に現れる、尚美館（絵B）と、池を渡るさいの建物である泰平閣（絵C）は、神苑の水面に映り込む建物が幻想的ですらあります。絵になる建物の好例といえるでしょう。

絵C

京都国立博物館 28

Kyoto National Museum

所在地：京都市東山区茶屋町527
開館：1897年（明治30年）

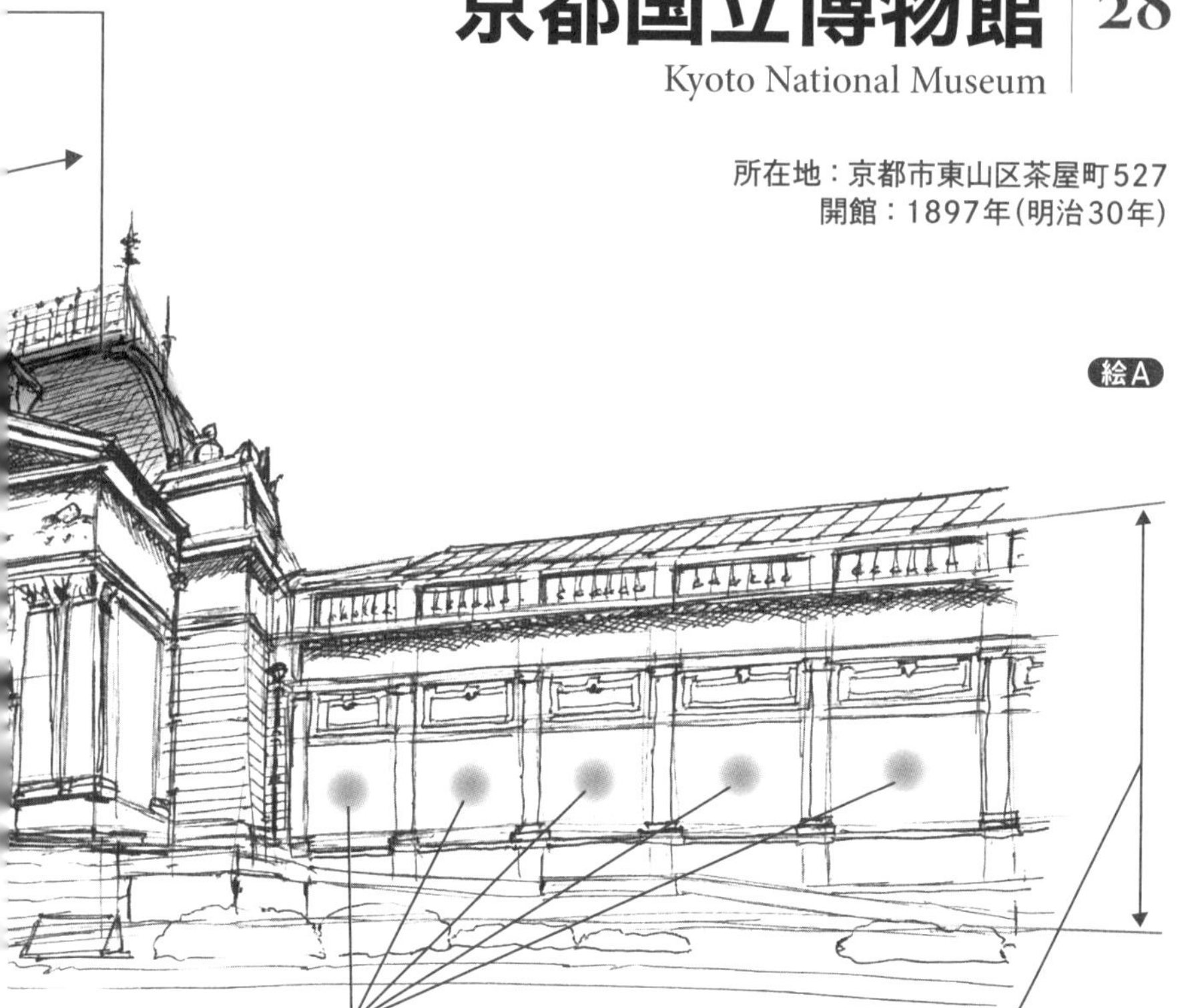

主要な壁面が化粧レンガなので、赤レンガの外観といえますが、腰部などには花崗岩が使われており、レンガと石との対比が効果的です

展示棟の建物高さからすると、2階建ての建物かと間違いそうな壁面が、外周を囲んでいます

京都国立博物館には、展示館として現在、旧本館で重要文化財の明治古都館（旧帝国京都博物館）と、2013（平成25）年に竣工した平成知新館（設計は谷口吉生）の2つがあります。ここでは、前者の旧帝国京都博物館を紹介します。

この建物は、近代国家を目指す明治政府が国立の施設として、帝国京都博物館・東京帝室博物館・帝国奈良博物館という3館の設置を、それぞれ京都、東京、奈良に決めたことがスタートです。設計は宮内省内匠寮技師の片山東熊《かたやまとうくま》で、彼はそののちに、赤坂離宮も完成させます。片山東熊は、まさに「宮廷建築家」と呼ばれるにふさわしい活躍をした建築家です。

建築家と紹介しましたが、明治期

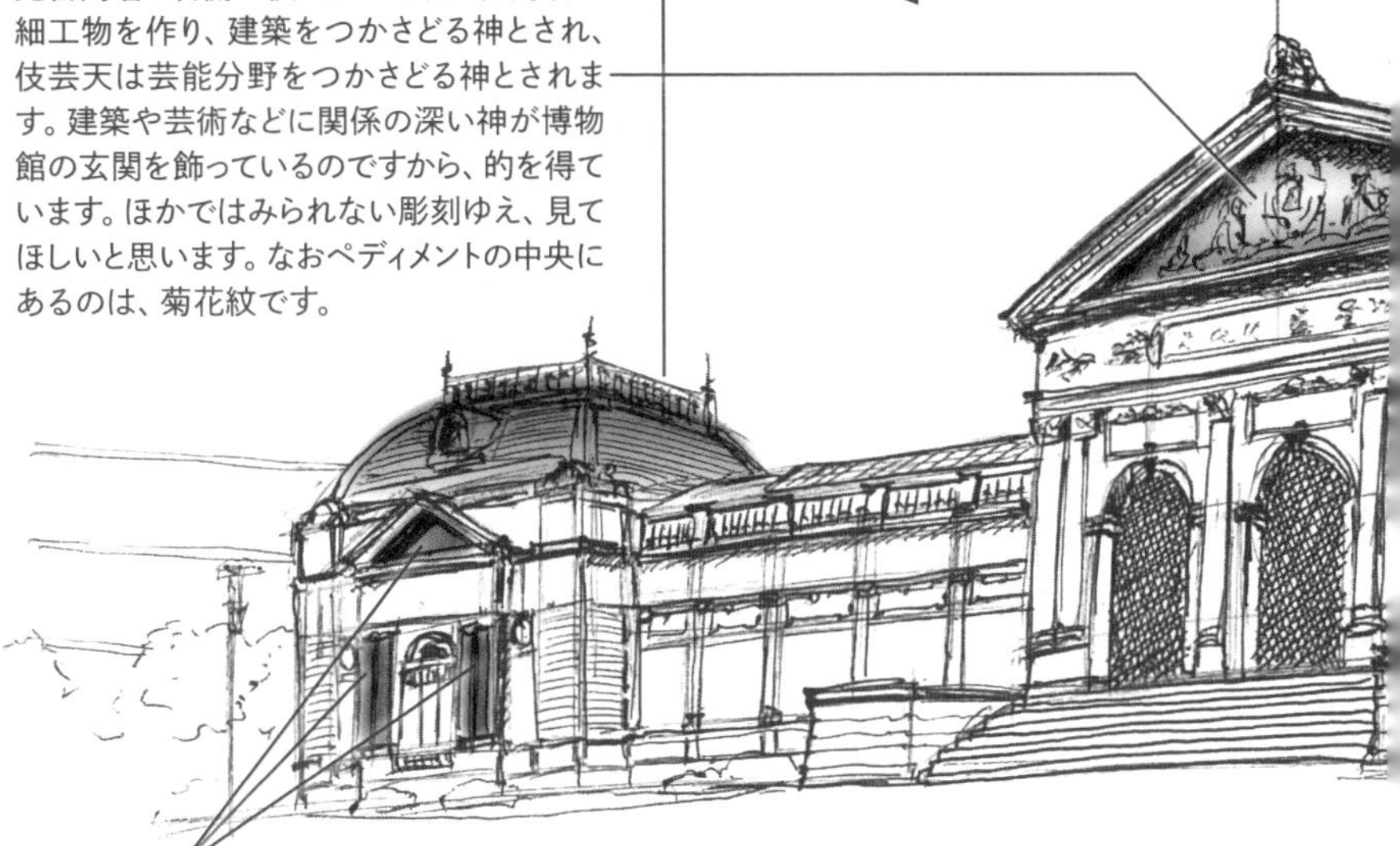
屋根には中央に大きなドームが1か所、小さいドーム屋根が両翼をはじめ、隅部に合計6か所、設置されています。正面側からみる限りは、小さいドーム屋根は左右に計2か所のみ認められます
厳格に左右対称の外観です
エントランスの列柱はコンポジット式で、巨大なペディメント（三角屋根）を支えています。ペディメントに描かれている彫刻は、左側の毘《び》首《しゅ》羯《かつ》磨《ま》と右側の伎《ぎ》芸《げい》天《てん》です。毘首羯磨は細工物を作り、建築をつかさどる神とされ、伎芸天は芸能分野をつかさどる神とされます。建築や芸術などに関係の深い神が博物館の玄関を飾っているのですから、的を得ています。ほかではみられない彫刻ゆえ、見てほしいと思います。なおペディメントの中央にあるのは、菊花紋です。
正面からみて両側の翼廊には、双子柱がトスカーナ式の様式で並び、上部のペディメントを支えています。あっさりとしていますが、とても上品です

において、ほとんどの建築家が駅舎や銀行、教育施設などの設計に関わっていきます。その中で片山東熊は、異色ともいえる分野に進みました。出身は東京駅などの設計者である辰野金吾と同期なのですが、彼は西洋の美術・室内装飾・工芸などの分野に進みました。

この帝国京都博物館の完成は1895（明治28）年で、開館は2年後の1897年ですが、明治維新後、30年ほどで、西洋建築としての博物館の水準にまで高めた建築を実現させたことに、正直、驚きを覚えます。日本人建築家が設計したとは思えないほどの完成度だからです。

絵Aは、正面玄関を含む外観を示しています。この建物はレンガ造平屋建てですが、実は当初、3階建てで

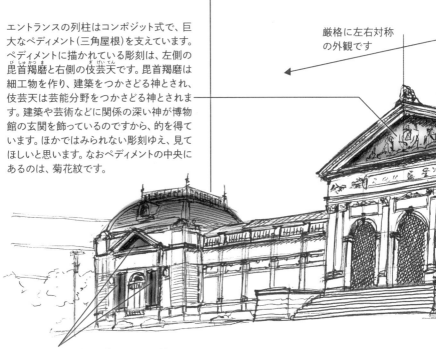

大小のドーム屋根の頂部にはどれにも棟飾りが設置されています。材質は鋳鉄製で、パターンは唐草《からくさ》模様です。また、四隅にはひときわ高い金属製の部材が見えていますが、避雷針です

計画されました。ところが、1891（明治24）年に、岐阜県と愛知県を中心に濃尾《のうび》地震が発生しました。この地震は、明治以降、データが計測されている内陸地殻内地震としては、わが国で最大の直下型地震で、マグニチュード8.0と推定されています（倒壊家屋は14万戸以上、死者7000人以上といわれる巨大地震です）。

この地震により、レンガ造2階建ての建物が多く倒壊しました。そのため、政府は急遽、平屋建てに変更したとされます。実現した博物館はどちらかといえば水平に広がった形態で、中央部だけが張り出しています。もし、当初の計画どおり3階建てで建設したとしますと、それとは反対に、垂直指向の強い、壮麗な建物外観になったに違いありません。

絵B

建築様式としては、フレンチルネサンス様式で、建物の全体的な外形は、俯瞰することができればよくわかる話ですが、凸の字を平面に置き換えたような明快な構成です。外壁に繰り返し登場する柱など、もっと立体的に表現する選択肢もあったのでしょうが、片山東熊は、非常に控え目な立体造形に徹しました。

その結果、穏やかで実に上品な意匠デザインの建築となったのではないでしょうか。そのように言うと平板な表情を思い浮かべるかもしれませんが、細部意匠（ディテール）は味わいがあり、じっと観察していても飽きさせません。各部のプロポーションの美しさは、見る人を魅了します。

建物内部では、玄関ホールに続く中央ホールは、18本の円柱が、長方形に囲むように並びます。台座付きでコンポジット式の列柱が与える壮観な大空間は、きわめて格式の高いホールであることを示しています。

なお、現在は表門（西門）といわれている門を絵Bに示しました。以前はこの門が正門にあたり、門の軸線上に本館のエントランスが位置していました。門柱にはランタンが載っていますし、門番所などには対になった半球ドームが載り、非常に優美で、かつ、上品な門です。直方体と球（及び円柱）という基本立体を組み合わせつつ、さりげなく表情の豊かな門に仕上げた片山東熊の力量が光ります。この門が重要文化財に指定されているのも、納得です。

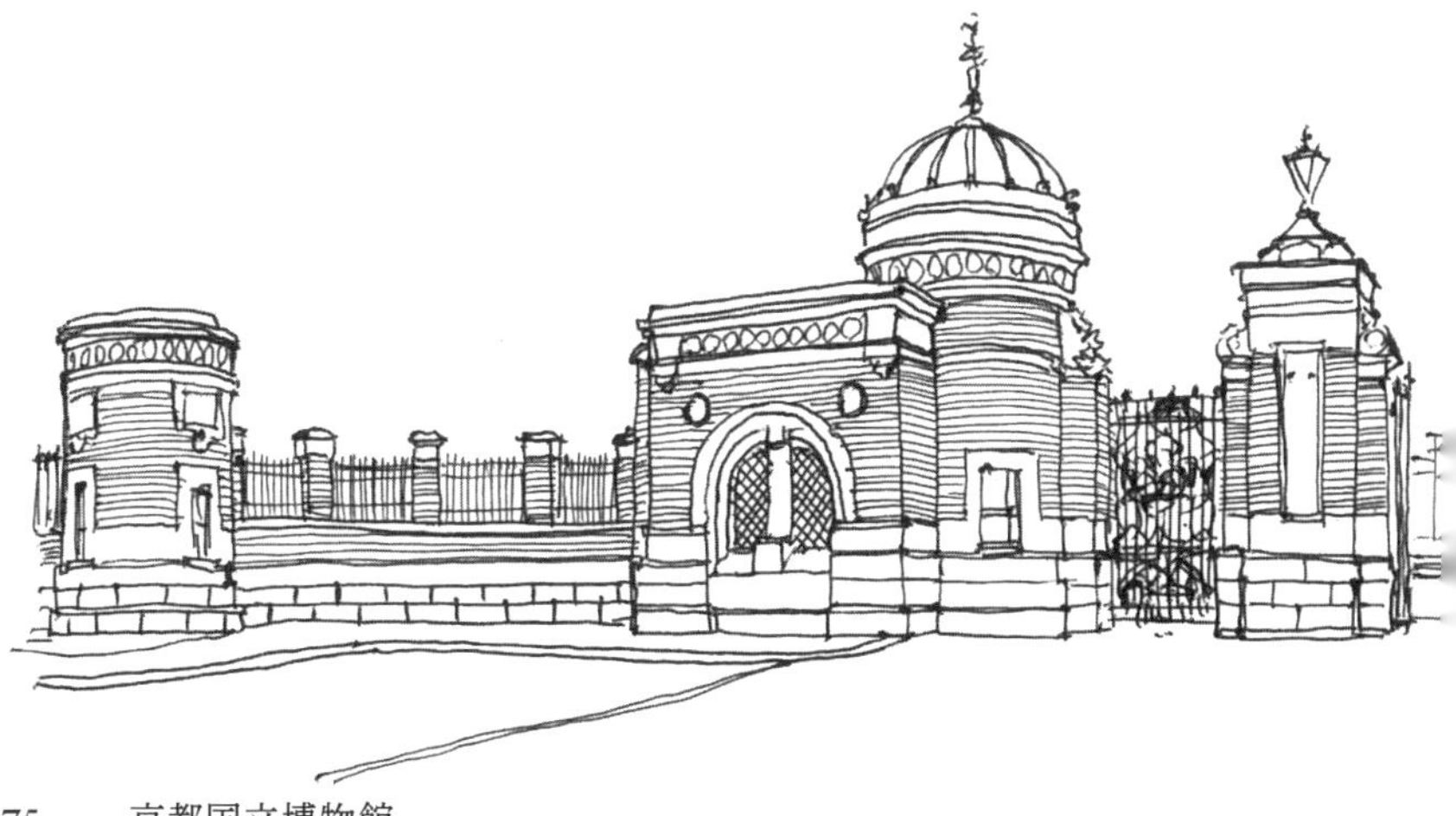

京都国際会館 | 29

Kyoto International Conference Center

メインホール 絵A

所在地：京都市左京区岩倉大鷺町422
開業：1966(昭和41)年

モダニズム建築の代表例として京都国際会館をとりあげましょう。左京区のなだらかな山々が囲む一角に、宝ヶ池を臨む国際会議場が位置します。この建物については、わが国で初めて公開設計競技方式により、最も優れた応募案を選ぶ方式が採用され、当時、非常に話題となりました。195の応募案の中から、建築家、大谷《おおたに》幸夫《さちお》の作品が最優秀作品に選出されました。建物の開館は1966(昭和41年)で、その後、プレスセンターの増築や展示場なども加わり、全体として大規模化しています。

この建築のユニークな点は断面的な言い方になりますが、「台形と逆台形の空間の組み合わせ」にあります。求められている、非常に容積の大きな大会議場について、通常の箱型では、周囲の自然環境に対して異質になるのでは、との考察から、床面積は必要面積を確保するものの、壁面を斜めにすることにより、建物のボリュームを削り、周辺への威圧感を下げることができる、との考えです。逆に、会議場をサポートする事務部門などは、深い庇を確保するという日本の伝統的な手法をいかすべく、逆台形が導かれました（絵Aが参考になります）。

このような着想が結実し、国際会議場に求められる国際性や共通性をふまえながらも、台形及び逆台形の複合体が生み出す外観は、その独自性を確保し、あわせて、室内環境の機能的な解決案を提示しています。この建物が、実にオリジナルな意匠・造形の建築でありながら、その完成度も高い点はおおいに評価すべきでしょう（絵Bは、妻側の景観ですが、台形の意味がわかりやすいです）。

外観の独自性は、台形と逆台形の空間の組み合わせに起因します。ここでいう組み合わせは平面的なハメコミではなく、建物断面における台形と逆台形の関係を示すものです。

ところで、建物をスケールで大きく、「全体・部分・細部（ディテール）」に分けて理解する方法があります。その考えに従えば、台形を主軸でとらえる見方は、「全体」ではなく、「部分」に着想の出発点があります。とすると、部分から全体へ、という空間形成の展開と、部分から細部へ、という進展が予感されます。つまり、建物の全体の構築と細部の追求の両者を結びつける役割として、「台形・逆台形」を伴う部分がしっかり役割を果たす、という図式が成立します。

このようなことは自明とも思われますが、通常は、全体を大づかみに把握しつつ、部分へ、さらに細部へと進む方法論が一般的です。しかも、全体から部分へ、というプロセスに、整合性を欠く場合が少なくありません。このような見方をもとにいうならば、この建築の特質の1つは、全体と細部とを「部分」がしっかりと連結していることである、といえます。

この建物を見た人が思い描く類例として、世界遺産に指定された合掌造り（岐阜県・富山県）の民家や、伊勢神宮の社殿が挙げられます。いずれも日本独自の木造建築です。とくに合掌造りの斜め屋根（茅葺き）の群造形は、建築的な形質としては、傾斜

絵B

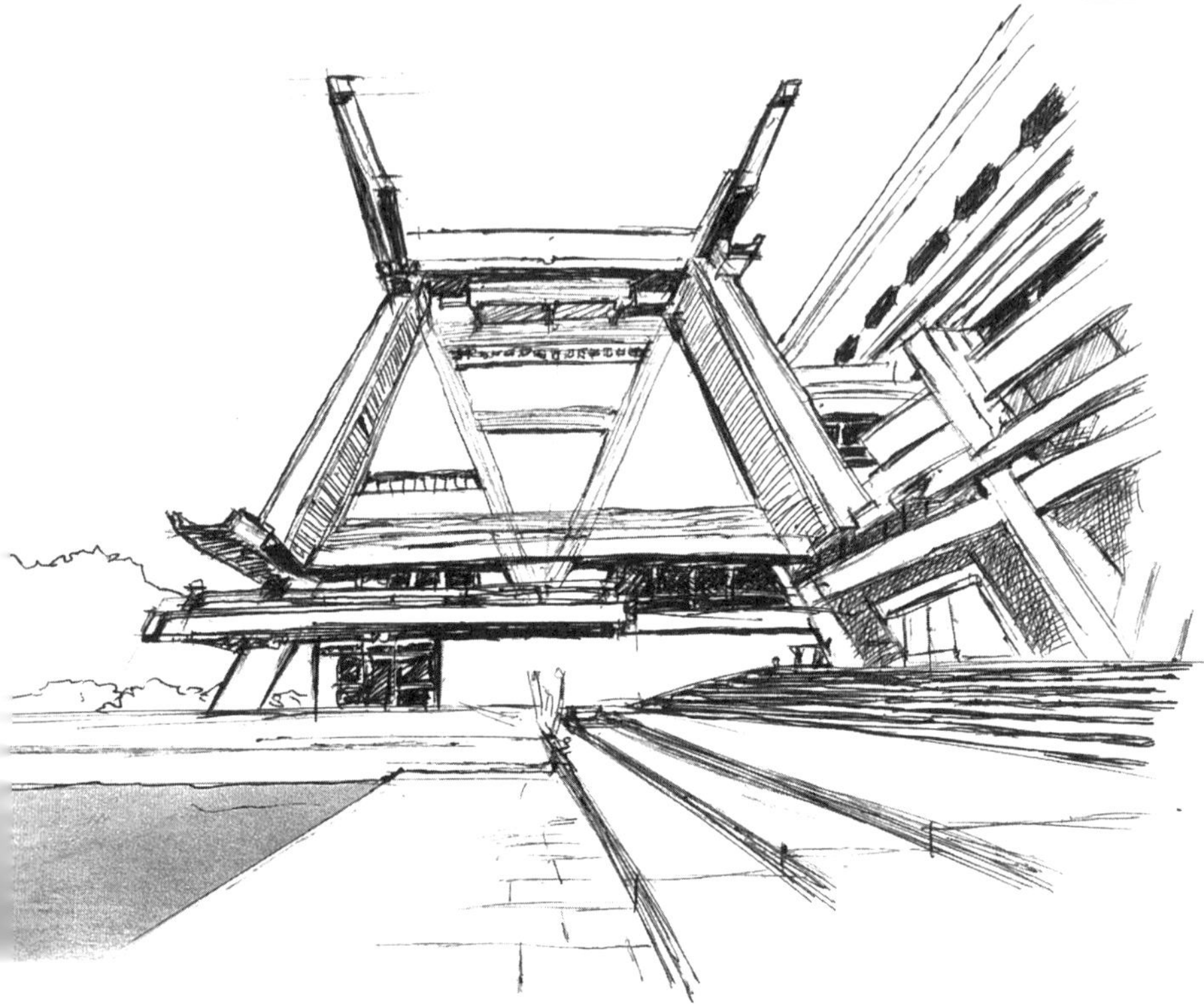

角度としても60度前後で、京都国際会館に近いものがあります。注意すべきは、この斜めの形質を屋根とみるか、あるいは壁とみるか、です。私は、屋根としてみたほうが、わが国の伝統的な建築のうち、もっとも日本らしさを示す屋根造形にも通じる独自性が発揮されるのでは、とも思います。

現実には、台形の斜めの部材はコンクリートであり、屋根ではなく壁としての機能なのです。絵Cは、宝ヶ池から、全景をみています。建物全体が非常に大規模ゆえ、直線的なコンクリートの斜め壁が重層的に左右(方位でいえば南北)に展開する様子は、非常に未来的な印象を抱かせます。もし、この斜め壁を金属パネルで表現すると、その未来志向は一層高まるでしょう。

この建物は、それまでの、装飾性や表現性を極力排除し、機能性や合理性を重視するという「モダニズム建築」のスタイルを素直に出していると思われます。その結果、現れた形質は、平面的であり、直線を多用する立体造形になります。**絵A**でもコンクリートの斜め壁の織りなすシャープな印象がよくわかります。その意味では、モダニズム建築の代表例の一つとして、京都国際会館を挙げる理由になります。

また、ファーニチャーなどが、変化に富む大空間にあって、同じように直線的、幾何学的なカタチの椅子などを通して響きあっているのも、端正な印象を与えます。インテリアデザイナー、剣持勇のセンスが光ります。

時代の趨勢は、世界的にもモダニズム建築になりましたが、次第に批判的な意見も聞かれるようになります。すっきりした外観は、装飾性を排除することで、なにか空虚な印象を与えるようだ、といった意見です。また、モダニズム建築が台頭した時期においては、意匠と構造の合理性が強く認識されました。力の流れは、建物のように重力が作用する世界では、自然科学の世界に共通しますが、普遍的な秩序がカタチにも反映されます。構造に立脚すると、どうしても正統なものを高く評価する機運が高まります。これが、多様性という、別の重要な価値観を奪う面も目立ってきたのです。これは一つの対象を例にしていますが、ある意味、権威にもとづく価値基準がゆらいできたことが大きいのです。「モダニズムのあと」の建築様式が模索され、提唱されるようになったと考えられます。これについては、現在も、さまざまな意見が錯綜しているのではないでしょうか。

なお、モダニズムの概念は、19、20世紀の産業革命や生活様式の変化、都市化などを背景にして、建設活動が主要産業の一角を占めるようになるとともに、広く普及し浸透しました。一方で、スックラップアンドビルドも歴史上、かってない規模と速度で同時に顕在化しました。モダニズムの建築が、短期間のうちに、建て替えなどに直面し、解体の運命にあります。

このような中で、国立京都国際会

絵C

館は、建物の運営や保守が行き届いていることを、すばらしいと思います。国際会議などに要求される機能は、発表の手段の多様化、グローバル化、付随設備の高度化、など、多岐にわたりますから、運営サイドのサポートは並大抵ではないはずです。建物のロングライフ化のお手本になるよう、関係者に期待を込めて強く望みます。

国立京都国際会館に隣接し1986（昭和61）年に竣工した、文化的な国際ホテルがあります。「ザ・プリンス 京都宝ヶ池」で、地上8階、地下2階の、上からもし俯瞰できるとしたら、森の中に置かれた超巨大なドーナツと形容できます。設計者である建築家村野藤吾はこのホテルが竣工する2年前に亡くなりましたが、優れた弟子といわれる近藤正志が、その意図を汲み取り、実施設計及び監理を行い、完成させました。

村野藤吾は、日本の近代建築における独自の境地を切り開いた巨匠です。遺作ではありますが、彼の建築に対する神髄を感じ取ることができる建物の一つと考えてよいでしょう。その建物が、京都国際会館と隣り合う格好で建っています。

建物へのアプローチの一角には、シンボル的な四角い塔が建っていますが、それ以外は、低層部も客室からなる高層部も、曲面がいたるところに見出されます。地上から眺めると、ドーナツ状の宿泊棟のスケールが大きいため、絵にしにくいのです。そこで、上空から見下ろした絵を絵Dとして示します。絵で左には、京

都国際会館の一部が見えています。

　京都国際会館が竣工したころ、敷地の周囲は森に囲まれており、市街地は形成されていませんでした。建築家、大谷幸夫のイメージには、森が敷地を囲むという前提があったに違いありません。

　もともと、京都の観光客の増加にともない、ホテル需要が多く見込まれていたのですが、既成市街地は、伝統的な町並み保存の政策もあり、ホテルを含む大規模な再開発が、ほかの都市のように簡単には実現しにくい状況にありました。北部の市域で、宝ヶ池の近くに、そうした経済情勢の中でホテルが立地しました。

　大谷幸夫の直線的な立体造形に対して、曲面による有機的な建築形態の村野藤吾、という、対照的ともいえる作風の競演が実現しました。他方で、表現の仕方こそ異なりますが、両者とも日本の伝統的なモチーフを意識させ、日本文化の特質を、それぞれ得意な表現手法で提示しています。

　その点からも、「京都国際会館」の建物と「ザ・プリンス　京都宝ヶ池」はさまざまな視点から論じられるのではないでしょうか。

絵D

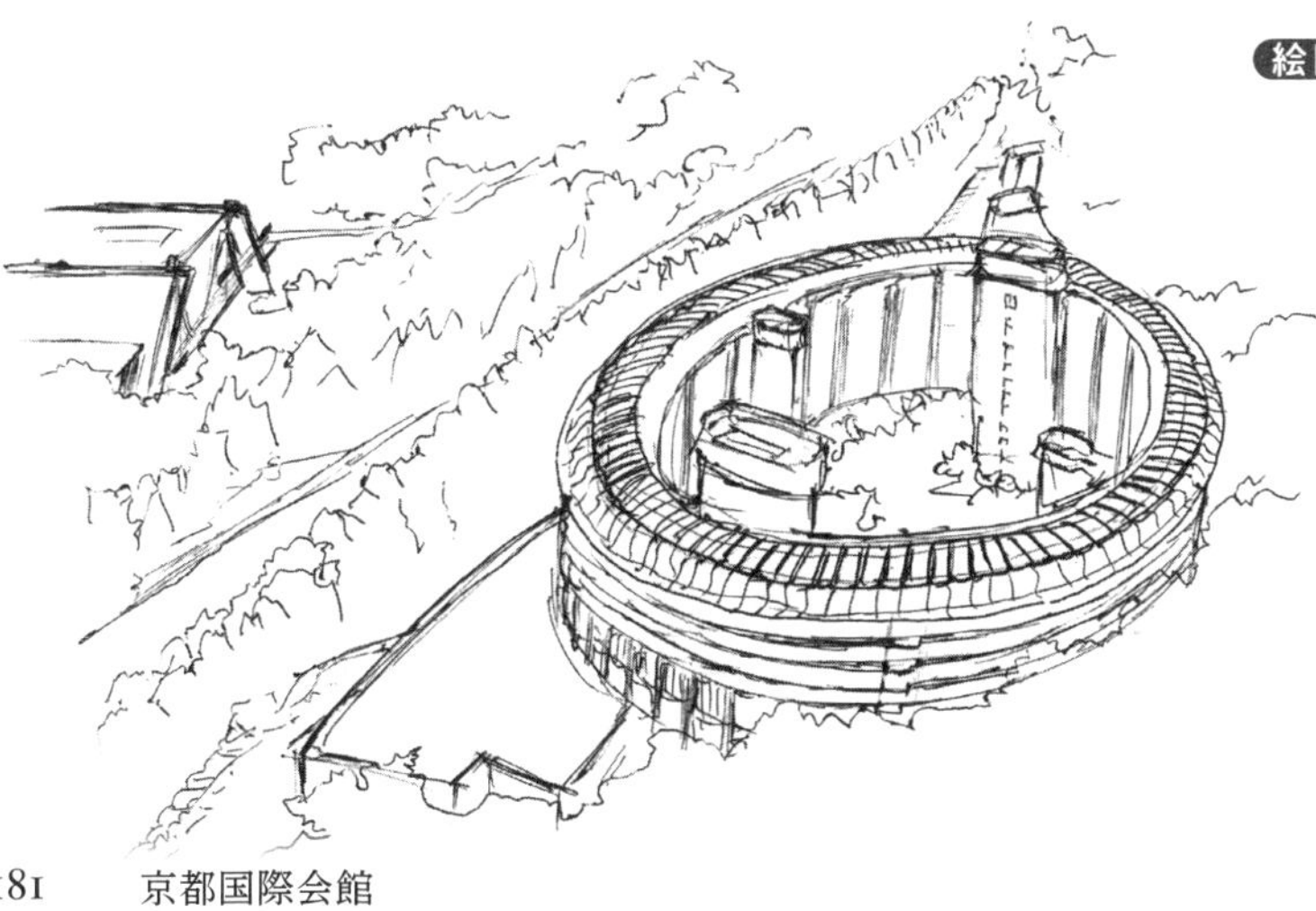

京都府庁旧本館 30

The former office of the Kyoto Prefectural government

所在地：京都市上京区下立売通新町
西入藪ノ内町
竣工：1904（明治37）年

正面中央の2階には「正庁」が置かれ、重要な公式行事や式典などが開催されました。天井は折上小組格天井という格式のある仕上げです。この部屋からは南方面に正門前から伸びる、ケヤキの街路樹が創り出す釜座《かまんざ》通《どおり》が見通せます。丸太町通までは釜座通は広幅員の直線街路ですから、明治期の行政庁舎の配置と街路との関係を読み取ることができます

絵A

エントランスの中央を中心として左右対称の配置になっています

エントランス部はほかの外壁よりも前面に飛び出しており、エントランス部分の位置づけがストレートにわかります

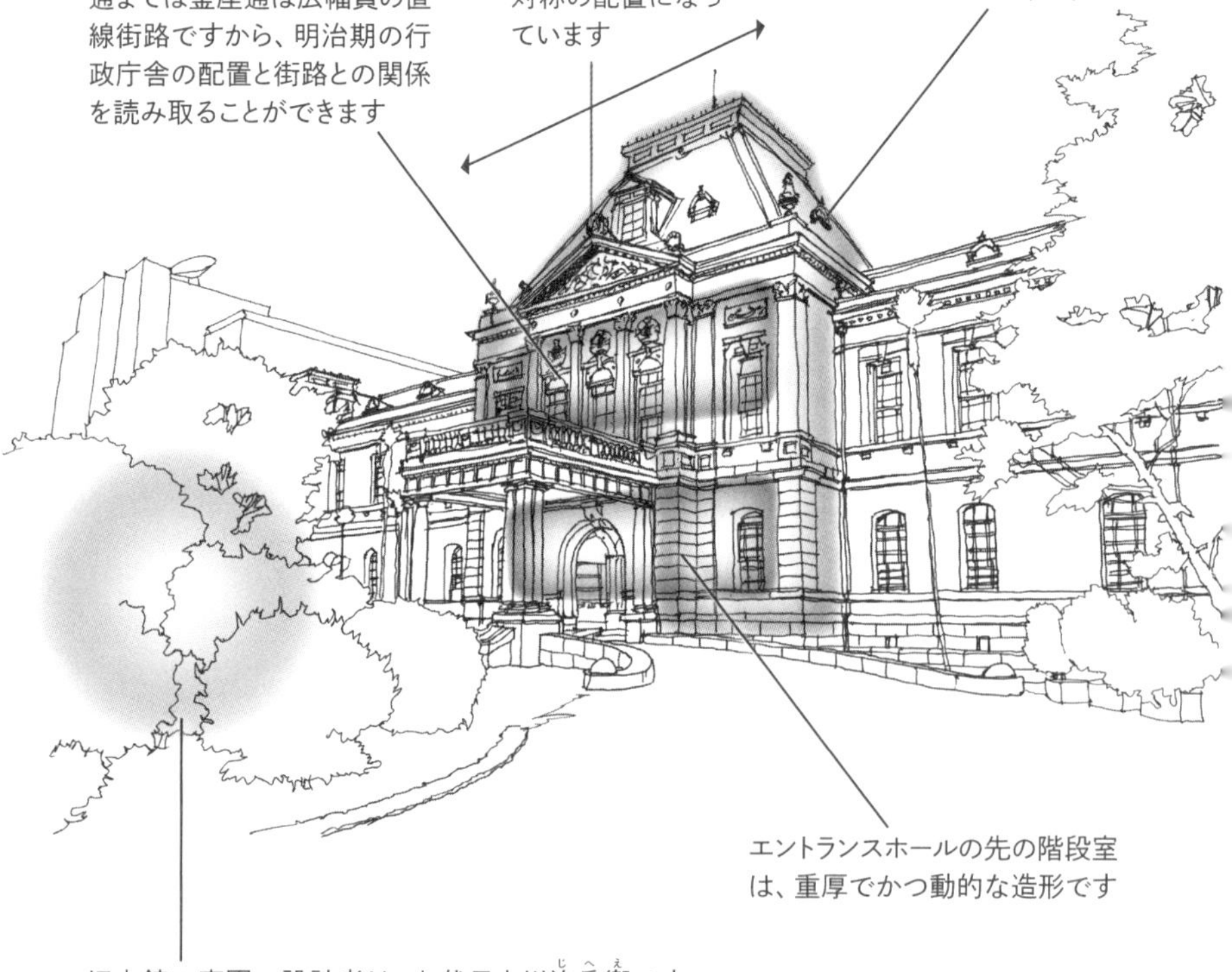

エントランスホールの先の階段室は、重厚でかつ動的な造形です

旧本館の庭園の設計者は、七代目小川治《じ》兵《へ》衛《え》です。府庁正門に立ち、旧本館を眺めると、樹齢300年を超えるビャクシンと府庁の建物が堂々たる姿をみせます

重要文化財の京都府庁旧本館は、1904(明治37)年に竣工した官公庁の建物ですが、120年近くたった現在でも現役として、当時の姿をとどめています。まさにロングライフ建築のお手本のような存在です。現役の官公庁の建物としては日本最古とされますが、その建物が京都の中心市街地に残っていることは、すばらしいと思います。

絵Aは、旧本館の正面を、やや南東からみた構図で描いています。地上2階、地下1階建てで、構造はレンガ造、フレンチルネサンス様式です。また設計者は京都府建築技師で、リーダーの松室重光《まつむろしげみつ》と久留正道、一井九平です。

建物の正面外観は基本的にエントランス部分を中心にして左右対称です。エントランス部の屋根は、左右両翼の屋根よりも一段、高くなっており、屋根の形状自体も両翼の部分とは異なります。この屋根は天然スレート葺きで、外壁は擬石モルタル塗りです。当初、外壁は石張りで予定されていましたが、日露戦争の戦費調達の影響で、擬石モルタル塗りに変更になったとされます。

京都府庁旧本館は、中庭を囲む「ロ」の字型の施設構成です。その四隅に知事室、議長室などを配置し、明治期の庁舎建築の集大成ともいえます。

また、旧議場は、旧本館の北側に飛び出すかたちで配置され、旧本館を南側の正面から北側に回ると、旧議場の玄関に着きます。その玄関は、旧本館の正面とは異なり、装飾的要素は影を潜め、合理的な外観です。

旧議場は2階建てで、傍聴席が2階にあります。それ以外は吹き抜けとなっており、天井高は非常に高く、明るい室内です。1階には議長席や理事者席、それに半円形に配された60名の議員席という構成です。しっくい壁の装飾など、見ごたえがあります。

京都文化博物館別館 | 31

The Museum of Kyoto Annex

所在地：京都市中京区菱屋町48 三条通高倉西入
竣工：1906（明治39）年

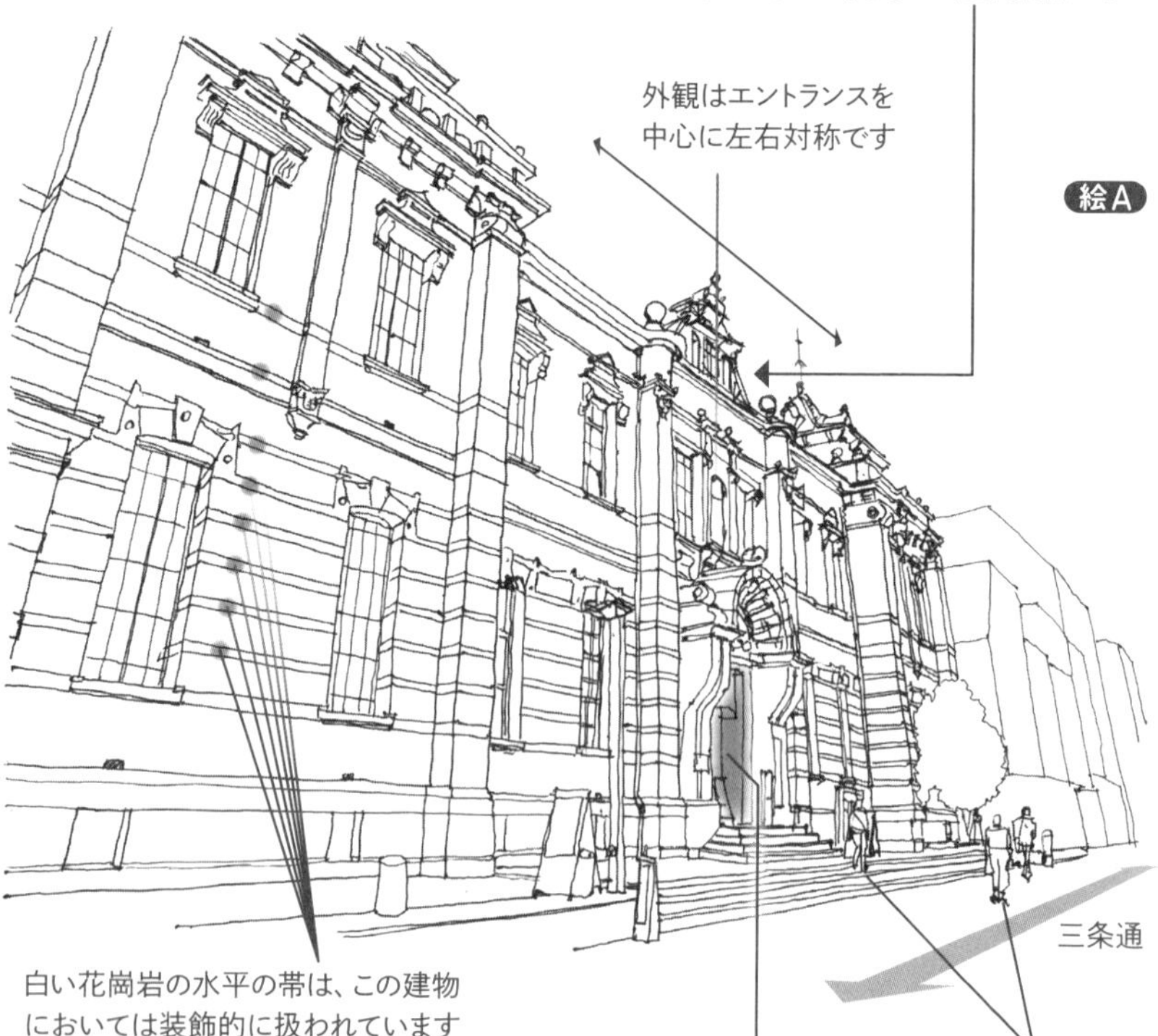

（矢印の先に、屋根があります）洋風建築を特徴づける、勾配の急な屋根は、この建物においてもスレート葺き（粘板岩を板状に割ったもの）の屋根が架かっています。ただ、三条通はそれほど広い通りではありませんから、見上げても絵に示すように、見つけることは困難です。この屋根のスレート葺きは、赤レンガの復原された東京駅のスレート屋根と共通です。辰野金吾が好んで使用した建築素材です
外観はエントランスを中心に左右対称です
絵A
三条通
白い花崗岩の水平の帯は、この建物においては装飾的に扱われています
旧正面入口ですが、その鉄扉をよくみると、外側には取っ手がありません。開けられるのは中にいる人のみ、です。銀行の建物ゆえの安全対策だったのですね
絵の中に、通り行く人を描いているのは、建物の大きさを直感的に把握しやすくする目的のためです

現在は京都文化博物館別館として公開されていますが、もともとは日本銀行京都支店として1906（明治39）年に竣工しました。設計者は辰野《たつの》金吾《きんご》とその弟子、長野宇平治《ながのうへいじ》です。辰野金吾は赤レンガ造の東京駅駅舎の設計者として知られていますが、日本銀行本店、及び支店の建物を全国的な規模で設計した建築家です。また長野宇平治は奈良県庁舎や県会議事堂の設計者であり、銀行建築も数多く手がけています。

辰野金吾の設計した日本銀行本店は、石造の重厚なルネッサンス様式の意匠が特徴ですが、京都支店の建物では、石の重厚さではなく、赤いレンガの壁面が華やいだ印象を与えます。辰野はその赤い壁に、白い花崗岩の帯を何本も通すデザインを採用しています。一連の辰野の建築にみられる、赤いレンガ壁と白い石の帯による外装は、「辰野式」と呼ばれるようになります。日本銀行京都支店においては、この意匠は、外観のほどよい凹凸もあり、心地よいリズムを生み出しています。1969（昭和44）年に国の重要文化財に指定されています。

なお構造的には、レンガ造2階建てで、一部に地下1階が設けられています。営業室の一角に2本の独立柱が建っていますが、それと上部をつなぐ桁とにI型鋼という鋼材が使われています。当時においては最先端の建築物だったのです。

ところで、この建物の前を東西に延びる三条通について、重要な点を補足説明しましょう。三条通、とりわけ寺町通から室町通の間には、京都を代表する、洋風建築が数多く並び、ほかにはみられない町並みを形成しているからです。

話は桃山時代にさかのぼりますが、三条大橋を豊臣秀吉が架けたのが発展のきっかけとなります。江戸時代の五街道の中でも最も重要であった東海道の起点は、江戸、日本橋ですね。終点が京都、三条大橋で、そこにつながる三条通は飛脚問屋が並び、賑わいの中心となりました。その繁栄は明治時代に入っても続き、日本銀行京都支店をはじめとして、銀行・保険会社・郵便局・商店など、多くの洋風建築が建てられたのです。

中京郵便局 32

Nakagyo Post Office

所在地：京都市中京区三条通東洞院東入る菱屋町30
竣工：1902（明治35）年

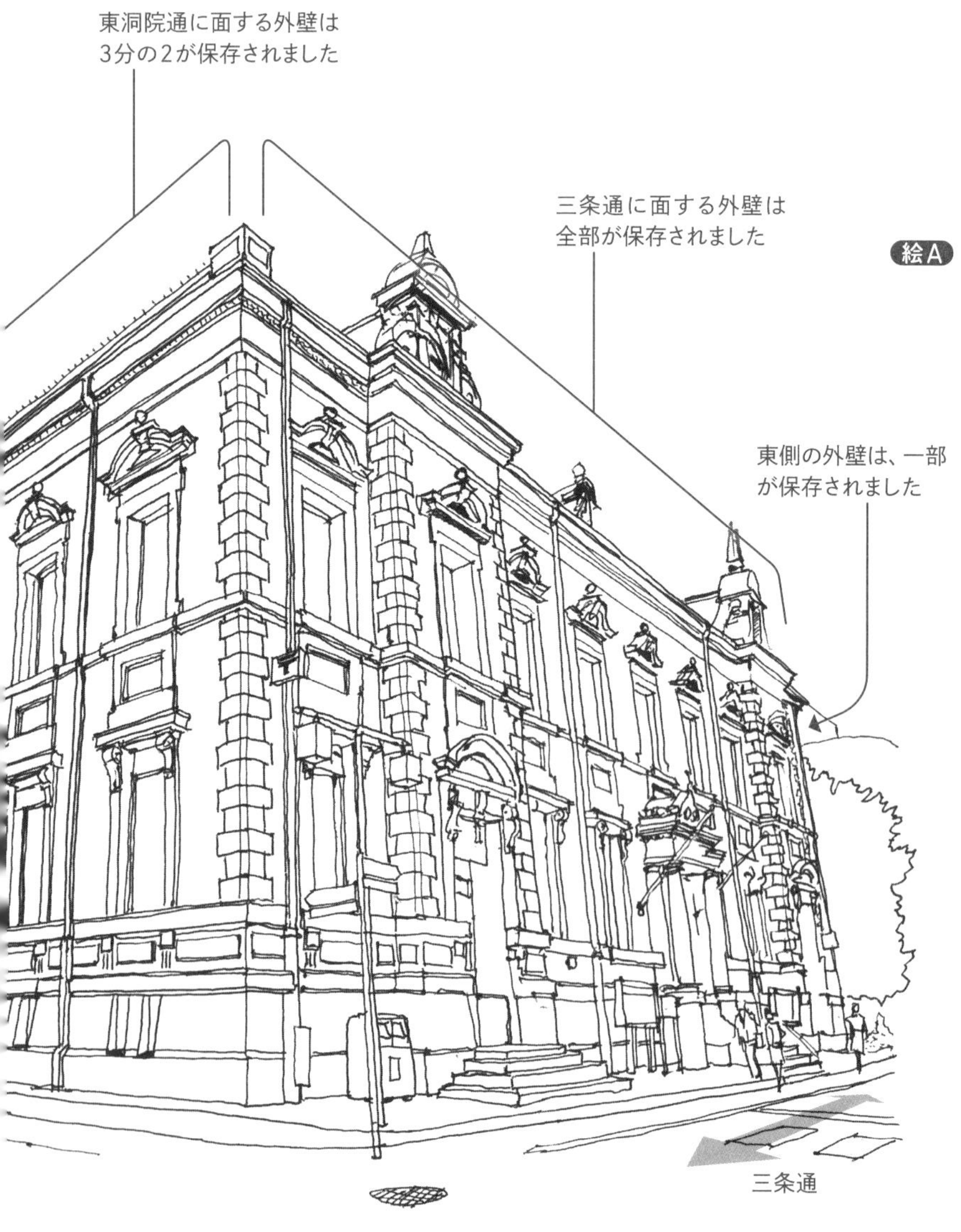
東洞院通に面する外壁は
3分の2が保存されました
三条通に面する外壁は
全部が保存されました
絵A
東側の外壁は、一部
が保存されました
三条通

三条通と東洞院通が交わる角地に旧京都中央郵便局（現在の中京《なかぎょう》郵便局）は１９０２（明治35）年に建設されました。2階建て、レンガ造で、ネオルネサンス様式の、美しい外観です。

設計は逓信省《ていしんしょう》の技師であった吉井茂則と三橋《みつはし》四郎《しろう》。

三条通には明治期、すぐれた洋風建築が建ち並びましたが、その中でも、この旧京都中央郵便局と旧日本銀行京都支店の2棟は、その代表格といえる建物でした。当時は、高い建物は珍しく、その2つの建物は、三条通のランドマーク的存在だったに違いありません。

戦後になり、郵便業務の合理化や機械化の導入が始まると、次第に旧京都中央郵便局の建物は対処しにくくなり、建物の老朽化も顕著になったのです。１９７３（昭和48）年には改築計画の発表、そして翌年には庁舎の取り壊しが決定されたのです。ちょうどその頃、この建物の保存運動が取り上げられるようになります。その背景として、三条通のレトロな都市景観の意義が認識されはじめたことも大きいと思われます。

結果的に、建物の外壁を残しつつ、内部は新築するという建築手法、これを「ファサード保存」といいますが、この手法により改築されました。１９７８（昭和53）年に、いま見る、外観が保たれた新しい庁舎が完成します。建物の構造も、内部はレンガ造ではなくＲＣ造です。それが現在の中京《なかぎょう》郵便局で、ファサード保存により再生された第一号なのです。

個々の建物の外観が、その建物固有の景観にとどまらず、都市景観を形成するという認識が広まっていくことは、とりもなおさず建物の外観が、社会性及び歴史性をもつことを示します。その点で、中京郵便局の再生手法は大きな意味をもつのです。なお、三条通は１９８５（昭和60）年、京都市の「歴史的界わい景観地区」に指定されました。

1928ビル | 33

1928 Building

所在地：京都市中京区三条通御幸町角
竣工：1928（昭和3）年

正面は原則として左右対称性を守っていますが、屋上部分で、それを少し破って、動きのあるファサード（正面から見た外観）にしています。エントランス前から見上げたときの、幾何学的な立体形状の、1階から屋上階までの重なりは、よく考えられています
絵A
社章のモチーフをバルコニーにうまく活かしています
エントランスの、段を設けた庇《ひさし》のデザインや、柱とランプの意匠は、とても上品です
1928
御幸町通
三条通

ここまで、「京都文化博物館別館」「中京郵便局」と、三条通が続いています。

明治40年代に、三条通の道路拡幅が困難な中で、烏丸通や四条通が道路拡幅されると、銀行や保険会社などの移転が相次ぎ、三条通は、賑わいの中心ではなくなっていったのです（ほかにも理由は多々あります。水運などの物流機能が、そのころから鉄道による物流に置きかわっていったため、それまでの街道による輸送が衰退したことなども影響しています）。

都市再開発の波を受けることが少ないなかで、結果的に三条通には歴史的な建物の多くが残りました。いまでは、明治・大正期のレトロな町並みを残す貴重なゾーンとして、新たな魅力を発信しています。

1928《いちきゅうにいはち》ビルという名前はこの建物の竣工した年（昭和3年）を表しています。旧・大阪毎日新聞社京都支局。現在、90年以上の年月が経っています。正面に立つと、窓やバルコニーなどに星形があしらわれていますね。これは毎日新聞社の社章をモチーフにしているためです。当時流行したアール・デコの様式がいたるところに見出せます。実用性を満たしながら、美しいモダンデザインを今日に伝えてくれます。設計者は武《たけ》田《だ》五《ご》一《いち》で、新聞社の建物ではあったのですが、当初からだれでも利用できる食堂やコンサート会場として親しまれていました。

　建築家の武田五一について、簡単に紹介しましょう。広島県生まれで、東京帝国大学造家学科を卒業、大学院に入学するも中退し、京都高等工芸学校の教官になります。

　ちょうど、ヨーロッパではアール・ヌーヴォーやセセッション（幾何学的な模様の装飾で飾るモダンな意匠で、大正期にドイツやオーストリアで流行した建築様式です。それまでの表現からの決別をはかる意味から、分離派運動ともいわれます）など、新しい建築様式が開花していました。

絵B

　彼はイギリスに留学し、最新のそうした様式を学び帰国します。

　京都帝国大学建築学科創設の際には初代教授になり、研究室の教え子の建築家たちとともに、実に多数の建築の設計に関与しました。彼自身は、建築設計事務所をもつことはせず教授の立場から、あるときは設計顧問として、またあるときは基本設計者として、設計の統括者としてまとめたりもしたと思われます。一方で、古建築の修復などにも積極的に加わり、たとえば法隆寺昭和大修理の際に、国宝保存工事事務所の所長として健闘しています。

このように、日本の伝統的な表現や造形にも精通し、一方で、当時のヨーロッパの新しいデザイン感覚を身につけた、多彩で異色の建築家だったのです。彼も加わった3名の建築家による旧山口県庁舎（現在の山口県政資料館）には、明らかに武田五一が発揮したであろう意匠デザインを随所に見出すことができます。

この1928ビルも、武田の代表作の一つといわれており、たとえば正面エントランス部分の庇《ひさし》の、水平的な造形は非常に斬新です。

新聞社のビルでなくなったとき、空家状態のこのビルを救ったのは建築家、若林広幸《わかばやしひろゆき》です。彼はこのビルを購入し、リニューアル及び耐震補強を施し、さまざまな文化活動やイベントに使える建物として蘇らせたのです。この建物がいまあるのは彼の功績といってよいでしょう。3階のアーチ形状のレトロなホールは、小劇場として、演劇公演などに活用されています。

実際に、三条通からこの建築を見上げると、電柱や電線が数多く目に飛び込んできます。せっかくの特徴ある外観を損ねる勢いゆえ、絵Aでは、そうした要素を省いて描いていることをお断りしておきます。もしも電柱地中化などが実現すれば、この絵のような風景になるでしょう。

京都MEMO

碁盤目の街路

桓武天皇が律令制度の刷新を図る目的から平城京に遷都したのが794年。中国の唐の都「長安」などを模したとされ、その規模は長安にくらべれば、はるかに小さいですが、計画都市として、道が碁盤目の街路からなる都市です。今から1200年以上前にできた碁盤の目パターンというインフラは、ずっと後世まで残るものですね。例として堀川通はいまでは、片道3車線の部分もある高規格の幹線道路ですが、当時は、ほぼ同じ場所に堀川が流れていました。水運がメインだった道が、幹線道路に変化はしていますが街路パターンは変わらず、京都の街を支えています。

34 京都タワー

Kyoto Tower

所在地：京都市下京区
烏丸七条下ル東塩小路町721-1
竣工：1964年（昭和39年）

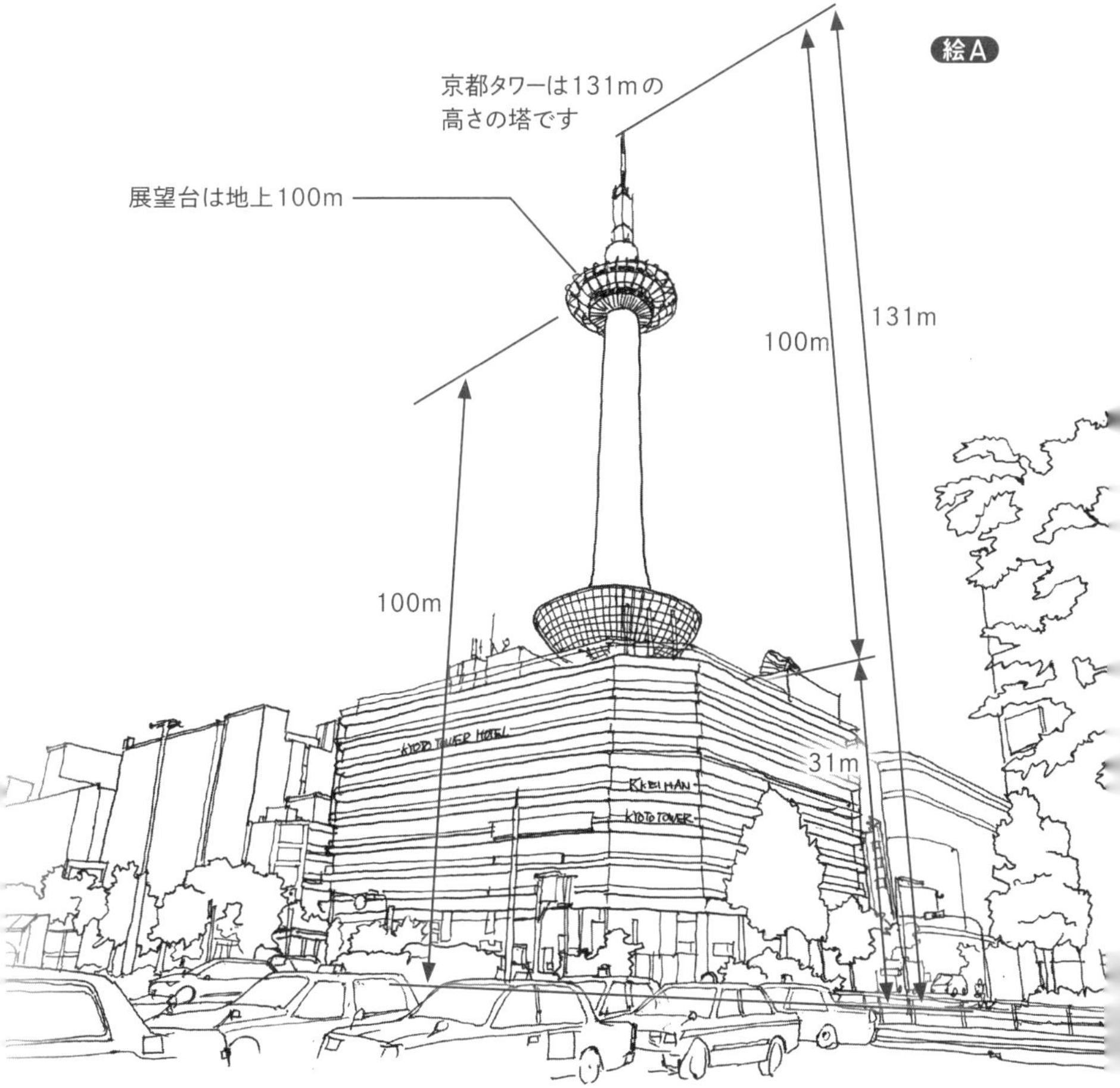
絵A
京都タワーは131mの
高さの塔です
展望台は地上100m
131m
100m
100m
31m
KYOTO TOWER HOTEL
KEIHAN
KYOTO TOWER

京都タワーは、京都駅前というまたとない場所に位置し、高さは131mで、京都市内で最も高い建造物です。展望台は地上から100mに設けられており、盆地に形成された京都市街地を360度、遮ることなく見ることができます。

設計者は建築家の山田守ですが、構造設計者である棚橋諒とのコラボレーションにより実現しました。鉄骨を使わないで、モノコック構造(応力外皮構造)により、筒状の塔を成り立たせることに成功しています。京都市は伝統的な街並みを保存するために、とてもきびしい建物高さ制限などの対策を講じてきています。京都タワーの高さについて、計画が発表されたころから賛否両論が起こったのも無理はありません。今では、京都の玄関口の顔になってきています。塔の円筒形状もスレンダーで、景観をふさぐようには見えません。京都市民にも受け入れられつつあるのではないでしょうか。

京都タワーは、東京オリンピックの年、1964(昭和39)年に建設された展望タワーです。高さ31m、9階建ての、ホテルなどを収容する複合ビルの屋根に、100mのタワーが載っています。**絵A**は、京都駅北口の駅前広場からみた建物全景です。京都タワーの展望室(4階、5階)が、ちょうど地上100mに当たります。この展望室からは、ぐるりと360度、京都の市街地の全容を眺めることができ、碁盤の目のような京都を特徴づける街路網や、京都盆地と市街地の関係などを理解するには、最適といえます。

京都タワーについては、建設にかかわる背景や、ビルの屋上に載せるようなタワーの登場にまつわる点を説明しましょう。

意外かもしれませんが、京都タワーは最初から、私たちがいま見るような姿の建物として企画されたわけではありません。当時、京都に限らず、建築基準法で建物の最高高さが31mと定められていました。駅前の一等地である当該用地には、京都中央郵便局がありました。移転が決定されたため、その跡地に、京都の財界などにより、ホテルなどを擁する複合ビルを建てようということになったのです。設計者には日本武道館の設計者としても知られている山田守が指名され、法律の範囲内で、四角い箱型の建物として設計されました。この段階では、9階建ての大型ビルの設計であり、タワーを盛り込んだ計画ではありませんでした。

ところが、いざ建物が着工という段階になり、タワーも設けたらどうかという声が、施主の企業から持ち上がったのです。当時、主要な都市で、展望を兼ねたタワーが建設されていたことも影響したに違いありません。京都にもタワーが欲しいということで、なんとか既に出来上がっていた複合ビルの設計図をあまり変えることなくタワーをのせられないか、と注文がついたようです。竣工は1964年と決まっていましたから、さほど時間がない中での、構想変更です。

施主が、京都大学教授で著名な構造設計者である棚橋諒《たなはしりょう》にその可能性を打診したところ、不可能ではないとの意見を得て、複合ビルの屋上に、タワーが載る案がそこから始まったのです。筒状のタワーのカタチですが、「モノコック」構造という、軽くて剛性が大きい構造形式が用いられています。モノコック構造は、新幹線の車両や旅客機の胴体あるいは船舶などで、外圧を筒状の形状でしっかり受け止める方式として採用されていますが、建造物としては、煙突などに使われる程度であり、思い切った採用となりました。

絵B

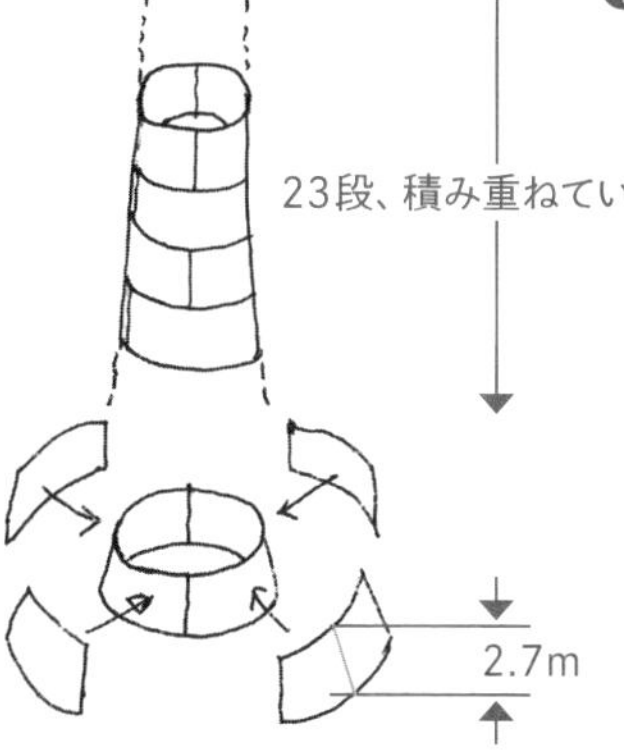

この構造形式を用いた、棚橋諒によるスケッチも残っていますが、完成した京都タワーの外観にかなり近い姿を示しており、彼の着想と構造設計力がタワー部分の設計に大きく反映されていると解釈できます。全体総括は建築家の山田守ですが、構造設計家の棚橋諒も設計者として併記すべきと思われます。

少し補足しましょう。絵Bにモノコック構造の仕組みを示しています。4分割して溶接して円筒形にした鋼鈑を23段、積み重ねています。上部では厚さ12㎜、下部では厚さ22㎜と

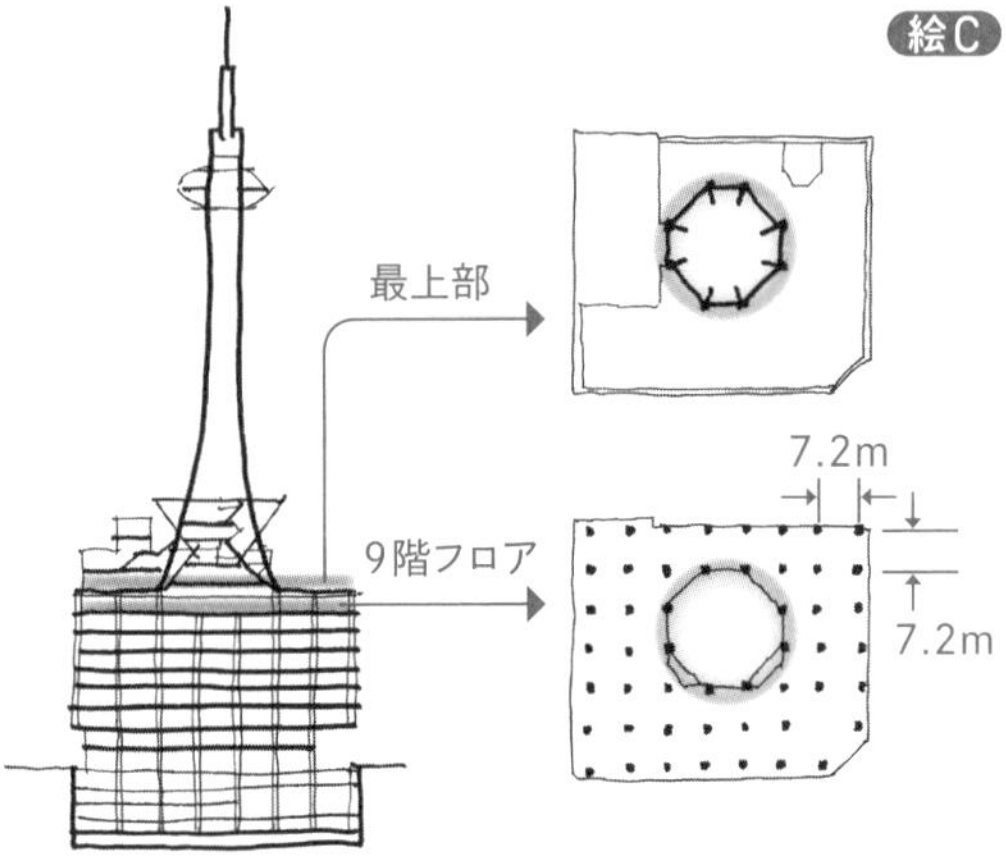

いうように、厚さを変えることで、重量を軽減する工夫がなされています。

また、タワー部分が、地上から建ち上げるのではなく、9階建ての建物の屋上から建ち上がる点については、絵Cに構造の考え方を示す絵で示します。難しい話は省きますが、タワーは一般部では円形断面ですが、脚部では円形から8角形に変化した骨組みになっています。そのまま、9階フロアの柱位置に示すように、複合ビルの8本の柱に剛接されており、柱のスパンが左右にそれぞれ7・2mのラーメン構造との整合性が図られています。高さ制限の31mを超える部分については、建築物ではなく屋外工作物であるとして、許可された経緯があります。このようにして京都タワーは予定通りの日程で完成しました。

　このタワーは、ほかの都市のシンボリックなタワーがたどった評価とは異なる批判にさらされることになります。京都の景観論争です。確かに、京都の市街地においては、東寺の五重塔の高さが約55mであり、暗黙の了解事項として、それより高い建物は建てないようにしようという風潮が、その当時あったともいわれています。

　京都タワーは高さが１３１mと、とびぬけて高い建造物になります。竣工当時、伝統的な街並みの景観を破壊するのではないか、といったきびしい意見が出されたことは無理もありません。ただ、タワー部分が脚部を除けば、非常にスレンダーであり、特徴的ではありますが、決して奇抜な外観ではありません。これが、壁面の占める大きさが相応にある一般的なビルで、高さが１３１mとなれば、まったく違った話になります。

　京都タワーの意匠について設計者の山田守は、京都の家並みの屋根を波にたとえて、灯台をイメージしたと当時の記録にはあります。京都の伝統的な瓦葺きの家屋が作り出す造形は、そういわれれば波にも見えなくもありません。ただ、タワーが明かりの灯された1本のろうそくであるという説明のほうが、これは俗説でしょうけれど、自然に受け止められます。その理由として、灯台は、日本のように海に囲まれた国では、港町の港と結びつけてイメージしやすいのです。今日の拠点的な都市も、港町から発展したケースが少なくありません。そう考えると、内陸に位置し、海からは遠い京都と灯台を結びつけるのはどうか、と思いますね。また、京都タワーから北に少し歩けば、東本願寺の大伽藍が見えてきますが、こうした伝統的な建造物との関係性からも、ろうそくに例えてみると、そのデザインはすんなりと入ります。

しめくくりとして絵Dをご覧ください。京都駅ビルの東側4階にある烏丸小路広場からみた、京都タワーです。絵になるスポットといえるでしょう。

南座 | 35

Minamiza theater

所在地：京都市東山区四条通大和大路西入中之町198
竣工：1929（昭和4）年

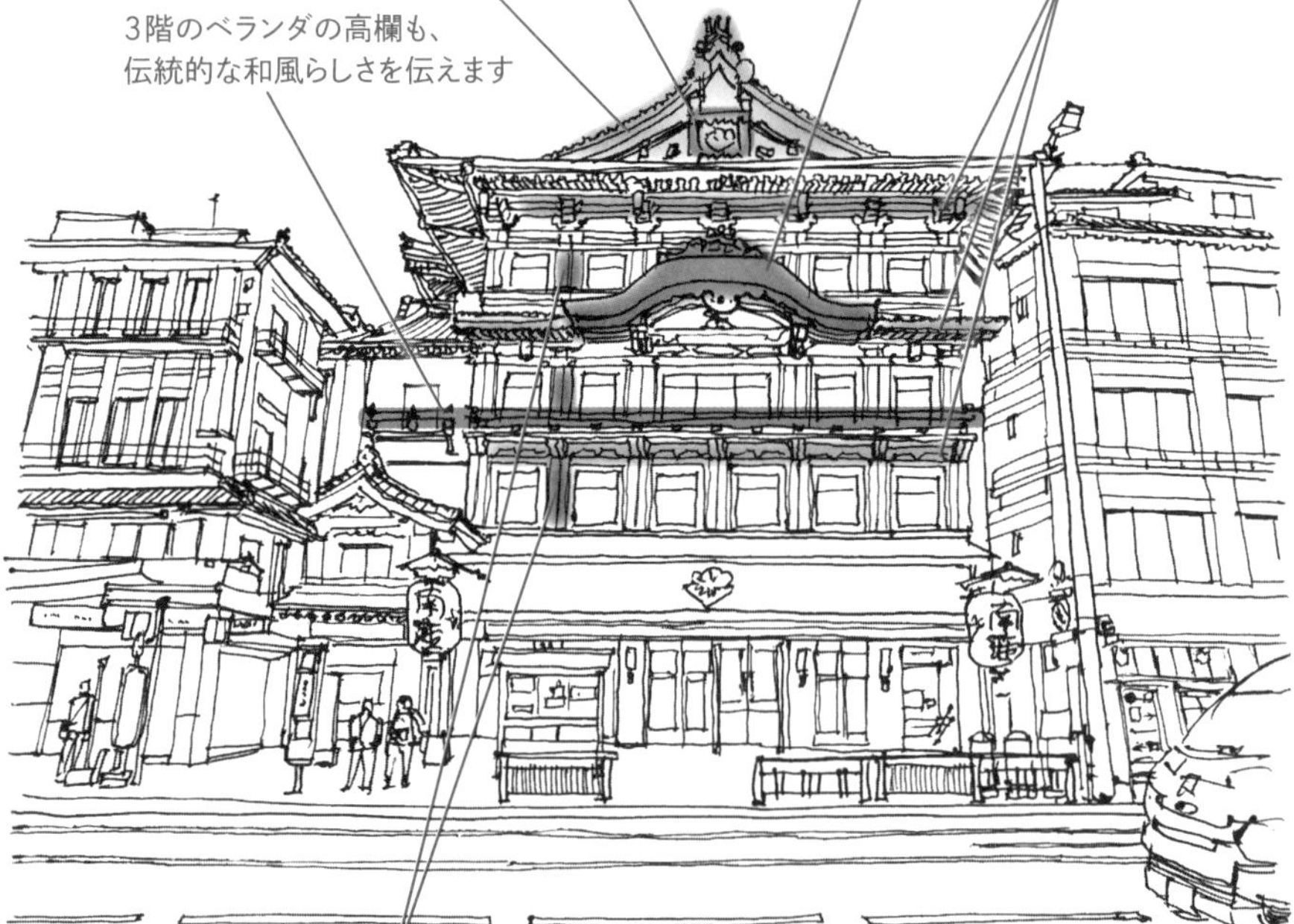

絵A
赤く社紋が染め抜かれた白幕で囲われた櫓《やぐら》は、江戸時代の1615～1624（元和年間）に京都《きょうと》所司代《しょしだい》から官許されたことを示すものです。この部分を拡大したのが絵Bです
唐破風を備え、桃山風の意匠です
入母屋の瓦屋根の妻側を正面にみせます
軒を支える組物も、それらしく見せています
3階のベランダの高欄も、伝統的な和風らしさを伝えます
構造上、太い柱になるところを、中央に溝をつくり、2本の柱の抱き合わせのようにみせており、木造らしくみせる工夫です

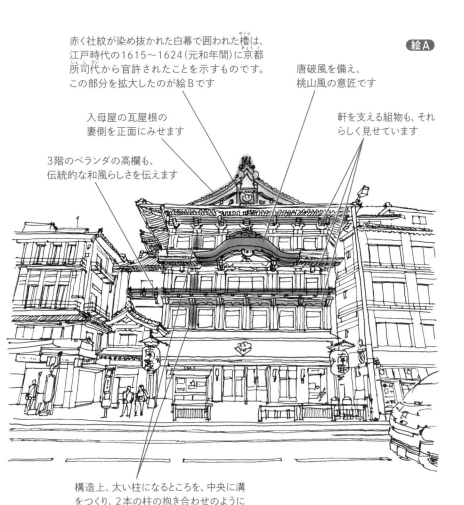

四条大橋のたもとに、華やかな外観を誇る南座は建っています。なぜ、「南」座とよばれるのでしょうか。前面道路が四条通ですね。その南側にあることが由来で、もともと江戸時代から、四条河原が大衆芸能の賑わいで知られていました。南座はこの地で誕生し、今日まで場所を変えることなく、400年以上の歴史をもち、歌舞伎をはじめとする多彩なエンタテインメントの拠点となってきました。

現在の南座の建物は鉄骨鉄筋コンクリート造4階建てで、1929（昭和4）年につくられました。地元の建設業者、白波瀬工務店の設計施工です。設計者は、白波瀬《しらはせ》直次郎。近代に作られたにもかかわらず、意匠は和風なのです。「近代和風建築」の代表例として、とりあげたいと思います。

絵Aは、いつも観光客などで混雑している四条通の、北側の歩道から南座の正面を描いています。

絵B

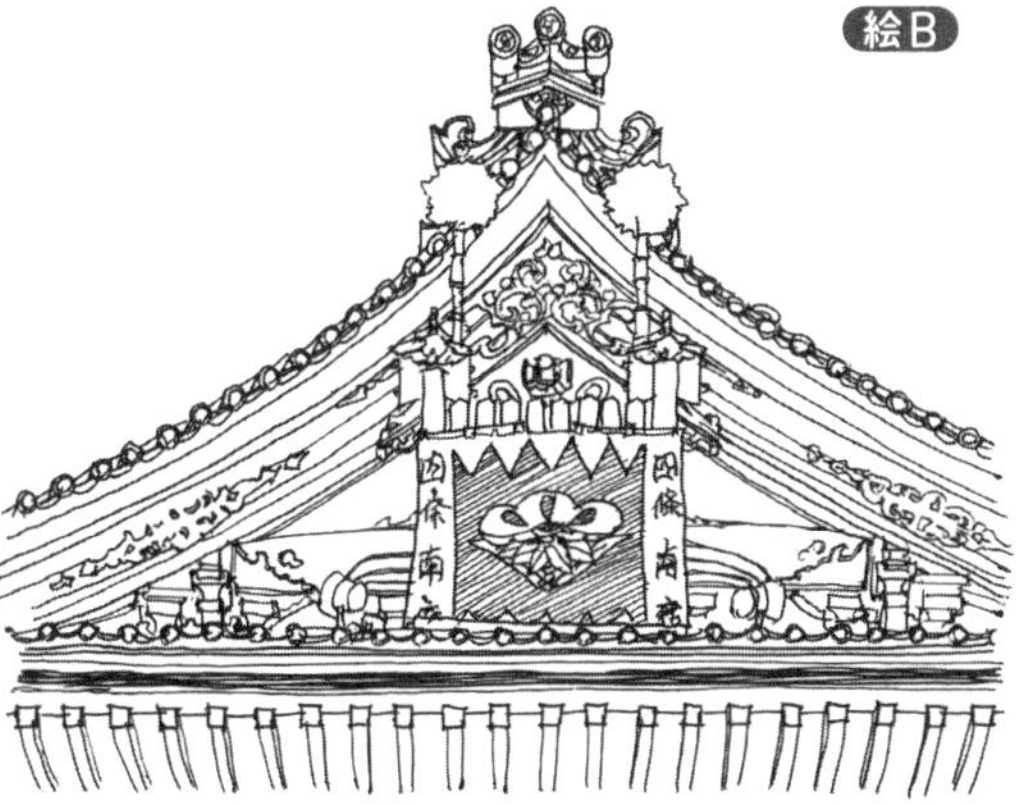

建物の外観と同じような工夫が、劇場の内部構成にも随所にみられます。舞台のプロセニアムには、唐破《からは》風《ふ》がついており、天井は折上格《おりあげごう》天井です。またホワイエなどには、虹梁《こうりょう》を意識した梁や柱上の組物や蟇股《かえるまた》などが見い出せます。

南座の吉例顔見世《きちれいかおみせ》興行は京都の年末の風物詩として親しまれています。その時期には、正面の外観のうち、2階から3階部分にかけて、俳優の名前が書かれた「まねき看板」がずらりと並び、壮観です。それらの看板や、各種の宣伝用ボードが埋め尽くす外観を見ているだけでも心が躍ります。

絵Aが「静」のファサードだとしますと、同じ外観が「動」のファサードになるのです。その変わり身もまた、南座の魅力といえるでしょう。

京都駅 36

Kyoto Station

所在地：京都市下京区
竣工：1997(平成9)年

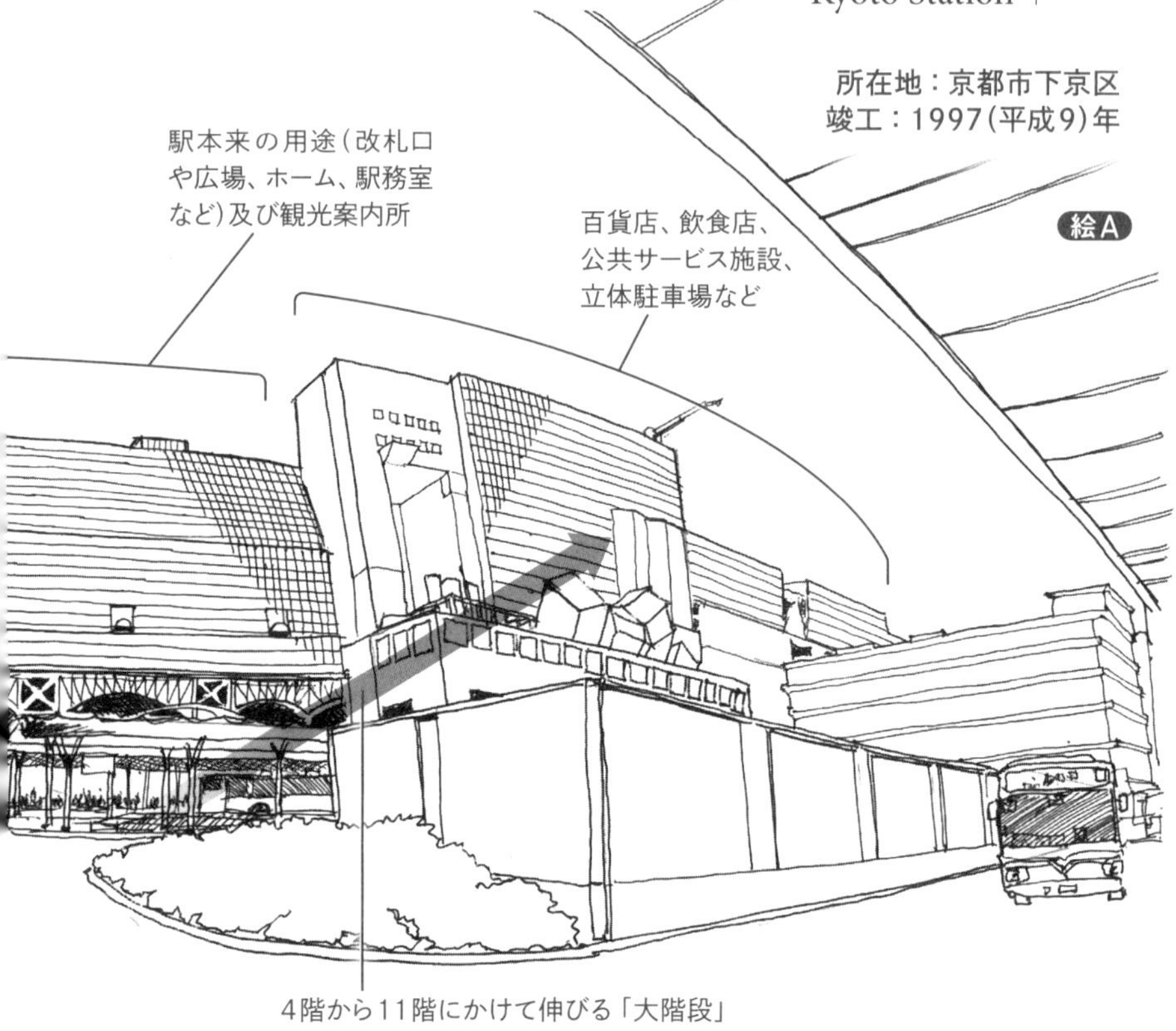

絵A
駅本来の用途(改札口や広場、ホーム、駅務室など)及び観光案内所
百貨店、飲食店、公共サービス施設、立体駐車場など
4階から11階にかけて伸びる「大階段」

現在のＪＲ京都駅は１９９７年に竣工しており、４代目になります。初代は１８７７(明治10)年に竣工、２代目は１９１４(大正３)年に、３代目は１９５２(昭和27)年にそれぞれ完成しています。

それぞれの駅舎の外観写真をみると、鉄道の進化、複合化に合わせるように、建物の構造や材料、建物規模も変化しています。ただ、３代目の駅舎は、利用者数が非常に多いわりには、建物高さも相対的に低く、機能に徹した、やや地味な印象がありました。

１９９４(平成６)年の平安遷都１２００年記念の関連事業の位置づけで、ＪＲ京都駅の設計競技が開始されました。その基本コンセプトとして「文化の香りと躍動する街のメデ構図について、非常に長い建物ゆえ、湾曲画法により、連続した外観となるように描いていますが、そのため、本来は平面である外壁部分で曲面にみえる箇所が一部に生じています。また、ガラス面で梁行方向の垂直面については、格子状のサッシュが密集し煩雑になるため省いています。それ以外にも、適宜、表現に適した簡略描写を行っています。

ィアとしての駅」が掲げられました。設計する上での与件などの詳細は省きますが、国際指名コンペティションが実施され、結果として原広司の案が採用されました（公式には原広司＋アトリエ・ファイ建築研究所が設計者です）。

参考までに、指名された建築家は、原広司のほか、安藤忠雄、池原義郎、黒川紀章、ジェームス・スターリング、ベルナール・チュミ、ペーター・ブスマンの7名です。

絵Aは、京都駅の中央改札口（烏丸側）を出て、バスターミナルなどのある駅前広場から振り返った景観です。高さが約60m、東西方向の建物長さが約470mにもなる建物ゆえ、建物の全景を眺められる場所は限られます。京都駅の駅舎としての機能が最優先の建物ですから、中央改札口と正対する構図で、湾曲画法で描いています。

原広司の案は建物高さが約60mで、ほかの指名された建築家のどの案よりも低いものでした。建物の高さだけがとりわけ重要だったとはいいきれませんが、古都の伝統的な街並み保存へのさまざまな取り組みを通じて、建物高さをなるべく低く押さえることは、提案の根幹にかかわる点だったと思われます。

　原広司は、ポストモダニズムを先導する建築家の一人として、吹き抜けなどの空間をベースに、彼なりのイメージする街、あるいは「都市」をそこに埋没させる方法論を展開してきたと私は受け止めています。もともと、世界の集落のサーベイを通して、混沌とした街や都市スケールの表情に、モダニズムの先の世界の答えを見据えていたのではないか、と思います。

　京都駅の場合、彼は「マトリックス」と「ジオグラフィカル・コンコース」という用語を用い、基本構成を説明しています。端的にいえば、平安京の都市計画の基本原理として用いられた「条坊制《じょうぼうせい》」につながる、立体格子状のモデュールが、この建物の設計に活かされているとされます。

　また、塩小路通りからみえる建物の外観は、ミラーガラスなどを多用し、ある意味では、周囲の街並みが映り込みにより、溶け込むように意図しています。それを外被というならば、その内部に生まれた巨大な空洞については、設計者が表現したい、混沌とした街並みを思わせる表情を、自在に創ることに成功しています(絵B を参照)。

　なお、7階の東広場を構成する空間は、外部とは独立した空間になっていて、原広司の空間イメージが鮮明に表現されています。あわせて、10階の空中径路は、京都駅を構成する東と西の両建物を空中で結びつつ、京都市街を眺められる展望回廊でもあります。このデザインモチーフは、同じ建築家により実現した、大阪、梅田の「梅田スカイビル」で、2棟の超高層ビルの頂部を連結する空中庭園展望台や、同じように2つのビルを中間階で結ぶ、空中の連絡通路のデザインイメージにもつながるも

絵B

のです。

　ただ、ポストモダニズムの手がかりを広く問う格好の舞台となった京都駅なのですが、幾何学的形態の多様性をどこまで豊富に展開できているかといえば、おおまかな基本立体の組み合わせ以上のものは見出しにくいのが正直なところです。イメージとしては理解できますが、過去の古典的なディテールのもつ生命力、表現力にくらべて、同等の水準にまで高められた、幾何学的なディテールとはいいがたいのです。絵にしたい「ディテール（細部）」には乏しいのですが、ロマンを与える建築としての前衛的視点からいえば、10階の空中径路や駅ビル内に、「大階段」のような意表をつく空間装置を導き出した点は、大いに評価できます。

あとがき

絵になる京都の建築として、厳選しました36の建築（群）を読まれて、いかがでしたか。

都が平安京に移った平安時代から現代まで１２００年以上が経過しています。京都では明治以降の、西洋の新しい時代の波を背負った建築とは異なり、それ以前の寺社仏閣では、火災や応仁の乱などの戦災による建物の消滅や再建が繰り返されました。同じ境内での移築、あるいは別の寺院からの移築も少なくありません。実に様々な歴史の舞台になった施設や伽藍が多いことに気づかされます。京都の建物を深く知ることは、大げさにいえば、日本の歴史や文化そのものを掘り下げて理解することと同じとさえ思われます。

明治以降の建築について選択した事例についても、近代国家の歩んだ過程が、建物の用途にも反映し次々と登場しました。銀行や郵便局、庁舎建築、博物館、駅舎あるいは観覧施設・展望台・国際会議場はまさに社会の要請でもあります。

「百聞は一見にしかず」といいますが、取り上げた建築は、本書を見ながら実物をじっくりご覧いただけることで、本当の意味で特質を的確に理解できるものと確信しています。とりわけ、伝統的な木造建造物については、構造と意匠のハーモニーが絶妙です。こうした場面では、鉛筆などでラフでよいですからスケッチすると、しっかり記憶として定着します。魅力あふれる建築について共通していえることですが、全体的な造形美もさることながら、細部（ディテール）のすごさは、簡単な細部スケッチをするだけでも、発見につながります。ぜひ本書をご持参いただいて、現地の建築をご覧いただきたいですね。もちろん、写生許可の場所でお願いします。

なお、私は、学生の頃から今に至るまで、京都という街の魅力、建築の奥深さに引き込まれて、年に2回～4回は京都を訪れてきました。それを毎年のように続けて50年が経過し、累計でも150回ほどになります。この数字には、仕事で京都に出向いた回数は除外していますが、行くたびに驚きと新たな興味を抱くのです。本書で、やや詳細な図やスケッチを掲載して解説している個所があります。図面風の描写は極力避けて、読者の皆さまが理解しやすいように努めましたが、要所で掲載している理由は、そうした私の思いが込められていますので、鑑賞される際の参考にしてください。

2023年9月

山田雅夫

絵になる 京都の建築

2023年10月10日　第1刷発行

著者――――――山田《やまだ》雅夫《まさお》
デザイン――――渡部岳大（株式会社ウエル・プランニング）
編集発行人―――シミズヒトシ
発行所―――――株式会社ハモニカブックス
〒169-0075　東京都新宿区高田馬場2-11-3-201
Tel　03-6273-8399
Fax　03-5291-7760
Mail　hamonicahamonica@gmail.com
印刷製本――――モリモト印刷株式会社